ANDI

Herausgeber: Henri Nannen · Redaktion: Hans-Joachim Maass · Gestaltung: Dietmar Meyer, Ekkhart Blunck · Produktion: Druckzentrale G + J · Druck: Mohndruck

· 1. Auflage 1980
ISBN: 3-570-00921-1

ANDI

von KAI HERMANN und
HEIKO GEBHARDT
mit Fotos von
RAINER BALD

EIN
STERN
BUCH

Andi und Anja, Neujahrsnacht 1979

Aus dem *Hamburger Abendblatt* vom 16. August 1979

Heimzögling mit Gewehr erschossen
Gewalttätigkeit war für fünf Jugendliche »nur ein Freizeitspaß«. Nach einem Streifzug durch Wandsbek und Barmbek, bei dem sie gestern abend einen Passanten zusammenschlugen und mehrere Autos demolierten, wendete sich die Gewalt gegen sie selbst: Ein aufgebrachter Autobesitzer sah rot und griff zum Kleinkalibergewehr. Mit einem Bauchschuß brach der sechzehnjährige Andreas Z. auf dem Pflaster zusammen. Wenig später starb er im Krankenhaus. Der gleichaltrige Frank H. erlitt eine Schußverletzung an der rechten Hand.

Die Autoren

Wir trafen uns zufällig in der Redaktion des *Stern*. Einer blätterte in den Zeitungen und las den Zweispalter im *Abendblatt:* »Heimzögling mit Gewehr erschossen«. Er sagte: »Lies das mal.«

Beim Mittagessen in der Kantine redeten wir über die Meldung. Aus den Klischees und Verkürzungen des umgeschriebenen Polizeiberichts fingen wir an, Fragen herauszulesen. Warum trifft die Gewalt eines unbescholtenen fünfzigjährigen Bürgers scheinbar zufällig einen gewalttätigen sechzehnjährigen Jungen, der die Feierabendruhe stört? Was hat die Gewalt des »Rockers« mit der Gewalt des Kaufmanns zu tun?

Wir sind nach dem Mittagessen losgefahren, ohne konkrete Absicht. Wir bogen auf einer der vierspurigen Hamburger Verbin-

Für Anja,
Axel, Biggi,
Bobby,
Carmen, Christian,
Dethlef,
Dulle, Frank,
Holger,
Nicole, Patricia,
Pierre,
Sabo, Susanne,
Thorsten,
Uwe und die
anderen.

dungsstraßen zu den Außenbezirken in eine fast stille Einbahnstraße ein. Kopfsteinpflaster, dreistöckige Backstein-Mietshäuser mit Lindenbäumen davor, eine alte Fabrik, eine Kirche, kleine Läden, Kinder, die auf dem Fußweg Rollschuh liefen. Die Kinder zeigten uns ein paar schon verwaschene Kreidestriche, einen dunklen Fleck auf dem Pflaster und wiesen auf ein offenes Fenster im ersten Stock, aus dem eine Gardine wehte. Sie wollten zwanzig Mark dafür.

Wir gingen in die Eckkneipe. Die Männer da redeten über die Formkrise des lokalen Fußballteams Barmbek-Uhlenhorst, bis einer reinkam und sagte: »Tolles Ding, das da gestern abend.« Ein anderer meinte: »Irgendwann mußte es ja mal jemand diesen Brüdern zeigen.« Und ein dritter: »Ich meine, gleich schießen ist vielleicht ein bißchen happig.« Dann redeten sie wieder über Barmbek-Uhlenhorst und den HSV, um den es besser stand.

Wir gingen ohne genaue Absicht in den Laden des Schützen. Regale mit Flaschen und Tabakwaren, Ständer mit Landser- und Liebesromanen, Süßigkeiten für Kinder, das »Herz für Kinder« zweimal an die Wand geklebt.

Der Mann, der vor knapp zwanzig Stunden geschossen hatte, sah übernächtigt aus. Er bediente einen Kunden freundlich und geduldig. Er reichte eine Flasche Sekt aus dem Regal und sagte: »Wohl bekomm's.« Dann sagte er uns im selben freundlichen Ton, sein Anwalt habe ihm verboten, über den Tathergang zu reden. Er blieb freundlich.

Tage später saßen wir mit ihm und seiner Frau in der Wohnküche über dem Laden. Es war ein sehr langsames Gespräch über die Zeiten heute und damals. Herr H. zerdrückte mit seinem weißen Taschentuch einen kleinen Falter, der sich an der Glühbirne die Flügel verbrannt hatte. Er sagte, er habe als Junge im Krieg Dinge erlebt, über die er nicht sprechen möchte.

Als Herr H. einmal rausging, meinte seine Frau: »Oft sitzt er am Küchentisch und brütet. Wenn ich ihn frage, ob er nicht zum Fernsehen kommen will, hört er mich gar nicht. Er geht ja auch nicht weg, und Besuch haben wir fast nie. Manchmal trinke ich für mich eine Flasche Schnaps, oder ich setzte mich in die U-Bahn und fahre irgendwohin, damit ich andere Leute sprechen höre.«

Es sind kaum fünf Minuten Fußweg durch Dulsberg von dem Laden zu Frau Z., der Mutter des erschossenen Jungen. Frau Z. blieb regungslos, als wir Fragen stellten. Im Wohnzimmer der kleinen Sozialwohnung lief der Fernseher, ein Aschenbecher war übervoll.

Frau Z. zeigte uns ein kleines Portemonnaie, in dem nur die Adresse eines Bewährungshelfers war, einen roten Taschenkamm und ein silbernes Kettchen mit der Gravur »Ich liebe Dich«. »Das habe ich von der Polizei, das ist sozusagen von einem Sohn übriggeblieben«, sagte Frau Z. Einen Brief von Andreas hat sie noch aufbewahrt: »Mutti, ich hoffe, Du hast mich noch ein klein bißchen lieb, nach all dem, was ich Dir angetan habe.«

Frau Z. begann zu erzählen, ohne Bewegung im Gesicht oder in den Händen. Sie redete über sich. Ihre Geschichte war auch die Geschichte ihres Sohnes Andreas. Sie sagte, daß sie seit der Scheidung krank sei. Depressionen, Angst. Sie gehe kaum aus der Wohnung, könne nicht mehr mit der Bahn fahren wegen der Angst. Sie habe deswegen auch zuviel getrunken. Als ihr Sohn fünfzehn war, hat sie ihn vor die Tür setzen müssen, weil sie seelisch zu krank war, um noch mit ihm fertig zu werden, sagte sie.

Einige Tage später, die Halle 6 des Ohlsdorfer Friedhofs. Ein Hinweisschild »Trauerfeier Herr Z.« In der großen Halle war kein Platz mehr. Jugendliche, Kinder hatten sich irgend etwas Schwarzes übergezogen, hielten hilflos Rosen in den Händen. Ein sehr alter Mann weinte. Das Gesicht der Frau Z. blieb angstvoll und unbewegt. Vom Tonband kam der Western-Song »Spiel mir das Lied vom Tod«. Als ein routinierter Beerdigungsredner sprach, weinten auch Jungen mit Rockerwesten. Einigen Mädchen lief schwarze Schminke über das Gesicht. Polizisten behielten die Teilnehmer der Trauerfeier im Auge.

Die Freunde des Erschossenen zogen von Halle 6 in einen Park. Bierkisten standen auf dem Rasen und eine Schnapsflasche. Die Jungen waren aggressiv. »Pressefritzen oder Bullen oder was ihr seid, verpißt euch ...« Die Mädchen in den schwarzen Kleidern mit verheulten Gesichtern begannen zu albern. Die Jungen zerwarfen leere Bierflaschen. Mädchen und Jungen weinten oder lachten nebeneinander. Die Spannung aus Trauer, Wut, mühsamer Albernheit und Kraftprotzerei entlud sich in einer Schlägerei zwischen zwei Jungen.

An diesem Tag wurde uns klar, daß wir mehr wissen wollten über den Jungen, den sie Andi nannten und über seine Freunde. Die Freunde sahen wir bei dem alten Mann wieder. Alle sagten »Opa« zu ihm. Andi hatte sich zuletzt bei ihm verkrochen. Das Bett, in dem Andi geschlafen hatte, war eine Art Altar geworden mit Kuscheltierchen, Plastikblumen, Vogel-Postern und einem aus der Zeitung geschnittenen Polizeifoto.

Das eine Jahr, in dem wir dann sehr oft bei Opa W. waren, blieb das Bett unberührt. Der alte Mann konnte noch immer nicht über Andi sprechen, ohne zu weinen. Die Jungen und Mädchen, die jeden Tag bei ihm sind, hatten wieder vor allem ihre eigenen Probleme. Mit ihnen und anderen haben wir versucht, das Leben des Andreas Z. zu rekonstruieren. Mehr als hundert protokollierte Gespräche halfen bei der Spurensuche. Und das Zusammensein mit den Zeugen über ein Jahr bei Opa, auf der Straße, in Kneipen oder auf dem Kiez.

Was andere über Andi nicht genau berichten konnten, haben wir in der Ich-Form ergänzend zu erzählen versucht. Dabei hat geholfen, was seine Freunde über sich erzählt haben. Und auch, was die über sich erzählten, die Andi kaum oder gar nicht kannten: Jungen, die wie Andi bei Behörden und Polizei als »Randständige« und »jugendliche Gewalttäter« registriert sind.

Die »Rocker-Karteien« sind zumindest in den Großstädten schon umfangreicher als die Drogen-Karteien, und die Zahl der jugendlichen Alkoholiker wächst noch schneller als die der Heroin-Abhängigen. Deshalb glauben wir, daß Andis Geschichte keine exotische, sondern eine sehr gewöhnliche Geschichte ist.

Für die Ich-Form haben wir uns entschieden, weil wir die Versuchung klein halten wollten, Widersprüche zu glätten, zu stilisieren, zu interpretieren. Weil die Umgangssprache konkreter, authentischer sagt, was zu berichten ist: Eine Geschichte von der ungestillten Sehnsucht nach Geborgenheit und Liebe, von Sprachlosigkeit, Einsamkeit, Sinnlosigkeit, von Resignation und blindwütiger, selbstzerstörerischer Gegenwehr, an deren Ende der scheinbar zufällige Todesschuß kein Zufall mehr ist.

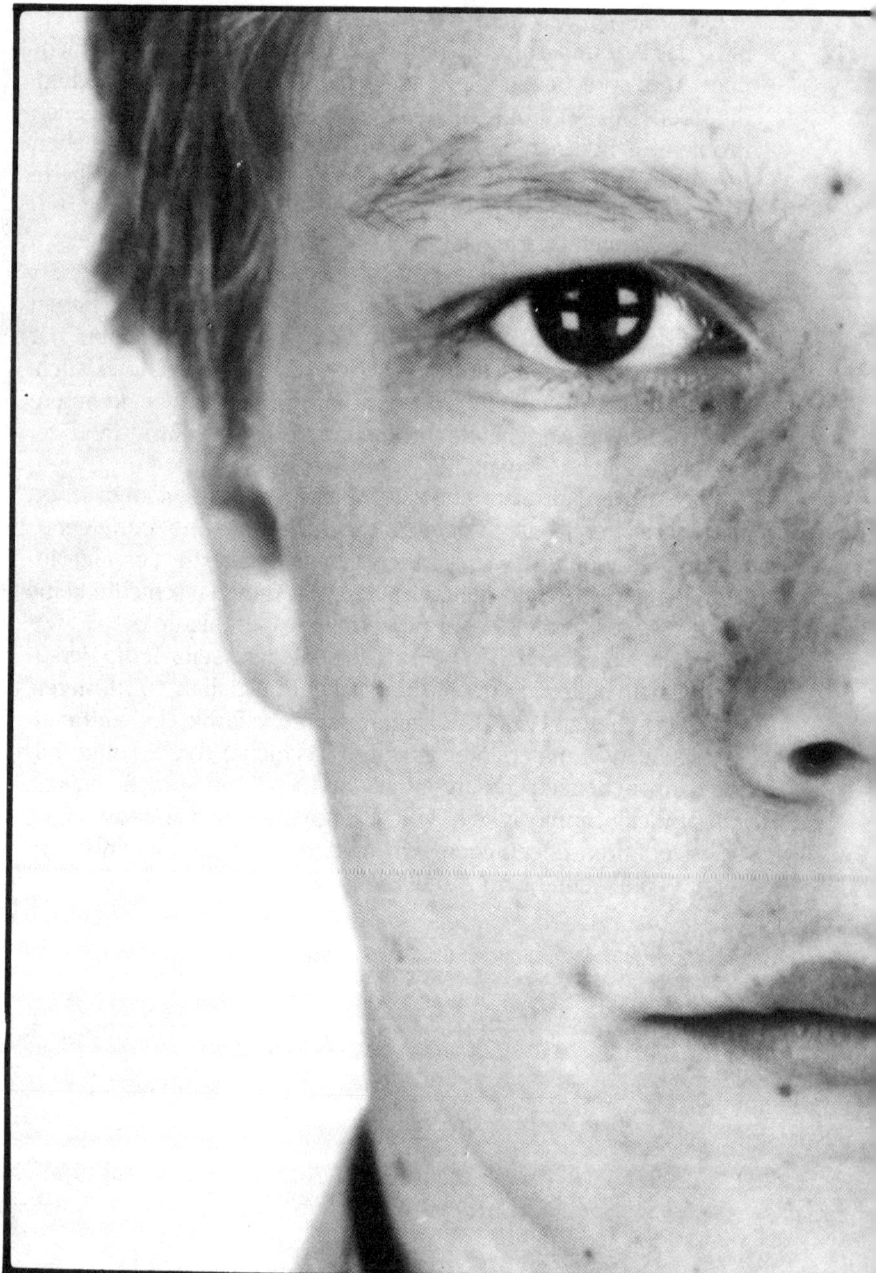

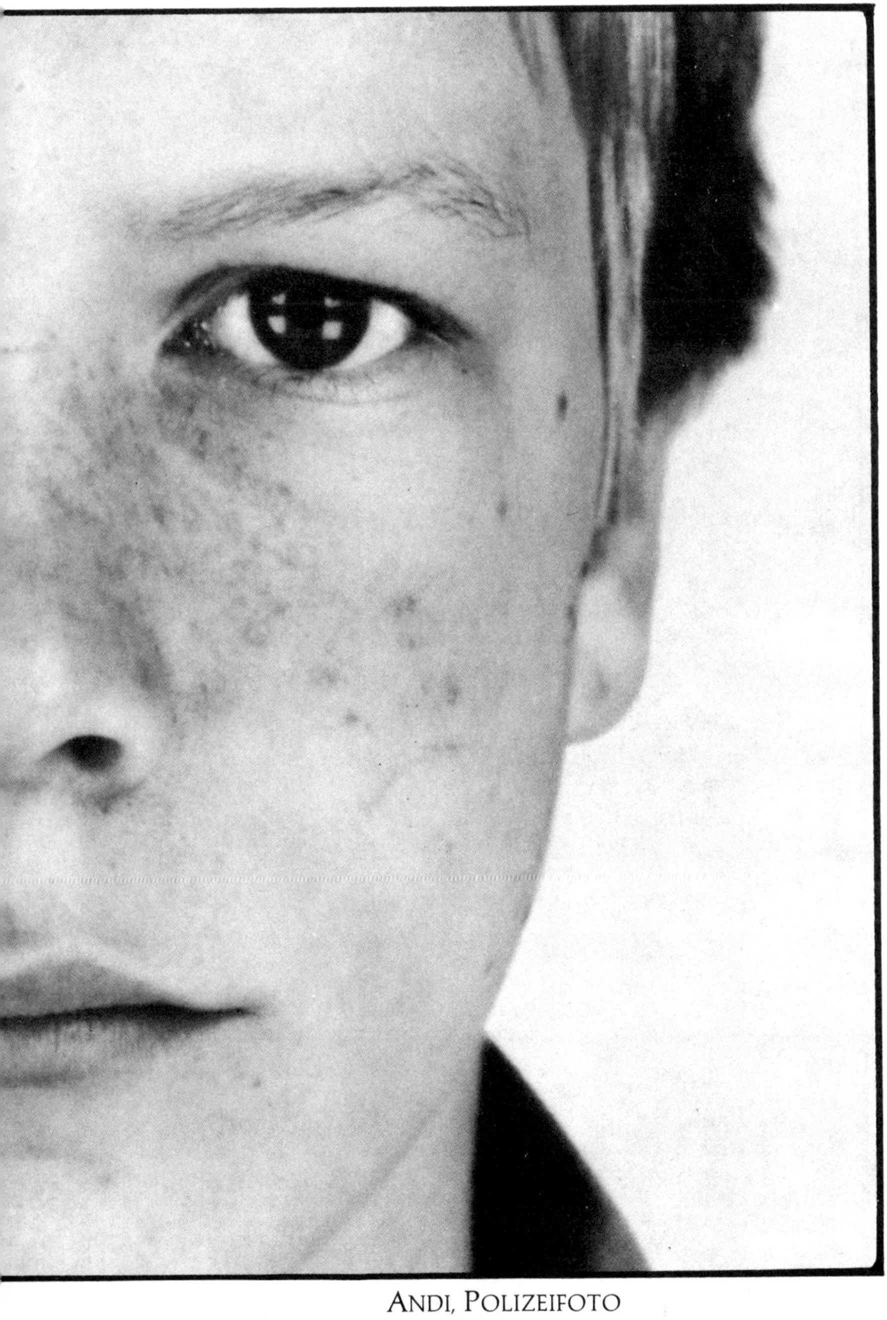

Andi, Polizeifoto

Die Mutter

Der Vater

Die Clique feiert Opas Geburtstag

Herr H.

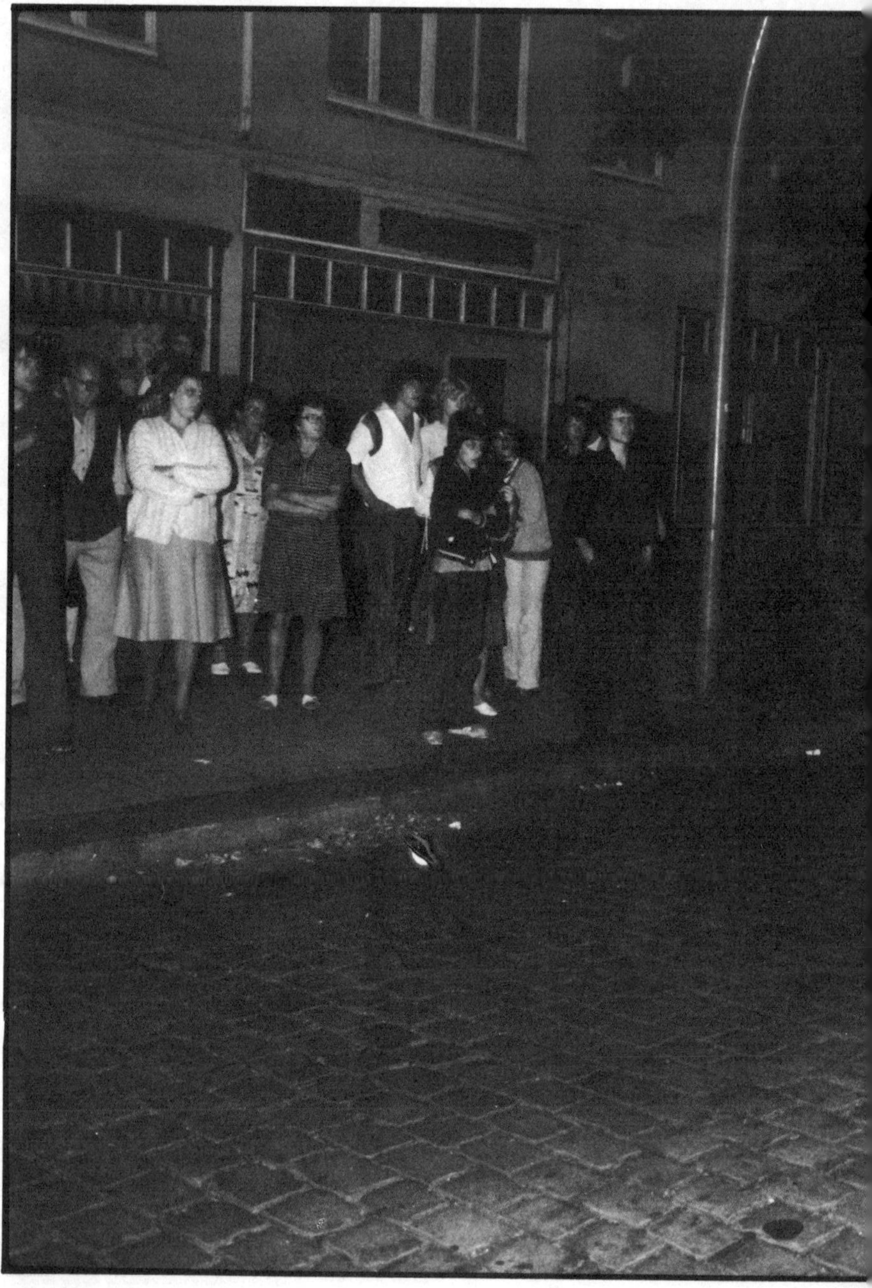

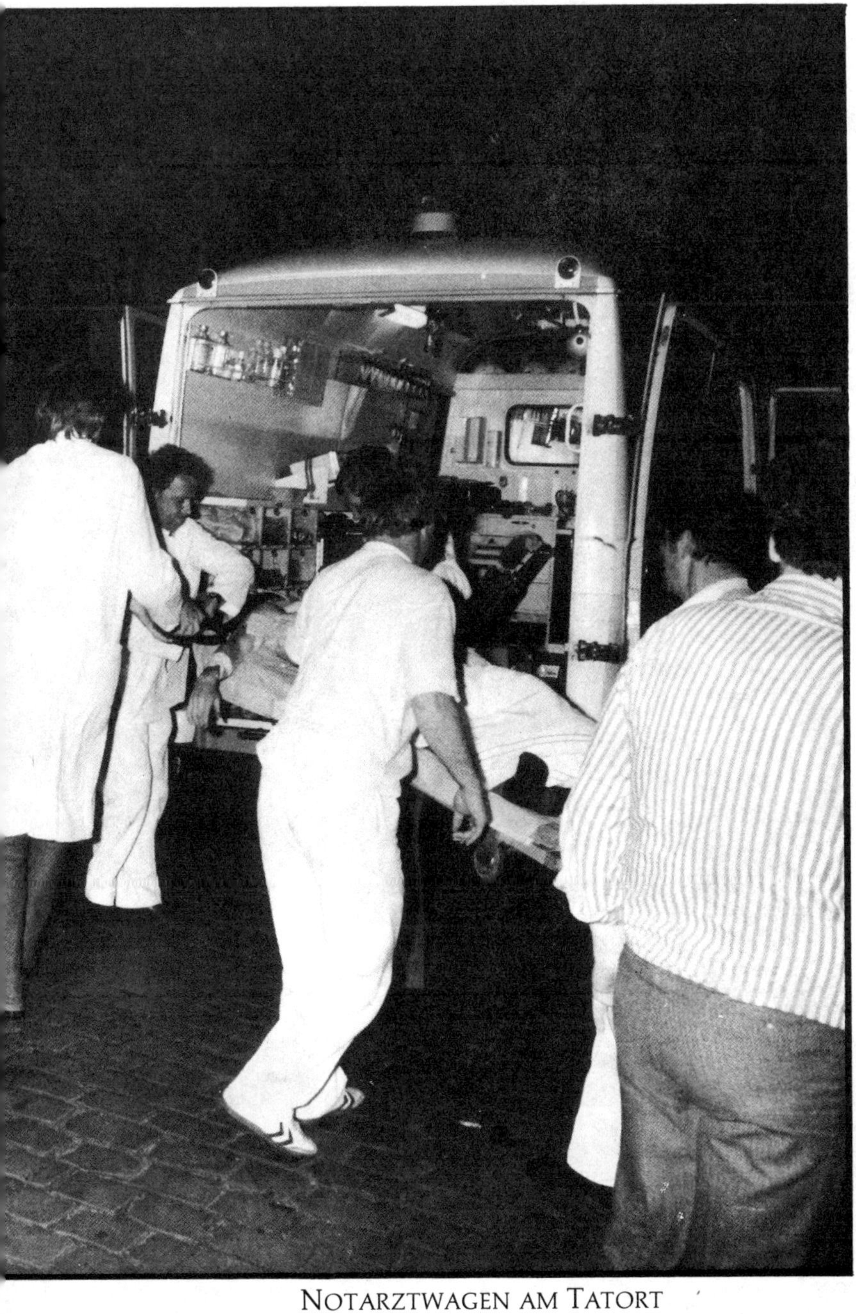

Notarztwagen am Tatort

ANDIS URNENBEISETZUNG

HOLGER

ANJA

HH-VA

Patricia

Carmen und Uwe

Frank H.

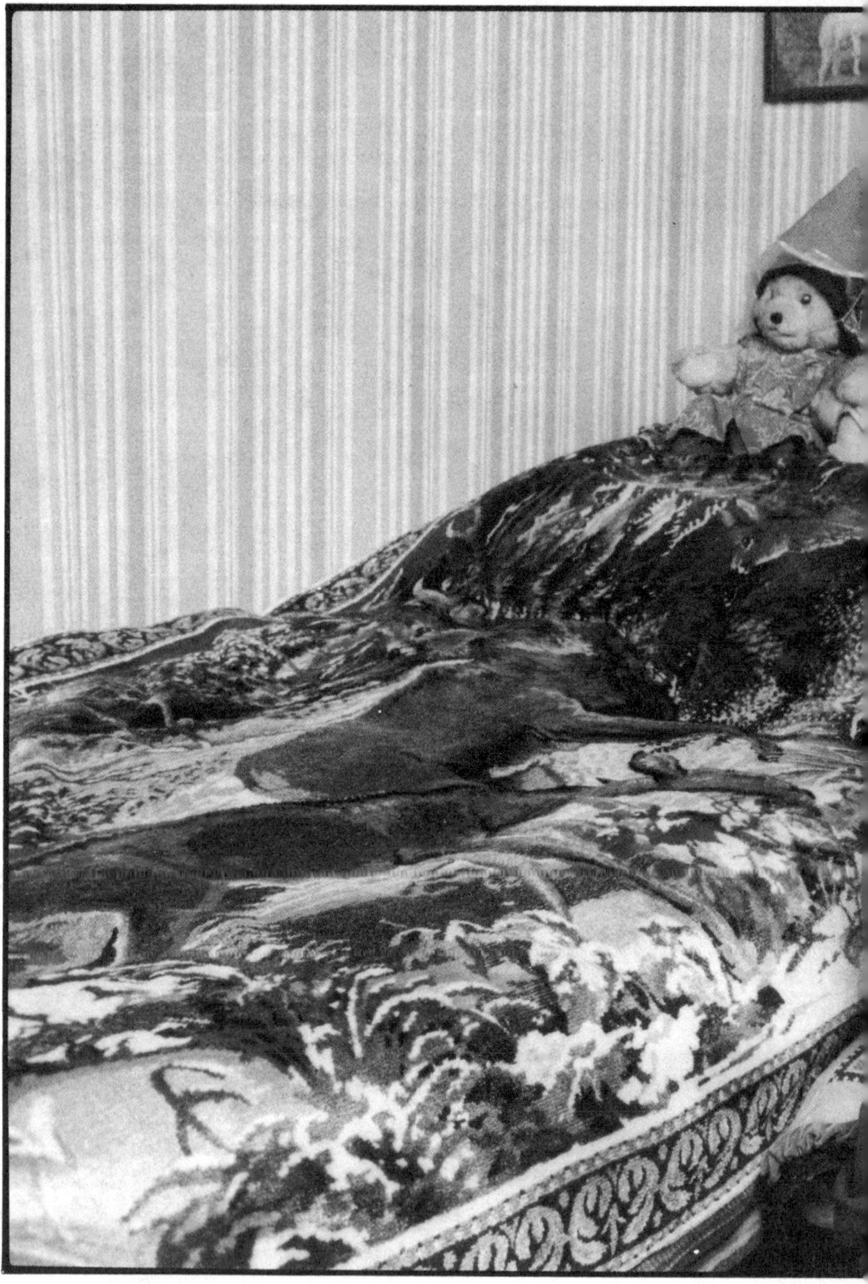

Opa W.

1

Das war echt einer von diesen Tagen. Die hatte ich schon dutzendweise erlebt. Bis auf das Ende eben. Ich war dieselbe blöde Sau wie immer. Für mich lief auch alles schief, wie meistens ausgerechnet für mich. An diesem Tag so schief, wie es schiefer nun echt nicht mehr geht.

Das fing schon morgens bei Opa an, wo ich mich vor den Bullen verkrochen hatte. Ich hatte gleich so ein seltsames Feeling drauf. Ich wollte ins Schwimmbad, meine Freundin Anja treffen, weil es mit ihr nicht mehr richtig lief und weil es schon morgens irre heiß war. Und Opa laberte ständig rum: »Nun such dir erst mal Arbeit. Geh doch mal zum Arbeitsamt. So geht das doch nicht weiter, mein Jung. Nun mach dich doch wegen der Deern nicht unglücklich. Soviel ist kein Mädel wert.«

Ich mochte Opa. Manchmal habe ich gedacht, daß er der einzige Mensch auf der Welt war, der es gut mit mir meinte. Übrigens war ich mit Opa weder verwandt noch verschwägert. Wir nannten ihn alle nur Opa.

Also ich mochte Opa ziemlich. Aber manchmal nervte er auch wahnsinnig. An diesem Morgen zum Beispiel. Trotzdem kriegte ich plötzlich meinen Sentimentalen. Ich habe noch die Vögel gefüttert, die Käfige saubergemacht und mit Buttje, dem Wellensittich, ein bißchen geklönt. Dann habe ich die Peter-Maffay-Scheibe »So bist du« aufgelegt. Das war das Lied von Opa und mir. Das hatte eine ziemlich besondere Bedeutung. Opa saß vor dem Uralt-Plattenspieler und hat vor sich hingestarrt, und ich bin gegangen.

Opa W.

Morgens hatte sich Andi verabschiedet, und dann habe ich ihn ja nachmittags noch mal kurz gesehen und dann nie wieder. Mein Gott, daß ich das mit sechsundsiebzig Jahren noch erleben mußte. Meine beiden Kinder sind schon nach dem letzten Krieg gestorben. Und der Andi war für mich doch wie ein Sohn.

Aber er selber hat alles geahnt. Sonst könnte ich das mit der Platte von Peter Maffay gar nicht erklären. Er ist eines Tages zu mir gekommen und hat sie mir geschenkt. Ich sagte noch: »Nee, die behalt du man.« Und dann hat er gemeint: »Die ist für dich, wenn ich mal nicht mehr bin. Wenn ich nicht mehr bin, hast du wenigstens noch die Platte.«

Ich habe das für einen Schnack gehalten und habe mir überhaupt nichts dabei gedacht. Jeden Morgen hat er sie gleich aufgelegt. Beim Staubwischen oder in der Badewanne hat er mitgesungen:

»Und wenn ich geh, dann geht nur ein Teil von mir.
Und gehst du, bleibt deine Wärme hier.
Und wenn ich schlaf, dann schläft nur ein Teil von mir.
Und der andere träumt mit dir.
Und wenn ich sterb, dann stirbt nur ein Teil von mir.
Und stirbst du, bleibt deine Liebe hier.«

Ich habe mir nichts weiter gedacht bei dem Lied, bis es passiert ist.

Nee, ich halt so viel von dem Jungen. Ich habe genug über den Jungen geweint. Wenn seine Freunde hier sind, und ich lege die Platte auf, dann haben wir uns alle schon die Seele rausgeheult. Wir können den Jungen nicht vergessen. Mit fünfzehn, nach dem letzten Silvester, ist er zu mir gezogen.

Das war die Nacht, in der soviel Schnee runterkam wie noch nie, in der man kein Stück Vieh rausgetrieben hätte.

Ich hatte so eine Unruhe in dieser Silvesternacht und bin tatsächlich noch mal raus. Da habe ich ihn dann im Schnee gefunden, steif und blaugefroren. Er wollte wohl zu mir und hat es nicht mehr geschafft, weil er auch einiges getrunken hatte. Ein Peterwagen war auch schon da. Der Beamte hat dann zu mir gesagt: »Bei dir ist er bestimmt gut aufgehoben. Tau ihn aber erst mal richtig auf.«

Zuhause habe ich einen Pyjama rausgekriegt, der noch ganz neu war, und zwei Wärmflaschen gemacht. Die ganze Nacht habe ich meinen Ofen durchgeheizt, damit Andreas wieder warm wurde.

Am nächsten Morgen hat er mir erzählt: »Opa, nun habe ich gar kein Zuhause mehr. Mutti und Großvater haben mich endgültig rausgeworfen. Verrecken kann ich, haben sie gesagt.« Und ich habe gemeint: »Sein eigenes Fleisch und Blut so in eine solche Nacht jagen. Das darf es doch nicht geben.« Ich habe gesagt: »Dein Zuhause ist jetzt hier.«

Aber Polizei und Jugendamt haben uns ja nie mehr in Ruhe gelassen, weil seine Mutter im Rausch eine Heimeinweisung unterschrieben hatte. Für das eigene Fleisch und Blut. Er war ja immer auf der Flucht.

Nee, ich werde den Jungen nie vergessen. Immer wenn ich in die Wohnung reinkomme, denke ich, er sitzt da. »Rocker« haben sie geschrieben. Ein Junge war er, ein Kind eigentlich. Auch wenn er was ausgefressen hat. Das war nicht allein seine Schuld. Aber da knallt ihn einer gleich ab wie ein Stück Vieh.

Immer wieder hat er zu mir gesagt: »Opa, Opa, laß mich nicht im Stich. Ich habe doch sonst keinen Menschen.« Das hat er immer wieder gesagt. Er hat mir so geholfen. Eingekauft, Staub gewischt und die Vögel versorgt. Mit dem Kanarienvogel konnte er ja nicht so viel anfangen. Aber die beiden Wellensittiche waren sein ein und alles, weil der Hamster bei der Mutter geblieben war. Die Vögel erinnern mich immer an ihn und seine Tasse und sein Glas. Er mußte ja sein spezielles Geschirr haben. Auf seiner Tasse ist ein schwarzes Schaf, das tanzt auf dem Seil. Er hat immer gesagt: »Das schwarze Schaf bin ich, das schwärzeste Schaf der Familie. Und ich tanz für Anja auf dem Seil.«

Daraus darf niemand mehr trinken. Zwei Bilder von ihm habe ich aus der Zeitung ausgeschnitten. Eins hängt über seinem Bett neben dem Plakat mit den Vögeln, das er angepinnt hatte. Sein Bett ist so geblieben. Das rührt mir niemand an, solange ich lebe.

Hätte ich den Jungen doch bloß irgendwie zu Hause halten können an dem Tag. Ich wollte mit ihm ja noch mal zum Arbeitsamt. Ich kann das Weinen einfach nicht lassen, wenn ich daran denke.

*

Ich wollte mit Anja zusammen sein an dem Tag. Ich wollte immer mit Anja zusammen sein. Das war Wahnsinn mit der Frau. Total ausgerastet bin ich bei der Frau. Ich habe eigentlich nur noch für diese Frau gelebt. Tierisch geheult habe ich wegen der Frau. Alles hätte ich getan für sie. Hätte, meine ich. Gemacht habe ich nur Scheiße. Auch an diesem Tag.

Sie hatte mich irgendwie gern, bestimmt. Aber bei ihr war das anders. Warum sollte sie auch verrückt sein nach mir. Sie konnte doch jeden Jungen haben. Sie sah einfach unheimlich gut aus. Sie hatte was im Kopf, immer den richtigen Spruch drauf. Ihre Eltern hatten tierisch Moos. Der Alte war sogar Unternehmer, und ihre Alte Chefsekretärin. Ich wußte nie, warum sich so ein Wahnsinnsmädchen mit einem wie mir überhaupt abgibt. Daß ich das nicht wußte, hat mich echt verrückt gemacht.

Wir haben uns getroffen an dem Tag. Aber da war wieder keine richtige Connection. Sie war mit den Gedanken immer woanders.

Es lief nicht mehr richtig zwischen uns, seit ich in Neuengamme im Knast gewesen war. Da hat sie mich mit Holger, meinem besten Freund, betrogen. Das habe ich noch weggesteckt. Ich wußte, daß ich bei der Frau viel wegstecken mußte.

Aber sie hat dann rausgekriegt, daß ich mal, voll breit, auch fremdgegangen bin. Und da ist sie ausgeflippt. Sie hat Schluß gemacht und ich wollte mich echt umbringen. Das war voll ernst, auch wenn mir das nie jemand zugetraut hätte.

Wir sind auch wieder zusammengekommen, aber es lief nicht wie früher. Sie war mit ihren Gedanken immer woanders. Ich hatte ihr auch versprochen, nie wieder Scheiß zu machen. Gemacht habe ich nur Scheiße. Ich konnte sie verstehen.

Das war eben so ein typischer Tag. Ich hatte mich wahnsinnig gefreut, sie zu sehen. Dann waren Holger, Frank und Pierre irgendwann auch da. Die hatten tierisch einen geölt. Und an Anja bin ich irgendwie gar nicht rangekommen.

Ich wollte ihr sagen, wie wahnsinnig ich sie liebe. Ich wollte unbedingt mit ihr schlafen, hinten bei Opa. Verscheißert habe ich sie statt dessen.

Anja

Andi hat mich an dem Tag verarscht wie noch nie. Wir hatten uns verabredet abends. Zwei Stunden bevor das passiert ist, hat er anrufen lassen, daß er im Krankenhaus läge und so. Ich konnte vor Wut lange nicht einschlafen an dem Abend. Obwohl das nachträglich gesehen schon ein sehr seltsamer Anruf war.

Und am nächsten Morgen: »Hast du schon *Bild* gelesen?« – »Nee, wieso?« – »Lies mal hier,« – »Rocker-Terror... Tabakhändler schoß einen Rocker tot. Andreas Z. erschossen.« – »Andi«, habe ich gesagt.

Kapiert habe ich überhaupt nichts. Ich habe seine Mutter angerufen. Die wußte von nichts. Die kapierte genausowenig. Das hat lange gedauert, bis ich was begriffen hatte und weinen konnte.

Andi war anders als alle anderen Jungen, die ich kenne. Er hatte echt was los. Er hat unwahrscheinlich was in den Armen gehabt und unwahrscheinlich Mut. Das mag ich an Jungen. Vor so dürren Hemden kann ich mich absolut ekeln. Andi hatte dazu noch einen total süßen Charakter. Das war das Besondere an ihm.

Seine ganze unheimlich süße Art. Er war eben ganz anders zu Mädchen als die anderen Jungen.

Wir kannten uns schon drei Jahre. Aber zusammen waren wir nur ein knappes Jahr. Andi war nie die Spur grob oder brutal zu mir. Als er das erstemal mit mir schlafen wollte, da hat er das so unheimlich lieb und niedlich gebracht. Ich habe aber lange Zeit »nee« gesagt, weil ich schon schlechte Erfahrungen mit Jungs hatte, mit den Jungs, die dir was vom Pferd erzählen, nur um dich ins Bett zu kriegen, und am nächsten Tag kennen sie dich kaum noch.

Deshalb war ich zuerst ziemlich stur bei Andi. Und da hat er geweint, weil ich nicht wollte. Das fand ich wieder echt niedlich. Er hat sehr leicht geweint, weil er so wahnsinnig empfindlich war.

Dann wollte er, daß wir uns verloben. Ich fühlte mich noch zu jung zum Verloben. Aber gequatscht darüber habe ich mit ihm noch. Er wollte fünf Kinder. Ich nur zwei.

*

Dieser Tag war mal wieder die totale Hektik. Ich wollte irgendwie all meine Leute sehen. In der Nähe von unserer Wohnung habe ich mich rumgedrückt, also der Wohnung von meiner Mutter und meinen Geschwistern. Zu meinem Alten wollte ich zwischendurch auch mal. Aber ich habe mich nicht getraut, weil ich ihn an seinem Geburtstag versetzt hatte. Er hatte mich richtig lieb eingeladen. Ich blöde Sau versetzte ihn, obwohl er mich so lieb eingeladen hatte. Dabei stand ich auf meinen Alten. Er war ein total gerader Typ. Er war der einzige, der sich um mich gekümmert hatte, als ich im Knast saß.

Aber ich traute mich eigentlich nie zu ihm. Weil er eine neue Familie hatte mit Kindern und allem, und da paßte ich nicht rein. Bei ihm zu Hause schien alles unheimlich in Ordnung. Ich dachte. daß ich da nur Unordnung reinbringe. Deswegen bin ich wohl auch an diesem Tag nicht zu meinem Vater.

Der Vater

Ich konnte den Abend nicht einschlafen, nicht vor ein Uhr. Ich war sehr unruhig. Mir ging so vieles durch den Kopf. Auch an meine erste Familie mußte ich denken. Nur an das nicht, was da passiert ist an dem Abend. Daran hätte ich im Traum nicht gedacht. Es war eben nur diese komische Unruhe.

Am nächsten Morgen lag ich noch im Bett, weil das mein letzter Urlaubstag war. Ich fühlte mich nicht gut. Da kam meine jetzige Frau mit der Zeitung rein und sagte: »Hier steht was von einem Andreas Z. Erschossen.« Ich wußte sofort alles und habe nur gemeint: »Lies man nicht weiter. Das ist unser Sohn.« Andreas war für mich unser Sohn, obwohl meine Frau ihn ja kaum kannte.

Die Schrecksekunde, die hat bei mir praktisch Stunden gedauert. Irgendwann vormittags habe ich mich endlich aufgerafft und meine Geschiedene angerufen. Sie war völlig aufgelöst. Ich hatte plötzlich trotzdem so eine Wut auf sie, ich hätte einen Hammer nehmen können.

Meine Geschiedene wußte nicht mehr als ich. Auch nur, was in *Bild* stand. Uns hat ja niemand offiziell informiert. Ich meine, was hätte es gekostet, bei mir oder meiner Geschiedenen mal einen Peterwagen vorbeizuschicken. Aber das hielten die ja nicht für nötig. Ein toter Rocker – wie *Bild* unseren Sohn genannt hat – ist das wohl nicht wert.

Ich habe dann rumtelefoniert und bin schließlich selber zur Kripo. Die wußten nicht einmal, wo mein Sohn hingekommen war. Die haben erst mal bei allen möglichen Krankenhäusern angerufen. Die Polizei war der Ansicht, daß sie ihre Pflicht getan hätte, weil die Jugendbehörde auf dem Dienstweg benachrichtigt worden sei. Für so einen wie Andreas seien nicht mehr die Eltern, sondern die Behörde zuständig. Nur die Beerdigung war dann wieder unsere Sache.

Vielleicht mußte das alles so kommen. Es sieht ja beinahe so aus. Nachdem ich weg bin von zu Hause ist ja alles schiefgelaufen mit dem Jungen. Da war er mit seinen Rosinen am Ende. Er ist so empfindlich geworden und konnte sich nicht beherrschen. Er hat ja nicht nur geschlagen, sondern auch viel geweint später, habe ich gehört. Das letztemal, daß ich ihn weinen gesehen habe, das war, als ich endgültig von der ersten Familie weg bin. »Papa, bleib doch, Papa bleib«, hat er immer wieder gesagt.

Zu mir ist er dann immer seltener gekommen. Er war immer so gehemmt, regelrecht verklemmt, wenn er hier war. Kurz vorher hatte ich ihn noch zu meinem Geburtstag eingeladen. Wer nicht kam, war mein Herr Sohn. Nicht mal telefoniert hat er. Da war ich enttäuscht, regelrecht sauer war ich auf ihn. Hätte ich ihn noch mal gesehen, hätte ich gesagt: »Das war ja nun toll von dir, hast mich ja toll besucht.« Ich hätte ihn weiter nicht angemotzt oder was. Nur gefragt, ob er das gut fände.

Aber trotz allem war er ein feiner Kerl. Das sagte eigentlich jeder, der ihn näher gekannt hat. Obwohl er Sachen gemacht hat, die man einfach nicht tut. Mich haben einige angesprochen: »Das war also dein Sohn. Ein feiner Kerl. Das hat er bestimmt nicht verdient gehabt.«

*

Irgendwann bin ich auch in eine Telefonzelle. Ich wollte jemanden anrufen. Ich wußte nur nicht, wen. Ich habe im Telefonbuch nacheinander die Nummern rausgesucht. Von meinem Vater, meiner Mutter, Anja und so weiter. Ich wußte trotzdem nicht, wen ich anrufen sollte. Ich meine, es wartete niemand gerade auf meinen Anruf. Ich hätte auch gar nicht gewußt, was ich sagen sollte, wenn sich jemand gemeldet hätte.

Das ist ein elendes Gefühl, in einer Telefonzelle zu stehen und nicht zu wissen, wen man anrufen soll. Ich wollte noch den Hörer abreißen. Dann stand aber schon eine Oma draußen und wartete.

Da bin einfach rausgegangen und zu Benno, unserer Kneipe, und habe mir zwei Bier und zwei Jägermeister reingetan.

Gegen Abend sind wir dann los. Bis auf Pierre waren alle ganz schön breit. In der U-Bahn hat sich Holger diesen Typ ausgeguckt. Lange Haare, arrogante Fresse, Typ Hascher vom Gymnasium. Holger hat ihn angeknallt, und ich habe ihn noch weggetreten, und dann war reichlich Bambule.

Jürgen Z. und sein Vater

Jürgen: Ich kam gerade von einem Klassentreffen, als die Truppe in der U-Bahn auf mich zukam. Das ging so schnell, ich habe das kaum mitgekriegt. Im Krankenhaus Barmbek haben sie dann meine Blessuren verarztet: Nasenbeinbruch, Prellungen und so weiter. Ich kam gerade aus dem Behandlungsraum, da brachten sie einen Jungen auf der Bahre. Er war am Tropf und wohl bewußtlos. Ich hatte erst keine Ahnung, daß das einer von den Jungen war, die mich in der U-Bahn angegriffen hatten. Der sah eher aus wie ein schlafendes Kind auf der Bahre.

Dann brachten sie noch einen Jungen, der stark an einer Hand blutete. Der Junge sah mich an, lachte und sagte: »Sind wir nicht gerade zusammen U-Bahn gefahren?« Das war dieser Frank, der an der Hand getroffen war, bevor es den Andreas Z. erwischte. Hätte er das nicht gesagt, ich hätte ihn gar nicht wiedererkannt. Ich finde es schrecklich, was da passiert ist.

Jürgens Vater: Ich habe gleich Anzeige erstattet, obwohl mein Sohn gar nicht so dafür war. Aber ich kenne diese Typen. Ich habe sie bis auf den einen ja auf der Revierwache gesehen. Die lernen nichts und straucheln immer wieder. Ich kenne mich als Werkzeugmacher, Jugendobmann meines Handwerksvereins und durch die Arbeit im Sportverein mit Jugendlichen aus. Bei uns im

Betrieb haben wir auch welche. Das sind alles Ungelernte.Die fahren die Maschinen kaputt, weil sie besoffen sind oder zu faul oder einfach keine Lust haben, aufzupassen. Alles Penner, dumm und ohne Grips.

Ein Facharbeiter wäre nie so verantwortungslos. Aber wenn man ein gewisses Milieu nicht hält, sein Geld nicht verdient, geht es immer tiefer. Was können Typen wie die schon verdienen. Vielleicht zehn Mark die Stunde. Da gehen dann noch die Abzüge ab. Davon können sie nichts Ordentliches anschaffen und kommen mit dem Arsch hinten und vorn nicht hoch. Da fehlt dann schon jede Motivation, ein ordentliches Leben zu führen. Das fängt doch in der Familie an, da herrschen doch schon polnische Verhältnisse. Die Kinder werden nicht angepackt, geführt und geleitet.

Nein, ich muß den Herrn, der geschossen hat, irgendwie anerkennen. Die Jungens haben einfach zu hoch gepokert. Ich weiß, was es heißt, hart für sein Geld zu arbeiten. Wenn sich einer an meinem schwer zusammengesparten Wagen vergreift, dann wüßte ich auch nicht, ob ich nicht vielleicht genauso reagieren würde.

Jürgen: Ich bin da ganz anderer Ansicht. Ich will den Kriegsdienst verweigern und bin gegen jede Gewalt. Wer weiß, warum diese Jungen so aggressiv sind. Man darf jedenfalls nicht Gleiches mit Gleichem vergelten. Ich finde es furchtbar, daß der Andreas sterben mußte.

*

Ich fühlte mich nicht gut, nachdem wir den Typen weggeknallt hatten. Ich wollte unbedingt zu Hause vorbei. Die anderen waren mir plötzlich egal. Ich wollte zu meiner Mutter.

Zu Hause war mein kleiner Bruder allein eingesperrt und flennte. Meine Alte habe ich in der Kneipe, in der »Alten Schmiede« gefunden. Ich hatte den total Weinerlichen drauf: »Bitte, Mama, laß mich wieder zu euch« und so. Ihre Reaktion war gleich null.

Mit meiner Mutter lief sowieso nichts mehr. Ich hatte mir geschworen, nie wieder bei ihr aufzukreuzen. Aber das war eben so ein Tag. Da lief der ganze Film noch mal ab. Bevor ich gegangen bin, habe ich ihr den Korn weggetrunken.

Die Mutter

Er hat Jeans angehabt, blaue, und ein hellblaues, gestreiftes

Hemd, ganz zart gestreift, als er in die »Schmiede« kam. Und dann Stiefeletten, braune. Ich habe so getan, als ob ich ihn gar nicht ansehen würde. Aber ich weiß jetzt genau, wie er das letzte Mal vor mir stand.

Ich war nervös, als ich ihn plötzlich in der Kneipe sah mit den anderen. Er hatte getrunken. Er war stark angetrunken mit seinen knapp sechzehn Jahren. Das hat mich nervös gemacht.

Er hat mich in den Arm genommen und geküßt und wieder in den Arm genommen und wieder geküßt. Und das Blaue vom Himmel hat er versprochen. Ich habe nicht so richtig reagiert. Mein Verlobter, der neben mir saß, auch nicht. Es hatte ja auch alles keinen Sinn. Was hatten wir uns schon den Mund fusselig gesabbelt. Aber er hat ja doch gemacht, was er wollte. Seinen Versprechungen habe ich längst nicht mehr geglaubt. Ich hätte es jedenfalls nervlich nicht durchgestanden, wenn ich ihn wieder aufgenommen hätte.

Er hat sich noch was reingekippt und ist dann mit seinen Kumpels wieder gegangen. Eigentlich ganz fröhlich. Knapp zehn Minuten später war überall Blaulicht und Sirenengeheul. Die Polizei- und Krankenwagen fuhren in die Straße gegenüber. Ich hatte ein ungutes Gefühl. Ich wollte aber nicht daran denken, daß das etwas mit Andreas zu tun haben könnte. Mein Verlobter hat auch nichts Entsprechendes gesagt. Niemand aus der Kneipe ist gucken gegangen, obwohl das ja nur zweihundert Meter weg war.

Eine Stunde später sind wir nach Hause gegangen. Draußen war schon wieder alles ruhig.

Am nächsten Morgen, so gegen neun Uhr, rief seine Freundin an, die Anja: Ob ich schon die Zeitung gelesen hätte. Ich sagte: »Nee.« Sie sagte: »Ja, da ist der Andreas drin. Der ist tot.«

Ich dachte, ich höre nicht richtig, und habe erst mal einen Schreikrampf gekriegt. Mein Kleiner war inzwischen schon los, die Zeitung, also *Bild* zu besorgen. Er hatte schon unterwegs gelesen und kam heulend zurück. Er hat ja so an dem Großen gehangen und hatte ihn auch noch kurz vorher gesehen.

Ich konnte es immer noch nicht glauben. Ich habe immer wieder gesagt: Die hätten uns doch benachrichtigt. Gedacht habe ich, daß es wahr sein muß, wenn die Zeitung es bringt.

Als ich wieder konnte, habe ich bei unserer Revierwache angerufen. Die wußten angeblich von nichts oder waren nicht zuständig. Mein Verlobter hat noch mindestens sechs Anrufe gemacht, bis er dann eine Bestätigung hatte.

Genau, wo er hingekommen ist, habe ich nicht erfahren. Sie haben ja auch nichts über den Obduktionsbefund gesagt. Was passiert ist, weiß ich nur vom Hören und Sagen, nichts Genaues. Ich weiß leider gar nichts richtig. Auch nicht über das, was er so angestellt haben soll.

Wir mußten uns nur sozusagen um den Rest kümmern, um die Beerdigung. Mein Geschiedener hat die Wege gemacht. Ein Institut hat dann alles übernommen. Von der Sozialbehörde habe ich wenigstens noch einen Zuschuß für die Trauerkleidung gekriegt. Das Finanzielle für die Bestattung selber hat die Jugendbehörde erledigt. Eine Armenbeerdigung. An jeder Kerze haben sie gespart.

Es war alles eine ungeheure Nervenbelastung. Denn die Drohanrufe kamen noch dazu. »Asoziales Pack« und schlimmere Unverschämtheiten.

Ich habe nicht verhindern können, daß es so gekommen ist. Ich habe alles getan, damit es meinen Kindern besser gehen sollte als uns früher. Ich habe ihnen zum Beispiel das große Schlafzimmer gegeben und bin selber in das kleine gezogen. Auf solche Ideen wären Eltern doch früher gar nicht gekommen. Und er hat immer geschenkt gekriegt. Erst Spielsachen und dann Geld, damit er sich selber was kaufen konnte. Einmal hat er ein Bonanza-Rad gekriegt, da meinte er, daß er lieber ein Rennrad hätte, das koste auch kaum mehr. Da hat das Bonanza-Rad meine Tochter bekommen. Und er sein Rennrad von meinem damaligen Bekannten. Er wollte eben alles sofort und noch mehr. Er hatte keine Geduld und dann auch keine Beherrschung mehr.

Der Fürsorger hat mal gesagt: »Sehen Sie, da ist schon der Fehler, daß er immer alles bekommen hat.« Aber wer weiß heute schon, wie man das richtig macht mit Kindern.

Bestimmt hat alles auch mit der Scheidung zu tun. Er hatte ja so einen Familiensinn. Mein Geschiedener war zwar immer zu gutmütig mit den Kindern. Aber so ein Junge braucht den Vater eben doch. Ich habe es allein jedenfalls mit ihm nicht geschafft.

Von Geburt aus war er kein schlechter Kerl. Wo sollte er das auch hergehabt haben? Von mir nicht. Und von meinem Geschiedenen schon gar nicht. Der kann ja keiner Fliege was zuleide tun. Ja, warum das wohl so kommen mußte? Da kann mir auch keiner eine richtige Antwort drauf geben.

Ich sehe ihn nur immer wieder vor mir, wie er plötzlich in der »Schmiede« stand. Eine kolossale Fahne, die alten blauen Jeans und das zartgestreifte blaue Hemd. Mama hier und Mama da und Küßchen. Aber was hätte ich tun können?

Eine Mutter kannst du dir nicht aussuchen. Und wer kann schon sagen, seine Mama ist die beste. Ich meine, wenn man in das Alter kommt, wo man den ersten Durchblick kriegt, da merkt jeder, daß eine Mutter auch nicht perfekt ist. Logisch.

Ich war ja auch nicht gerade der Sohn, den man sich so wünscht. Und für die Erklärung, daß meine Scheiße wieder was mit meiner Alten zu tun hatte, habe ich mir nie was kaufen können. Sie hatte einfach viel mit sich selber zu tun. Sie ließ sich doch sozusagen von jedem auf die Augen hauen und konnte sich nicht mal wehren. Sie hatte auch einfach nicht die Power, die starke Glucke zu spielen.

Ich weiß nicht, wie ich an diesem Abend von ihr weg bin. Ich habe die Schultern wahrscheinlich noch breiter gemacht. So nach der Devise: Haust dich eben allein durch. Superman voll in action. Ihr werdet Andi alle noch kennenlernen. Vielleicht habe ich den Clown rausgehängt, weil ich gemerkt habe, wie mir der Rotz aus der Nase lief.

Voll besoffen war ich jedenfalls.

HOLGER, PIERRE

Holger: Er war wieder gut drauf, als wir aus der »Schmiede« raus sind.

Pierre: Mitgenommen hatte ihn das doch mit seiner Alten, weil er ja mit ihr nach Hause gehen wollte zum Schlafen. Er hat ja an nichts anderes mehr gedacht, als zu Hause zu schlafen. Er hatte keinen Bock mehr auf Opa oder Heim oder sonst was, nur noch auf Zuhause.

Holger: Er hat aber auch gleich gesagt: »Scheißegal, ich habe sowieso keine Mutter mehr.« Dann hat er auf der Straße rumgetanzt.

Pierre: Erst hat Frank eine Kugel an der Hand erwischt. Andi ist zu Frank gelaufen. Der war immer zur Stelle, wenn ein Kollege Hilfe brauchte.

Holger: Dann hat es ihn auch gleich umgehauen. Er hat einen furchtbaren Schrei getan, echt wie ein Tier. Ich habe ihn noch versucht aufzurichten. Er hat noch gesagt: »Es tut weh.«

Pierre: Nee, er hat nichts mehr gesagt. Er hat nur geröchelt. Und dann kam auch schon Schaum aus dem Mund.

Holger: Das Loch war so klein. Wir haben geglaubt, das war von einem Luftgewehr. Sie haben den Typen, den Schützen, rausgebracht, als sie Andi gerade in den Notarztwagen geschoben haben. Mir war, als hätte der Typ gegrinst. Aber ich konnte sein Gesicht nicht genau erkennen.

Auf der Revierwache haben wir ihn kurz wiedergesehen. Die Bullen wollten nicht viel von uns wissen. Die interessierte die Sache in der U-Bahn mehr als das mit Andi. Sie haben uns für den nächsten Morgen um neun Uhr wiederbestellt. Wir haben nicht an das Schlimmste gedacht. Ausgerechnet Frank mußte in der Zelle bleiben, nachdem sie im Krankenhaus seine angeschossene Hand verbunden hatten.

Wir anderen sind noch in den »Wienerwald« zum Essen. Als wir uns morgens am Bahnhof Dehnhaide wiedertrafen, sagten sie mir: »Andi ist tot.« Ich dachte, die wollten mich verarschen.

Andi war mein bester Freund. Er war ein astreiner Kollege. So einen gibt es gar nicht noch mal. Wenn wir zusammen waren, haben wir nur gelacht, fast nur gelacht. Wenn ich mit ihm allein war, hat er auch öfter geweint. Oft, weil es mit seiner Freundin Anja nicht lief. Aber ich glaube, er hat noch mehr wegen seiner Mutter geweint. Er liebte seine Mutter sehr, glaube ich. Er hat nicht viel darüber gesprochen. Aber mit ihr lief eben gar nichts mehr. Seine Oma hat er auch gemocht. Und natürlich Anja.

Er hatte unheimlich Mut. Er hat Leute weggeknallt, die waren zwei Köpfe größer als er, weil er immer sofort in den Mann gegangen ist. Er war ja nur eine halbe Portion. Man hat ihm seine fünfzehn oder sechzehn Jahre nicht mal angesehen. Er hat alles mit seinem tierischen Mut gemacht.

Der Beerdigungsredner

Meine lieben Trauernden. Wir müssen heute schon wieder einmal unser Haupt beugen vor der Allgewalt des Todes. Vor diesem Tod, den man nicht sieht, der aber oft unverhofft da ist, der aber oft auch sehr, sehr langsam an uns herantritt und uns zu sich ruft in sein großes Reich.

Aus einem Kreis, aus einer Gemeinschaft ist wahrlich ein Teil herausgerissen worden. Er liegt hier nun, still und stumm, von so vielen Blumen zugedeckt. Unsere ganzen Gedanken gelten ihm.

Ich denke aber auch an dich, seine Mutter. Du gabst ihm das Leben, und unter Schmerzen hast du geboren. Du hattest dein Kind. Du hattest etwas eigenes. Und dein Andreas, der war bei dir. Du hast für deine Kinder gelebt. Auch ihr, liebe Großeltern, habt für ihn gelebt, wart für ihn da.

Er sollte nun ins Leben treten. Er sollte einmal auf eigenen Füßen stehen. Der Grundstock, er war ja da. Er konnte Autolackierer werden. Er hat ja auch versucht, sich seinen Weg zu suchen.

Der alte Sokrates hat einen Satz gesagt, über den man sehr viel nachdenken und reden kann: »Ich weiß, daß ich nichts weiß.« Aus dieser Erkenntnis wage ich auch nicht zu behaupten, dieser oder jener Weg ist der richtige. Ihr habt doch alles versucht, ihm zu helfen. Er war euer Sohn, euer erster Enkel. Er war euch ein lieber Junge. Er hat sich gefreut, wenn er zu Hause war.

Er ist nicht mehr. Eine ganz, ganz bittere und harte Wahrheit. Er hatte sein Zuhause, hatte seine Freunde, mit denen er lebte. Wir können jetzt nur noch das eine tun, von ganzem Herzen, lieber Andreas. Wir reichen dir zum Abschied im Geiste die Hand. Alle, die an deinem Sarge weinen, alle, die an dich denken, grüßen dich ein letztes Mal, sagen dir Dank für die kurze Zeit, die sie mit dir verbringen durften. Und auch in dieser kurzen Zeit war Sonne.

Wahrlich, wir haben es erfahren, sehr, sehr hart erfahren. Ringsum ist Nacht, uns war's, als ob ein junges Leben jäh zerbrach. Warst gestern noch in stolzer Jugendpracht. Zerbrochen ist's, vernichtet, von dem Sturm in einer Nacht. Wie nahe beieinander liegt doch Leben und Tod.

I

Herr H.

Was da am 15. August passiert ist, dazu möchte ich nichts sagen. Das hat mir auch mein Anwalt geraten. Nur eines möchte ich hier klarstellen: Ich hab mir in meinem ganzen Leben noch nie etwas zuschulden kommen lassen. Stop, bis auf einmal, aber das war eine Bagatelle. Da war der Führerschein weg. Den Laden hier hab ich seit 1967, und in der Wohnung darüber, im ersten Stock, sind wir jetzt seit drei Jahren. Wir, das heißt meine Frau und ich, verkaufen Tabakwaren, Spirituosen, Zeitungen und Süßigkeiten.

Meine Frau hat an dem Morgen, nachdem diese Sache passiert ist, den Laden gleich wieder aufgemacht. Ganz bewußt, schließlich mußten wir uns ja nicht verstecken. Ich bin dann auch gleich wieder ins Geschäft, nachdem die Polizei mich mittags entlassen hat. Erst dachten wir, vielleicht bleiben ja jetzt die Kunden weg. Das ist nicht so gewesen. Man kennt mich hier in der Gegend als ruhigen, sachlichen, überlegenden Menschen, und die meisten haben wohl nicht geglaubt, was da anfänglich in den Zeitungen stand. Die hatten ja alles umgedreht – von wegen bedauernswerte Jugend und so. Man kennt das ja. Wie gesagt, das ist aber hier nicht angekommen. Die, um die es da geht, haben ja alle Strafakten so dick wie ein Buch.

Ich kann wohl sagen, sonst haben wir zur Jugend durch die Bank einen sehr guten Kontakt. Schließlich bin ich ja selber Vater von einem Sohn und einer Tochter. Hinzu kommt, daß in unserer direkten Nachbarschaft zwei Schulen sind. Von dort kommen die Kinder zu uns und holen sich ihren Naschkram, Cola und Comics. Oft haben wir auf einen Schlag bis zu zwanzig Kinder bei uns drin. Natürlich sind da auch schon mal ein paar faule Kunden darunter. Ich meine solche, die zwischen mein und dein nicht unterscheiden können. Aber, ob Sie es glauben oder nicht, das sieht man schon am Blick, wie so ein Kind beschaffen ist. Wenn es einen frei angucken kann, dann ist es in Ordnung. Bei den anderen, die so an einem vorbeischauen, einem nicht so richtig in die Augen sehen mögen, da heißt es Vorsicht. Wirklich, man kann es ihnen fast immer an den Augen ansehen.

2

Ich habe nichts in meinem Leben soviel gehört wie Sprüche. Ich kenne da auch einen schrottigen Spruch: Der Sarg hat von innen keine Verzierungen.

Aber laß uns nun mal ein bißchen ordnen, was Sache war. Also der Reihe nach: Geboren bin ich am 7. April 1963 im Krankenhaus Barmbek, gestorben bin ich am 15. August 1979 auch im Krankenhaus Barmbek. Dazwischen waren immerhin fast 6000 Tage. Also erst hatte ich ganz normale Eltern, eine jüngere Schwester und einen kleineren Bruder. Meine Geschwister habe ich wahnsinnig gern gehabt, obwohl ich oft sehr gemein zu ihnen war. Ich hatte auch mal einen alten Teddy, einen Hamster und einen Wellensittich. Die hatte ich auf eine andere Art unheimlich gern.

Um meinen Alten haben mich die anderen sogar beneidet. Der hatte ein wahnsinnig breites Kreuz und war gutmütig bis zum Gehtnichtmehr. Wenn der mal losbrüllte, dann war nach spätestens fünf Minuten wieder Friede, weil der gar nicht richtig böse sein konnte. Er mochte Kinder. Und er war der totale Fußballfan. Meine Mutter war sehr jung und sehr hübsch. Die hatte eben nur reichliche Probleme mit sich selber. Bei ihr war wohl früher auch einiges schiefgelaufen.

Meine Alten haben mich also in die Welt gesetzt. Ob sie sich was dabei gedacht haben, wollte ich sie öfter fragen. Ich hatte dann sowieso eine Menge Fragen, von denen ich kaum eine gestellt habe. Mich hat das interessiert, wie so was wie ich überhaupt zustande kommt. Nach allem, was ich gehört habe, habe ich das Gefühl, daß ich schon mit dem linken Fuß auf die Welt gekommen bin.

Die Mutter

Mit Andi, das kam so. Ich war damals siebzehn. Da kannte ich einen Jungen, der sagte mal, daß ein Kollege von ihm im Krankenhaus läge. Der sei nach einem Motorradunfall dem Tod noch mal gerade so von der Schippe gesprungen. Ob ich nicht mal mitkommen wollte, den besuchen, weil der ziemlich allein sei.

Ich habe gleich zugesagt, weil ich da eine Gelegenheit witterte, von zu Hause wegzukommen. Und weil ich auch gern neue Bekanntschaften machen wollte. Denn sonst kam ich von zu Hause kaum weg. Mein Vater war ziemlich streng.

Ich bin also in das Krankenhaus und habe Klaus, meinen späteren Geschiedenen, kennengelernt. Zuerst kam er mir reichlich älter vor, aber war er gar nicht. Nur vier Jahre.

Sie wollten ihm ein Bein abnehmen. Ist aber gut gegangen. Ich habe ihn dann öfter besucht. Und als er rauskam, waren wir praktisch zusammen.

Er war sozusagen mein erster Bekannnter. Ich habe mich wohl ein bißchen an ihn rangeschmissen, aber er mochte mich sowieso sehr. Ob das bei mir Liebe war, weiß ich nicht. Eher bei ihm. Aber was ist überhaupt Liebe?

Ich wollte jedenfalls die erste Gelegenheit benutzen, von zu Hause wegzukommen. Mein späterer Geschiedener war die erste Gelegenheit. Wir haben uns auch gleich verlobt. Das gab eine sehr schöne Feier. Bei meinen Eltern zu Hause wurde mächtig gebechert. Alle waren sehr lustig. Und mich haben sie zum erstenmal fast wie eine Erwachsene behandelt.

Nach der Feier war aber wieder alles beim alten. Ich durfte nur selten raus und mußte spätestens um zehn Uhr abends zu Hause sein. Einmal bin ich um drei nach zehn gekommen, nicht gelogen, drei Minuten zu spät. Da habe ich vier Wochen Stubenarrest gekriegt. Und das, als ich schon verlobt war und fast achtzehn.

Danach habe ich regelrecht auf ein Kind hingearbeitet. Viel Gelegenheit hatten wir ja nicht dafür. Aber es klappte ziemlich schnell. Ich hatte nur nicht den Mut, es meinen Eltern zu sagen.

Lange verheimlichen allerdings kann man so was als Mädchen nicht, wenn einem die Mutter draufguckt. Einen Abend, als ich von der Berufsschule kam – ich vergesse das nie –, sagte meine Mutter: »Du mußt doch bald mal wieder deine Regel haben.« Ich stotterte rum: »Ja, die kommt wohl bald.« Meine Mutter guckte mich da ganz nett an und meinte: »Na, weißt du was, mein Deern, wir gehen morgen mal zum Arzt.«

Der Arzt hat gesagt: »Klare Sache, dritter Monat.« Meine Mutter hat noch protestiert: »Vierter.« Der blieb bei dritter. Meine Mutter hatte natürlich recht.

Mein Vater hat getobt. Ich durfte erst mal nicht heiraten, obwohl ich ja eigentlich heiraten mußte. Noch im siebten Monat lief ich unverheiratet mit meinem dicken Bauch rum. Mein Vater meinte, das hätte ich davon, das sollte ruhig jeder sehen.

Ich habe solange wie möglich versucht, das vor den anderen zu verbergen. Aber ich war sehr stark, da war nichts mehr zu vertuschen. Ich habe mich wahnsinnig geschämt. Vor allem, wenn ich abends von der Arbeit nach Hause kam. Da wohnte so eine Blöde in unserem Haus, die hat jeden Abend aus dem Fenster geglotzt und gegrinst. Manchmal hingen sie alle in den Fenstern und haben geglotzt. Jedenfalls kam mir das damals so vor.

Schließlich durfte ich dann doch noch heiraten kurz vor meiner Niederkunft. Die Hochzeit war wohl eine der größten Enttäuschungen in meinem Leben. Als junges Mädchen hat man da ja Träume. Weißes Kleid, Kirche, Blumen, über die Schwelle tragen und so weiter. Ich hatte immer von der Hochzeitskutsche des *Hamburger Abendblatts* geträumt.

Aber mit weißem Kleid und Kirche war ja sowieso nichts. Da hätte sich ja alles schiefgelacht bei einer im achten Monat. Finanziell wäre das auch nicht drin gewesen. Wir hatten nicht mal eine Wohnung. Wir mußten erst mal auf Zimmer bei den Großeltern von meinem Geschiedenen leben. Da spielte sich auch die Hochzeit ab. Gerade für fünf, sechs Mann Platz war in der winzigen Bude. Außer Bier und Schnaps ist nichts gewesen.

Arbeiten mußte ich auch ganz bis zum Schluß. Weil sich der Arzt ja um einen Monat geirrt hatte, und ich deshalb nicht rechtzeitig Schwangerschaftsurlaub kriegte. Zum Schluß war ich nur noch am Umkippen.

Es war also alles schon ganz schön verkorkst mit Andi von Anfang an. Aber ich habe mich bestimmt bemüht, den Jungen das nie merken zu lassen.

*

Ewig in die Hosen und ins Bett soll ich gepißt haben. Da ist schon was dran. Aber über deine ersten Jahre weißt du ja eigentlich nur das, was sie dir erzählt haben. Das heißt, du weißt nie genau, ob du dich an was erinnerst, was wirklich passiert ist, oder ob sie dir später nur Märchen erzählen.

Aber das Wasser zu halten, das war schon eins meiner ersten Probleme. Und das ist ein Riesenproblem für ein lüttes Gör. Als nichts dagegen half, hat meine Mutter sich damit getröstet, daß ich es an der Blase habe.

Ja, was gab es noch so aus den ersten Jahren? Wichtig ist, daß wir mal umgezogen sind. Das war eine tierische Packerei und ein tierischer Streß mit Gebrüll und allem. Als ich endlich mit vorn im Lastwagen saß, war ich aufgeregt und total happy. Bis ich gemerkt habe, daß ich meinen Teddy vergessen hatte.

Ich muß wohl ausgerastet sein, weil ich nie ohne meinen Teddy geschlafen hatte. Aber umkehren deswegen wollten sie auch nicht. Später habe ich sogar den Verdacht gehabt, daß sie ihn mit anderem altem Kram in den Müll geschmissen haben. Jedenfalls hat meine Mutter damals gesagt: »Was willst du denn mit dem alten Ding? Ich kaufe dir einen neuen.« Ich habe natürlich nicht aufgehört zu plärren, bis ich was an die Ohren kriegte. Die Alten waren ja sowieso schon total gestreßt.

Ein paar Tage später hat meine Mutter dann tatsächlich einen neuen Bären mitgebracht. Der konnte sogar sprechen. Man mußte ihm ein Band aus dem Rücken leiern, dann sagte er: »Honig mag ich gern«, »Komm, spiel mit mir«, »Kraul mir das Fell« und noch so ein paar beknackte Sprüche.

Wenn da so eine Opastimme aus einem Teddy krächzt »Kraul mir das Fell«, ist das komisch, aber du kannst ihn natürlich nicht mehr kraulen. Vor den anderen Kindern angegeben habe ich schon mit dem Ding. Nur fürs Kopfkissen war der eben nicht geeignet.

Ich bilde mir ein, daß ich nie mehr sofort einschlafen konnte, nachdem mein alter Teddy weg war.

Umgezogen sind wir ein paarmal. Das waren nicht gerade Weltreisen. Immer nur ein paar U-Bahn-Stationen im Norden von Hamburg. Gelandet sind wir schließlich in Dulsberg. Das ist ein Stadtteil von Hamburg, der überall einigermaßen ähnlich aussieht. Mietshäuser, egalweg, so vier Stockwerke hoch meistens und kleine Gärten davor. Proletenviertel haben manche dazu gesagt. Aber das stimmte längst nicht mehr. Bei uns standen schon die teuersten Schlitten rum. Jede Menge Ford Capri, auch BMW und sogar ein Porsche. Da wohnen Leute ohne eine müde Mark und Leute mit tierisch Moos. Keiner will weg, weil die Mieten so billig sind.

In unserem Viertel hatten alle Straßen Vogelnamen: Meisenstraße, Pfauenweg, Dompfaffring, Wachtelstieg. Das fand ich eigentlich ganz schön. Nicht, daß da jede Menge Wachteln rumliefen. Bei uns fühlten sich eher die Spatzen zu Hause und im Winter auch mal Möwen, die man vom Fenster aus füttern konnte. Aber gerade als Kind findest du Vogelnamen schön. Und ich habe immer irgenwie auf Federvieh gestanden. Überhaupt auf Tiere. Aber besonders auf Federvieh.

Bei uns hat sich irgendwie noch der eine um den anderen gekümmert. Besonders die eine Alte. Alle nannten sie NDR 4 oder Radio Dulsberg. Die lauerte den ganzen Tag hinter der Gardine, weil sie längst auf Rente war. Wenn wir Scheiß machten, dann wußte sie es und hat bei unseren Alten gesungen. Gequatscht haben sie alle mit ihr, und Schiß hatten sie auch alle.

Die war so unecht, das gibt's nicht. Die konnte zum Beispiel fragen: »Was macht denn die kleine Soundso? Die ist immer so fein in Schale. Arbeitet sie immer noch in einer Boutique?« Sagen wollte sie damit, daß die kleine Soundso anschaffen ging, was sowieso schon jeder ahnte. Und wenn sie fragte, ist der Soundso immer noch auf Montage, dann meinte sie, der ist wieder im Knast.

Wir haben sie trotzdem mal unheimlich gelinkt. Als sie das Baby von ihrem Sohn einhüten mußte und den Kinderwagen vor dem Spar-Laden stehenließ und in einem Vorgarten genau der gleiche Kinderwagen mit einem Baby stand, da haben wir die Kinderwagen ausgetauscht. Die Hexe ist mit dem falschen Baby los und hat es erst zu Hause gemerkt. Danach gab es allerdings reichlich Zoff. Sie war die erste, die vorausgesagt hat, daß ich ein Verbrecher werden würde. Und ich habe das auch irgendwann geglaubt, weil das dann auch andere gemeint haben.

Mein erstes echt linkes Ding, das war das mit Kowalski. Der war auch auf Rente. Es gab eine Menge alte Leute bei uns. Im Prinzip kam ich mit denen besser klar als mit den anderen.

Also Kowalski. Eigentlich hieß er anders. Wir nannten ihn nur so, weil er sowieso irgendeinen polnischen Namen hatte. Das mit ihm, das ist eine ganze Geschichte.

3

Dem alten Typ, den wir Kowalski nannten, konnte man von unserer Küche aus genau auf den Balkon sehen. Da saß er im Sommer immer und hat gefrühstückt, immer in eine karierte Wolldecke gewickelt, ganz egal, wie heiß es war. Und neben ihm auf einem Stuhl, echt auf einem Stuhl, saß Max. Und Max war ein Köter, so häßlich, wie ich nie wieder einen Köter gesehen habe. Der war so lang wie breit. Auf dem Bauch, der fast auf den Boden hing, saß ein winziger Schweinskopf, und hinten hing ein eklig dünner, langer Schwanz. Am ekligsten war der Ausschlag oder die Geschwüre oder was das war, was diese Töle hatte.

Und dieser Max saß also neben Kowalski auf dem Stuhl und hat mitgefrühstückt. Der Hund hat dasselbe gekriegt wie der Kowalski. Sonntags sogar ein Ei. Und wenn der Kowalski sein Brot in die Milch oder was er da im Becher hatte reinstippte, dann hat erst er abgebissen, dann hat er noch mal gestippt, und dann hat der Köter den Rest gekriegt. Die hatten beide, glaube ich, kaum noch Zähne. Aber der Max wurde dabei immer dicker und der Kowalski immer dürrer.

Echt ein irres Paar. Im Winter hatte Max einen Anzug, und wenn Salz gestreut war, sogar Schuhe. Wenn sie spazierengingen, hat der Kowalski immer mit dem total blöden Vieh geredet, während sich der Max nur für die Pisse von anderen Hunden interressierte.

Wir Gören haben die beiden geärgert, wo wir nur konnten. »Kowalski, mußt deiner Braut mal Räder unter den Bauch binden« und solche idiotischen Sprüche haben wir gegrölt. Der Alte hat sich gar nicht drum gekümmert, was ich nun wieder irgendwie stark fand. Der hatte immer denselben total traurigen Blick drauf wie sein Hund.

Den Köter habe ich gehaßt. Das kam, als der Alte mal im Spar-Laden einkaufen war. Max saß auf seinem unheimlich breiten Arsch vor der Tür, direkt am Fahrradständer. Da habe ich versucht, mit einem Bindfaden diesen ekligen langen, dünnen Schwanz am Fahrradständer festzutäuen. Dreht sich das Biest doch um, so schnell, wie man es nie für möglich gehalten hätte, und hackt mir voll in die Hand.

Als das Vieh mal wieder auf seinem wahnsinnig breiten Arsch vor dem Spar-Laden saß, habe ich mit einem Katapult draufgehalten. Ausgerechnet der dickste Stein saß voll. Der dicke Köter ging echt mit allen Vieren steil in die Luft. Hättest du dem nicht zugetraut. Und dann hat er gejault, als sei er gleich hin. Kowalski kam gleich aus dem Laden gehinkt und hat den Köter auf den Arm genommen. Ich weiß nicht, warum ich nicht weg bin. Jedenfalls stand ich da und hab die beiden blöde angegafft.

Der Alte hat wieder nichts gesagt. Er hat nur mit seinem traurigen Hundeblick geglotzt. Und mit diesem Glotzen hat er mich dazu gebracht, daß mir die Sache irgendwie echt leid tat. Ich fand ihn wieder einfach stark, und der Köter gehörte nun mal zu ihm.

Etwas später habe ich die beiden dann richtig gemocht. Das war, nachdem der Kowalski seinen weiß-ich-wievielten Schlaganfall hatte und kaum noch die Treppe runterkam. Max Gassi führen war für ihn also auch nicht mehr drin. Das haben erst Leute aus dem Haus gemacht. Aber die hatten wohl auch immer weniger Bock, das fette Vieh über das Pflaster zu ziehen. Der idiotische Köter begriff nämlich nicht, daß der Kowalski kein Bein mehr vor das andere kriegte. Der wollte mit keinem anderen Gassi gehen, hat alle kurzen Viere ganz starr von sich gestreckt und sich auf dem Bauch ziehen lassen. Wenn die Show lief, hing alles in den Fenstern und hat sich bepißt vor Lachen. Deshalb wollte nachher auch niemand mehr mit Kowalskis Köter Gassi gehen.

Einer von den Jungs bei uns hat dann mal gesagt, daß man sich bestimmt 'ne Mark verdienen könnte, wenn man das Vieh mal in den Park zieht. Es hat sich aber keiner getraut.

Als die Arbeiterwohlfahrt dem Kowalski warmes Essen brachte, bin ich dann einfach mit rein in die Wohnung und habe ihn gefragt. Der hat gar nicht weiter mit mir gesprochen. Er hat ja nur zu seinem Hund geredet. Dem hat er gesagt, was für ein lieber Kerl ich sei und so. Kein Wort von unseren blöden Sprüchen und von dem Volltreffer mit dem Katapult. Der Kowalski war eben verrückt, aber für mich irgendwie ein starker Typ. Er hat seinem Max gesagt, daß er mit mir ruhig gehen könnte und keine Zicken zu machen brauchte.

Beim zweiten- oder drittenmal ist Max dann auch schon richtig auf seinen Stummelbeinen hinter mir hergelaufen, ich brauchte ihn also nicht mehr auf dem Bauch nachzuziehen. Und so komisch das klingt, wir sind echte Kollegen geworden, der Max und ich. Ich fand ihn auch überhaupt nicht mehr häßlich. Er hat mich an meinen uralten Kuschelbären erinnert, vielleicht weil sein Fell mit den Stellen vom Ekzem oder so aussah wie das blankgekuschelte Fell von meinem Kuschelbären.

Eine Mark habe ich übrigens von Kowalski nie gekriegt. Nur so Schokoladenkekse. Er hatte davon bestimmt mehr als hundert Stück in einem großen, runden, durchsichtigen Plastikbehälter. Die hatte er von seinem Sohn geschickt bekommen. Der Sohn hatte wohl einen Spar-Laden irgendwo in Westdeutschland und kam also ziemlich billig an das Zeug ran. Auf einem kleinen Tisch standen noch zwei Flaschen Eierlikör, drei Tüten Jacobs-Kaffee, glaube ich, und eine Pralinenschachtel. Die standen da seit irgendeinem Weihnachten, als der Sohn sie geschickt hatte. Kowalski fing irgendwann doch an zu reden und hat mir das erzählt. Es heißt, klar war das nicht, ob er es mir erzählte oder Max. Denn angesehen hat er beim Reden nur den Hund.

Schon vor der Schule habe ich Max jeden Tag abgeholt und dann gleich nach der Schule wieder. Ich war total happy mit dem

Vieh. Das einzige, was mich echt nervte, waren die anderen Gören, die mich ständig anmachten wegen Max.

Einmal war es besonders schlimm. Im Park waren die zu viert um mich rum. »Max und Moritz« und solche Sprüche. »Den Köter legen wir auf die Straße. Wenn da ein Auto rüberfährt, kannst du in dem Fettfleck baden.« Der Schlimmste war Frank. Der war genauso alt wie ich, wohnte über uns und war mindestens einen Kopf größer, weil ich sowieso immer der Lütteste war.

Max hat die Situation genau gecheckt und hat den Frank ganz giftig mit seinem piepsigen, asthmatischen Bellen angemacht. Da haut der Frank dem Tier echt eine volle Pieke in den Bauch. Ich habe mich selbst nicht mehr gekannt. Ich bin mit Fäusten und Füßen auf den Arsch los und habe ihn gleich unten gehabt. Da sind die anderen drei noch gekommen. Ich habe gekratzt und gebissen, aber die hätten mir doch tüchtig was auf die Ohren gehauen, wenn nicht mein Kollege so unheimlich auf Draht gewesen wäre. Das hätte dem echt niemand zugetraut. Der Max war wie ein Wahnsinniger zwischen all den Beinen zugange, die über mir waren, weil ich längst am Boden lag, und hat mit seinen paar Zahnstummeln reingehauen. Der hing noch an irgendeiner Jeans, als die alle schon wenigstens zehn Meter weg waren.

Dann lag Max da auf seinem dicken Bauch. Die Zunge hing ihm meterlang aus dem Maul. Die Augen waren nur noch weiß und rot. Zum Glück hat er noch wie irre nach Luft gejapst. Herzattacke oder so was. Ich hatte jedenfalls tierisch Schiß, daß mein Kollege die Augen auf Null dreht. Ich habe ihn erst mal aufgehoben. Zum alten Kowalski habe ich mich nicht getraut. Der hätte nur noch einen Schlaganfall gekriegt, wenn ich ihm den Max so japsend vor den Sessel gelegt hätte. Ich dachte im Moment auch, daß alles meine Schuld war. Da habe ich diesen irrsinnig schweren Mops zu uns in die Wohnung geastet.

Es war niemand zu Hause. Ich hatte schon unterwegs gemerkt, daß der Max wieder zu sich kam, weil er mir einmal übers Gesicht geleckt hatte. Als ich ihn endlich bei uns auf dem Sofa hatte, war der auf einmal voll da. Er hat mit seinem langen, dünnen Schwanz in der Luft rumgewirbelt, als wollte er sagen: »Denen haben wir es aber mächtig eingeschenkt.« Das Sprechen hat der Kowalski ihm ja nicht beibringen können. Deshalb habe ich gesagt: »Denen haben wir es aber mächtig eingeschenkt.«

Wir hatten beide tierischen Durst nach dem Fight. Ich habe mir in der Küche eine Cola eingeschenkt. Max saß gleich neben mir auf dem Küchenstuhl und hat auch den ersten Becher Cola ausgesoffen. Dann habe ich es gemacht wie Kowalski. Ich habe Brot in Cola gestippt und Max immer ein Stück abgegeben. Danach haben wir uns zu mir ins Bett gelegt, weil der Fight uns beide doch mächtig geschafft hatte. Wir haben uns aneinandergekuschelt und sind richtig eingedöst, bis meine Mutter mit meiner kleinen Schwester kam und wir ziemlich zackig aus dem Bett mußten.

Ich war, glaube ich, ziemlich happy in der Zeit mit Max. Aber die Geschichte hatte kein gutes Ende, weil alle meine Geschichten kein gutes Ende haben. Weil ich irgendwie schon damals eine blöde Sau war.

Der Fehler war, daß Kowalski mich dann auch zum Einkaufen geschickt hat. Und da habe ich einmal ein paar Groschen und dann ein Fünfzigpfennigstück abgezweigt. Dabei hatte ich ehrlich nie Geld von Kowalski gewollt. Es war nur so, daß alle Kinder urig geil auf Groschen und Fünfzigpfennigstücke waren. Wegen der Automaten, die bei uns überall an der Straße hingen. Wegen der Automaten mit den ekligen runden Kaugummis für einen Groschen und wegen der Automaten mit den Plastik-Überraschungseiern für fünfzig Pfennig, in denen irgendein blöder Krimskram war und aus denen nie einer von den Hauptgewinnen kam. Wenn du also Geld für den Automaten hattest, warst du bei uns der King. Da haben die anderen neidisch drumherum gestanden, wie du was rausgeholt hast. Und der Größte warst du echt, wenn du was ausgegeben hast. Eins von den stinkigen Kaugummis oder sogar einen dämlichen Blechring aus dem Überraschungsei.

Ich habe also das Geld abgezweigt, und der Kowalski hat das gecheckt. Jedenfalls hat er plötzlich nicht mehr seinen Hund angesehen, sondern mich angeglotzt mit diesem tierisch traurigen Blick. Ich wäre bald aus den Latschen gekippt vor Schreck, als der mich so anstarrte. Vielleicht habe ich mir ja auch alles nur eingebildet. Jedenfalls bin ich, ohne was zu sagen, rückwärts aus der Wohnung raus. Und ich bin auch nicht wieder hingegangen.

Ein paar Tage später, ich war gerade auf der Straße, kamen ein Krankenwagen und der Struppi-Wagen vom Tierheim. Fast gleichzeitig. Erst haben sie Kowalski runtergebracht. Auf einer Bahre. Aber er lag nicht, er saß. Er hatte sich seine karierte Wolldecke über das Bettlaken von der Bahre gelegt. Er guckte tierisch traurig. Ich glaube, er hat mich einen Moment angesehen. Er hat sich seinen Kopf noch gestoßen, als sie ihn reinschoben, weil er sich nicht hinlegen wollte und auch den Kopf nicht runternahm.

Kaum hatten sie die Tür hinter ihm zugeschmissen, kam ein Mann mit Max an der Leine aus der Haustür. Max war Max. Die Pfoten total steif zur Seite gestellt, ließ er sich auf dem Bauch ziehen. Drei Treppenstufen runter. Plumps, plumps, plumps. Und auf einmal haben die Nachbarn den Empörten gemacht: »He, was soll das, wie gehen Sie mit dem Hund um. Das ist ja ein feiner Tierschutz.« Da hat der Kerl den Max ganz schnell auf den Arm genommen. Ganz schnell hat er ihn reingetan in den Struppi-Wagen und die Tür hinten zugeschmissen. Fast gleichzeitig sind die Autos losgefahren. Mit Kowalski ins Pflegeheim und mit Max ins Tierasyl.

Ich bin danach gleich rauf in mein Zimmer aufs Bett. Mir ist das irgendwie an die Nieren gegangen. Nicht, daß ich geheult hätte. So weit checkt man so was in dem Alter noch gar nicht durch. Aber irgendwie ist mir das an die Nieren gegangen.

Ich habe das erst mal ganz schnell wieder vergessen. Nur manchmal, abends, wenn ich im Bett lag und meine Eltern vielleicht weg waren und ich nicht schlafen konnte, dann mußte ich an Kowalski und Max denken. Das brachte mich unheimlich schlecht drauf, und ich konnte überhaupt nicht mehr einschlafen. Dann habe ich auch mal gedacht: Also, wenn ich mal später einen Laden oder so was habe und einer von meinen Alten kann kein Bein mehr vors andere kriegen und hat dazu noch einen Köter, also dann werde ich nicht nur Jacobs-Kaffee und Eierlikör schicken. Ich werde mich irgendwie kümmern. Ich werde bestimmt den Hund aufnehmen, und wenn es räumlich und so geht, auch einen von meinen Eltern. Das mußte ausgerechnet ich blöde Sau denken. Jedenfalls habe ich bis zum Schluß immer mal wieder an Max und Kowalski gedacht.

Die Mutter

Es gab schon ziemlich früh so kleine Schwierigkeiten mit dem Jungen. Mir hat der Fürsorger mal gesagt, es läge natürlich auch immer an den Eltern, wie so ein Junge wird. Ich habe zu ihm gesagt, als er hier war, ich habe gesagt, ich weiß nicht, was ich dem Jungen getan habe. Denn der hat von Anfang an immer alles gekriegt.

Wenn ich da an meine Jugend denke. Ja, bei mir lag vieles am Elternhaus. Ich sollte nämlich ein Junge werden. Und wohl deswegen habe ich viel Schläge von meinem Vater bekommen. Wenn ich daran denke, wie ich mal nach Hause kam. Gleich abwaschen. Und dann habe ich erst mal mit der verkehrten Hand eine gekriegt.

Da lief mir das Blut nur so runter. Da wollte ich mir das abwischen. Das durfte ich aber nicht machen. Ich mußte weiter abwaschen. In so einem alten Abwaschtisch noch mit zwei Schüsseln.

Wie wir da gehaust haben. Ich weiß noch, als ich mit meinem damaligen Mann und den Kindern nach Dulsberg zog und wir zum erstenmal in die Wohnung kamen, da hat mein Junge gesagt: »Mama«, hat er gesagt, »daß wir uns hier mal nicht verlaufen.«

Aber früher. Wir waren ausgebombt. Dann hatten wir ein Behelfsheim, das hat mein Vater verkauft, weil er unbedingt ein Motorrad haben wollte, und wir mußten in einem Keller hausen. Im Winter waren da Eisberge auf dem Boden. Geschlafen wurde mit Handschuhen. Das hat aber nichts genützt, denn mein Bruder und ich mußten mit Lungenentzündung ins Krankenhaus.

Ich habe in der Zeit noch immer ins Bett gemacht. Zur Strafe ließ mich mein Vater mal auf dem eiskalten Betonfußboden stehen. Als meine Mutter dann von der Arbeit kam, hat sie die Frostbeulen an meinen Füßen gesehen. Aber sie hat sich nicht getraut, meinem Vater was zu sagen.

Meine Mutter ist eine sehr gute Frau. Sie hat immer gearbeitet, während mein Vater viel zu Hause war. Sie war zwanzig Jahre beim Bund in der Küche, das hat ihr Spaß gemacht, und sie hat auch ein gutes Stück Geld mitgebracht und immer waszu essen. Nur, sie konnte sich deswegen nicht so viel um uns Kinder kümmern. Da waren wir viel mit meinem Vater allein oder ganz allein.

Als sie mal im Krankenhaus war, da hatte mein Vater eine andere. Das ist dann schwer zu verkraften für Kinder. Mit meinem Vater hatte ich immer Probleme. Wenn der mir was sagt, wenn er nur anruft, hol mir die Zeitung, dann spring ich bis heute. Als ich auf Kur war wegen meiner Angstzustände und des Alkohols, hat mir der Psychologe gesagt, ich müßte mich von meinem Vater lösen. Ich sollte sogar umziehen, weil meine Eltern ja bei uns um die Ecke wohnen. Aber das bringe ich nicht fertig.

Andreas hat es dagegen bestimmt gut gehabt. Mein geschiedener Mann war ja eher zu gutmütig mit den Kindern. Ich hätte Andreas vielleicht strenger anfassen sollen.

II

Herr H.

Ich habe jetzt diesen Hund hier. Das ist ein Deutscher Schäferhund. Der ist messerscharf, auf Mann abgerichtet. Neulich hat er einen Bierfahrer bei mir im Laden hier ausgezogen. Der wollte das nicht glauben. Mich hat er auch schon gebissen. Aber jetzt hat er mich als seinen Herrn akzeptiert. Vor so einem Hund haben die meisten einen Mordsrespekt, und vor allem die, um die es hier geht. Eigentlich wollte ich ja nie einen Hund. Machen ja zuviel Dreck, diese Tiere. Ja, so ist das nun mal im Leben. Wie heißt es so schön: Erstens kommt es anders, und zweitens, als man denkt.

Daß ich einmal in diesem Laden hier landen würde, habe ich auch nicht gedacht. Als Kind habe ich immer davon geträumt, später mal als Schiffsjunge zur See zu gehen. Dann hinterher auf die Seefahrtsschule wie mein Großvater. Der hat es bis zum Kapitän auf großer Fahrt gebracht. Bei uns zu Hause hing eine Fotografie von ihm. Da stand er auf der Brücke in kaiserlicher Marineuniform. Sehr schmuck. Und einen ordentlichen Vollbart hat er auch gehabt, so'n richtiger Seebär. Damals war ja ein Kapitän auch noch etwas Besonderes. Wie soll ich sagen, wohl so wie heute ein Wirtschaftsmanager. Es gab ja viel weniger Schiffe. Und es war noch nicht alles elektronisch an Bord. Der Kapitän mußte noch selber entscheiden. Schade, das Foto von meinem Großvater hätte ich zu gern. Leider ist es im Krieg verschütt gegangen.

Der Krieg, der hat bei meiner Generation überhaupt ganz schön dazwischengefunkt. Aus der Traum mit der Seefahrt. Es gab ja keine Schiffe mehr. Wir hatten es nicht so leicht wie die Jungen heute. Bedauerlicherweise wissen die es gar nicht zu schätzen, was die für Chancen haben.

Ich will hier aber nicht jammern. Das liegt mir nicht. Mein Vater hatte auch den Zug hin zum Wasser. Er war Baggermeister bei einer großen Hafenbaufirma, über fünfzig Jahre lang. In ganz Europa hat er die Häfen auf Vordermann gebracht. Meine Mutter ist immer mitgereist, von Hafenstadt zu Hafenstadt. Mein älterer Bruder wurde in Le Havre geboren, ich am 5. Juni 1930 in Bremen. In Bremen bin ich auch in die Schule gekommen.

Damals wurde die Schule noch nicht so larifari gehandhabt, wie man das heute so erlebt. Die Lehrkräfte waren streng, aber gerecht. Wenn eine Lehrkraft den Raum betrat, da ging es aber zack-zack, da standen alle Schüler wie eine Eins. Und unser Rechenlehrer, der hat uns schon mal eins mit dem Lineal über die Hände gezogen, wenn wir nicht spurten. Da hattest du für den Tag genug. Mit der Hand konntest du keinen Bleistift mehr anfassen. Aber geschadet hat das keinem. Das war nun mal so, und es gab nichts anderes.

Zu unserer Zeit war es das oberste Ziel der Lehrer, die Klasse, die kommt geschlossen mit. Keiner bleibt sitzen. Das haben wir kapiert. Wir haben uns quasi gegenseitig erzogen. Sitzenbleiben gab es nicht. Wenn einer dumm war, dann war er in Wirklichkeit nur faul. Er wurde dann dementsprechend erzogen von uns. Das klappte. Notfalls gab es auch mal Keile.

Soviel ich weiß, sind das alles ordentliche Kerle geworden aus meiner Klasse. Ich weiß nicht einen Fall, daß einer es zu nichts gebracht hat, obwohl man sich mit den Jahren gänzlich verliert.

4

Wenn ich so zurückdenke, dann kommt es mir vor, als wäre früher immer Sommer gewesen. Das kommt, weil sich im Winter bei uns nichts abspielt außer Glotze. In so einem Stadtteil wie Dulsberg kannst du im Winter echt nicht vor die Tür gehen. Wenn es mal schneit, schmeißen sie gleich jede Menge Salz auf den Schnee, und der ist Matsch. Wo man vielleicht rodeln könnte, machen sie Stacheldraht hin, damit man nicht rodeln kann. Außerdem regnet es sowieso bei uns im Winter meistens. Deswegen ist alles im Sommer gelaufen. Da hast du auch gelernt, was du so zum Leben in Dulsberg brauchst.

Ich meine nicht nur, daß du aus deiner Hand auch mal eine Faust machen mußt, wenn du nicht ewig was auf die Fresse kriegen willst. Auch alles über Sex hast du von klein auf mitgekriegt. Mich brauchten meine Eltern jedenfalls nicht mehr aufzuklären. Die Sprüche dazu habe ich schon früh geschnallt:

»Leise zieht durch Mamas Bauch
Papas lange Gurke,
und schon nach neun Monaten
kommt ein kleiner Schurke.«

Es gab noch stärkere Sprüche. Die meisten hatte einer drauf, der hieß Ulli und war etwas älter als ich. Mit dem habe ich immer Mädchen für Doktorspiele aufgerissen. Eine Kleine, die hatte immer kurze Lederhosen an, die hat mich besonders angemacht. Wahrscheinlich wegen der Lederhose. Die haben wir in Dulsberg mal mit in die Büsche genommen und so voll Steine gestopft, daß sie zum Arzt mußte. Das kam natürlich raus, und wir standen als die letzten Sittenstrolche da. Ich mochte die mit den Lederhosen echt gern, aber sie durfte nicht mehr mit mir spielen.

Aber in dem Alter interessierst du dich ja sowieso nicht echt für Mädchen. Ich bin eigentlich total auf Fußball abgefahren. Wenn ich einen Ball gesehen habe, bin ich ausgeflippt. Das ist bis zuletzt so geblieben. Ein bißchen zaubern, tricksen und ein paar astreine Pässe. Das war eine richtige Sucht. Das mit dem Fußball ging so weit, daß mir ein Lehrer mal orginal ins Zeugnis geschrieben hat: »Das Leben besteht nicht nur aus Fußball. Du mußt Deine Leistungen wieder verbessern.«

Mein Alter behauptet sogar, als Baby hätte ich Uwe, Uwe gerufen, bevor ich Mama und Papa sagen konnte. Das ist wahrscheinlich gesponnen. Mein Alter stand nämlich unheimlich auf Uwe

Seeler. Jedenfalls durfte ich schon bei der Sportschau im Fernsehen auf seinem Schoß sitzen, als ich noch in den Windeln war.

Einmal habe ich Uwe Seeler sogar echt gesehen. Das war, als bei uns in der Nähe ein Sportgeschäft eingeweiht wurde. Da hat er Autogramme gegeben. Mein Alter ist mit mir hin. Weil da so viele Menschen rumstanden, hat er mich auf die Schulter genommen. Ich war, glaube ich erst sechs oder sieben. Uwe Seeler saß an dem Tisch und hat wie ein Teufel Fotos unterschrieben.

Mein Vater hat sich nach vorn gedrängelt. Dann hat er mir einen Schubs gegeben, da stand ich plötzlich ganz dicht bei Uwe. Der Uwe hat mir die Hand gegeben, und ich habe einen ganz tiefen Diener gemacht und bin mit dem Kopf auf die Platte von dem Tisch geknallt. Ich hatte also schon immer Pech. Danach hatte mein Alter dann echt einen guten Einfall. Er hat mich in einem richtigen Fußballverein angemeldet. Frank, der mit bei uns im Haus wohnte und damals mein bester Freund war, ist auch mit eingetreten.

Der Vater

Als Andi richtig Fußball spielen durfte, war er gleich Feuer und Flamme. Zuerst bin ich mal mit ihm los und hab eine Ausrüstung besorgt. Das war gar nicht so einfach. Er war ja ein Winzling für sein Alter, einen Kopf größer wie'n Dackel, hab ich immer gesagt. Die Turnhose schlotterte nur so um ihn herum. Und das Trikot war lang wie ein Nachthemd. Dann erst die Stutzen und Fußballschuhe an seinen kleinen Beinchen. Das sah vielleicht kullig aus. Wenn wir nicht aufgepaßt hätten, wäre er mit den Klamotten auch noch ins Bett gegangen. Und freuen konnte sich der Junge, einmalig. Beinah erdrückt hat er mich.

Jeden Sonntag sind wir dann zusammen los. Die Väter, die ein Auto hatten, haben die Jungs zum Spiel kutschiert. Andi hat in der Bubi-Manschaft angefangen. Er war ja man erst sieben. Anfangs hat er Verteidiger gespielt. Er war wie ein Terrier. Obwohl die anderen oft zwei Köpfe größer waren, hatten die bei ihm nichts zu lachen. Gleich im zweiten oder dritten Spiel hat er sein erstes Tor geschossen. Mit links, kaltblütig wie ein Alter. Er war völlig von den Socken, ist rumgehüpft und hat Purzelbäume geschlagen. Das hatte er sich von Bomber Müller in der Sportschau abgeguckt. Ich war natürlich unheimlich stolz und habe ihm zur Belohnung einen Heiermann geschenkt.

Ein Riesentalent ist er gewesen, der Andi, wirklich. Das sage ich jetzt nicht aus Vaterstolz. Die Jugendtrainer waren hinter ihm her, von Urania, Horner TV, Concordia, alle. Trainingsanzüge und Sporttaschen wollten sie ihm geben, nur damit er für sie spielt.

Manchmal, wenn wir nach dem Spiel nach Hause gefahren sind, haben wir uns ausgemalt, wie das später mal werden könnte. Er schießt für den HSV die Tore, und ich sitze oben im Volksparkstadion auf der Ehrentribüne und brülle mit 50000 anderen: »Tor, Andi, Tor.«

Ja, da ist ja leider nichts draus geworden. Jammerschade. Wenn das mit unserer Ehe besser geklappt hätte, dann wäre vielleicht manches anders gekommen. Das Zeug zu einem erstklassigen Fußballspieler hat er jedenfalls gehabt.

*

Meinetwegen hätte jeden Tag Sonntag sein können damals. Mit meinem Alten auf dem Fußballplatz, das war das Größte. Zum Training bin ich erst auch gern gegangen. Dann hab ich schon mal geschwänzt. Der Trainer mit seinen dummen Sprüchen, der hat mich ganz schön genervt. Selber hatte der überhaupt nichts drauf. Aber uns hat er um den Platz gehetzt, volle Pulle und dann erst diese blöde Gymnastik. Aber sonntags war ich immer voll da.

Sonst kam man nie so richtig an meinen Alten ran. Er war ja unheimlich ruhig, richtig maulfaul. Aber beim Fußball war das total anders, da war er zu mir eher wie ein Kollege.

Hinterher sind wir manchmal noch in die Kneipe bei uns an der Ecke rein. Ich noch voll in meinen Fußballklamotten. Da saßen die Nachbarn schon beim Frühschoppen. Mein Alter hat immer tierisch angegeben mit mir. Manche sind sogar zum Platz gekommen, um mich zu sehen. Einer, den nannten alle nur Onkel Otto, hat mir regelmäßig ein Eis ausgegeben. Onkel Otto war überhaupt ein starker Typ. Er war Rentner und hatte in der Kneipe sein Stammquartier. Ich hab ihn nur duhn erlebt. Wenn er gut drauf war, hat er immer gesungen: »Im Himmel gibt's kein Bier, drum trinken wir es hier.« Onkel Otto ist übrigens aus seiner Kneipe direkt in den Himmel. Aber nicht das Bier war schuld. Ein kaltes Kotelett ist ihm mal im Hals steckengeblieben. Seitdem will da niemand mehr ein kaltes Kotelett. Aber von Onkel Otto erzählen sie noch oft. Und die Wirtin zeigt seinen letzten Deckel mit den vielen Strichen drauf, die er nicht mehr blechen konnte.

Im Sommer waren wir auch oft bei Onkel Gerd und Tante Karin in der Schrebergartenkolonie »Es bleibt«. Tante Karin ist die Schwester meiner Mutter, da war außerdem noch eine Schwester und noch ein Bruder. Die kamen auch alle mit ihren Kindern und noch Oma und Opa. Da war immer mächtig was los. Onkel Gerd war Maurer wie mein Vater. Aus seiner Laube hat er nach und nach ein richtiges Häuschen gemacht. Mit allen Schikanen. Kamin, Bar, Fernsehen und Stereo.

Da war für uns Kinder immer High-life. Das Eiersuchen zu Ostern und später das Obst, das wir direkt in den Mund pflücken durften, bis wir Bauchschmerzen hatten. Oder wenn mein Opa die Schnapsflasche aufmachte oder eine Bowle angesetzt hatte. Das passierte nicht gerade selten. Erst war Bombenstimmung und dann oft Familienzoff. Egal, ich jedenfalls durfte lange aufbleiben.

Da war auch ein kastrierter Kater, der hieß Charly. Und ein Vogelnest im Busch, das ich mal entdeckt hatte, von dem sonst niemand etwas wußte. Den Kater habe ich erst gern gestreichelt. Er schnurrte so laut wie zehn Rasenmäher. Zum Vogelnest bin ich immer gleich hin, wenn ich in den Kleingarten kam. Ich habe die Eier gesehen, so grün-weiße, und dann die kleinen Vögel, und wie die Eltern sie gefüttert haben. Bis ich mal kam, und Charly, der Kater, so komisch unter dem Busch saß. Die Kleinen waren weg. Ich war irgendwie sicher, daß Charly sie gefressen hatte.

Ich habe wahnsinnig geflennt und alles erzählt. Mein Opa, glaube ich, hat dann einen Spruch gemacht, den ich nicht so schnell wieder vergessen habe: »Das ist die Natur, mein Jung. Der Stärkere frißt den Schwächeren. So ist das Leben nun mal.«

Den Charly mochte ich nicht mehr streicheln seitdem, weil ich mir immer vorstellen mußte, wie er die kleinen Vögel gefressen hat. Als ich einmal in die Kleingartenkolonie kam, lag der Kater vor dem Tor auf der Straße. Da lag er oft im Sommer. Es kamen nämlich selten Autos da. Aber dann hörte ich einen Lastwagen. Charly blieb sitzen. Der Lastwagen hat nicht gebremst. Der dämliche Charly ist sitzengeblieben. Ich habe mir die Ohren zugehalten, nicht die Augen. Der Lastwagen ist auch nicht ausgewichen. Der ist mit den Vorderreifen gegen Charly, und Charly ist zur Seite geflogen. Er ist noch unter einen Strauch gelaufen. Ich bin hinterher. Da hat er gelegen mit offenen Augen, blutete aus der Nase und bewegte sich nicht mehr. Das war irgendwie das erste Mal, daß ich was richtig Totes gesehen habe.

Ich habe nicht geweint. Ich hatte ja um die Vögel geweint, da konnte ich nun nicht um Charly weinen. Mir war ja auch gar nicht nach Flennen zumute. Nur kotzübel war mir. Ich habe gedacht, daß der Lastwagen der Stärkere war. Oder der Fahrer. Den habe ich noch einen Moment gesehen, als er auf Charly lossteuerte. Der Kerl hat noch gegrinst.

Nach den Sachen mit den Vögeln und Charly bin ich nicht mehr so gern in den Kleingarten gegangen. Der war einfach nicht mehr so total Paradies. Vor allem, weil es in unserer Familie immer mehr krachte.

Doll ist das ja wohl nie gelaufen mit meinen Alten. Aber das checkt man ja als Kind nicht so. Ich meine, ich hab im Fernsehen oft diese Familienserien gesehen. Da sind ja alle nur damit beschäftigt, sich jeden Wunsch von den Augen abzulesen. Einer ist jede Minute für den anderen da. Ich hab das gern gesehen, aber bei uns lief ein anderer Film.

Meine Mutter war immer schnell auf hundertachtzig. Mein Alter war ja das Gegenteil. An dem ist alles so abgeprallt. Jedenfalls sah das damals so aus. Nicht daß er unterm Pantoffel stand, aber auf den Putz gehauen hat er nie, so wie der bei uns nebenan. Da war mindestens einmal im Monat Randale. Dann hat er seiner Alten voll auf die Augen gehauen. Und sie ist im Nachthemd runter auf die Straße und hat um Hilfe gerufen. Zwischendurch haben sie dann wieder Händchen gehalten.

So was lief bei uns nicht. Es lief eben überhaupt nichts bei meinen Alten. Die haben nachher nur noch darüber geredet, welches Programm im Fernsehen laufen sollte. Aber ich habe irgendwie erst Gefahr gewittert, als meine Mutter plötzlich putzen ging bei einem Herrn. Meine Mutter war plötzlich öfter weg. Ich war dann allein zu Hause. Ich meine, ich war ja ziemlich viel auf Tour, aber eigentlich war es ja schon ganz schön, wenn sie da war, wenn ich so nach Hause kam. Ich habe echt irgendwie Angst gekriegt, daß da auf einmal etwas ganz anders wird.

Der Vater

Mit meiner damaligen Frau Lore wurde es immer schwieriger. Es brauchte nur ein falsches Wort zu fallen, dann fing sie an zu heulen. Sie war überhaupt fix sensibel. Ja, das ist das Traurige bei den Frauen. Das sind sie wohl alle so ein bißchen. Wenn da einer ist, bei dem sie meinen, der sei ihnen überlegen, und der sagt auch noch einen falschen Ton, dann sind sie immer gleich eingeschnappt.

Dann heulen sie erst mal einen. Ich habe zu Lore gesagt, was du immer hast, immer auf andere hören. Du brauchst doch gar nicht zu hören, was die sagen. Sie hat dann gesagt, ja du, solche Nerven wie du möchte ich auch haben. Ich sage, ja, du mußt dich mal ein bißchen an deinen Mann anlehnen. Dann kriegst du auch soviel Nerven. Sie wollte das einfach nicht kapieren. Sie mußte sich über jeden Scheiß immer gleich aufregen.

Na ja, dann wollte sie plötzlich arbeiten gehen. Da war ich strikt dagegen. Ein Frau mit drei kleinen Kindern gehört nun mal ins Haus. Das wollte sie partout nicht einsehen. Da hab ich schließlich nachgegeben. Leider. Sie ist dann zu diesem Typen putzen gegangen. Der hatte eine Wohnung da irgendwo am Stadtpark. Erst ist sie nur einmal in der Woche hin, später dann dreimal. Dann fing sie an, daß der doch auch mal zu uns kommen könnte. Der sei Witwer und immer so einsam. Ich hatte nichts dagegen. Dann ist er auch gekommen. Mit einem dicken Opel Admiral ist der vorgefahren und schwer in Schale. Er war Waschmaschinen-Monteur bei Quelle. Und ich habe gestaunt, wieso der sich alles leisten konnte. Aber eigentlich habe ich ihn erst ganz gern gemocht. Er war ein lustiges Haus und hat einen Witz nach dem anderen erzählt. Und gesoffen hat der, dagegen war mein Schwiegervater ein Waisenknabe. Wir nannten ihn Winkelhausen. So hieß der Weinbrand, den er trank. Davon brachte er immer mindestens eine Flasche mit. Überhaupt hat er viel mitgebracht. Wenn er kam, hat er oft vorher bei uns im Spar-Laden eingekauft. Der Besitzer hat mich dann mal angehauen, wann denn unser Freund endlich mal seine Rechnung bezahlen würde. Er hatte da immer anschreiben lassen. Das war mir ziemlich peinlich. Ich kaufe nämlich grundsätzlich nicht auf Pump. Dem war es egal, Hauptsache, er konnte den dicken Maxen machen.

Bald saß er jeden Abend bei uns rum. Meistens war er schon da, wenn ich von der Arbeit kam, eine Pulle Winkelhausen auf dem Tisch. Durch ihn hat Lore dann auch das Saufen gelernt. Sie war reinweg vernarrt in den Kerl. Der hat ihr auch immer Schmus erzählt und teure Sachen zum Anziehen mitgebracht. Ich habe das nicht gern gesehen. Aber sie wollte nicht auf mich hören.

Irgendwann ging er mir dann auf die Nerven, vor allem seine Sprüche. Immer war er der Größte und die anderen die Dummen. Ich habe dann mal zu ihm gesagt, nach dem, was du uns hier alles erzählst und schon so erlebt hast, müßtest du mindestens hundert sein. Da hat die Lore einen Riesentanz veranstaltet. Ich könnte eben keinen Spaß verstehen und so. Ich bin dann meistens schon ins Bett und habe die beiden sitzen lassen.

Daß da was war zwischen meiner Frau und dem, das fiel mir im Traum nicht ein. Die waren ja dreißig Jahre auseinander. Der war älter als ihr Vater. Das konnte ich einfach nicht glauben.

Irgendwann wußte ich aber doch, das da was auf mich zukommt. Ihre Mutter hat zu mir gesagt: »Klaus, hau doch mal auf den Tisch.« Aber so was liegt mir nicht. Ich sage mir immer, die ziehen dir den Tisch weg, und dann haust du vorbei. Ich habe bis zuletzt gedacht, vielleicht kommt es ja doch wieder in Ordnung. Schon wegen der Kinder. Aber wenn die Frau nicht mehr spurt, dann ist Schiet.

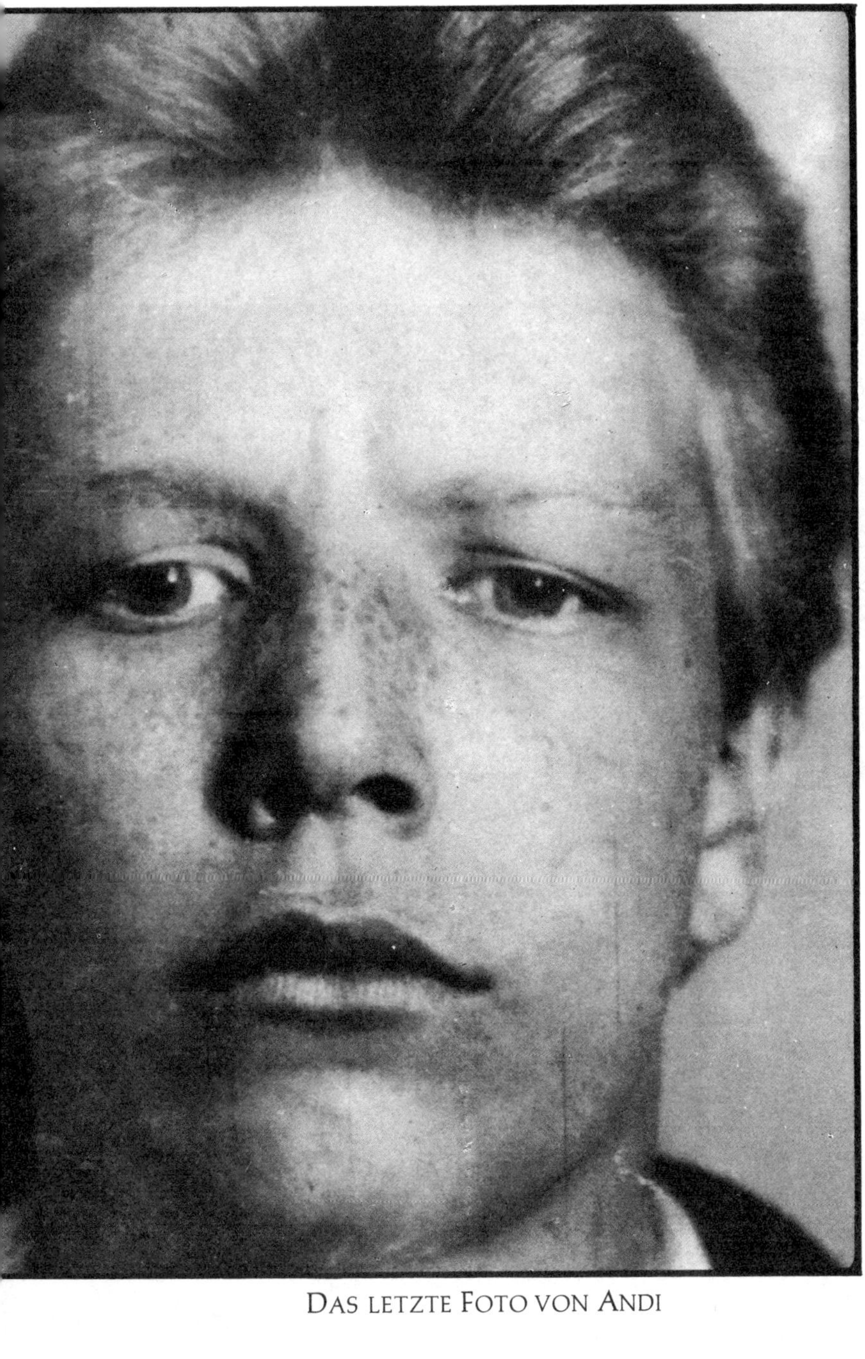

Das letzte Foto von Andi

ANDI 1964

Andi und Mutter Weihnachten 1966

Andi und Vater Silvester 1966

ANDI 1969

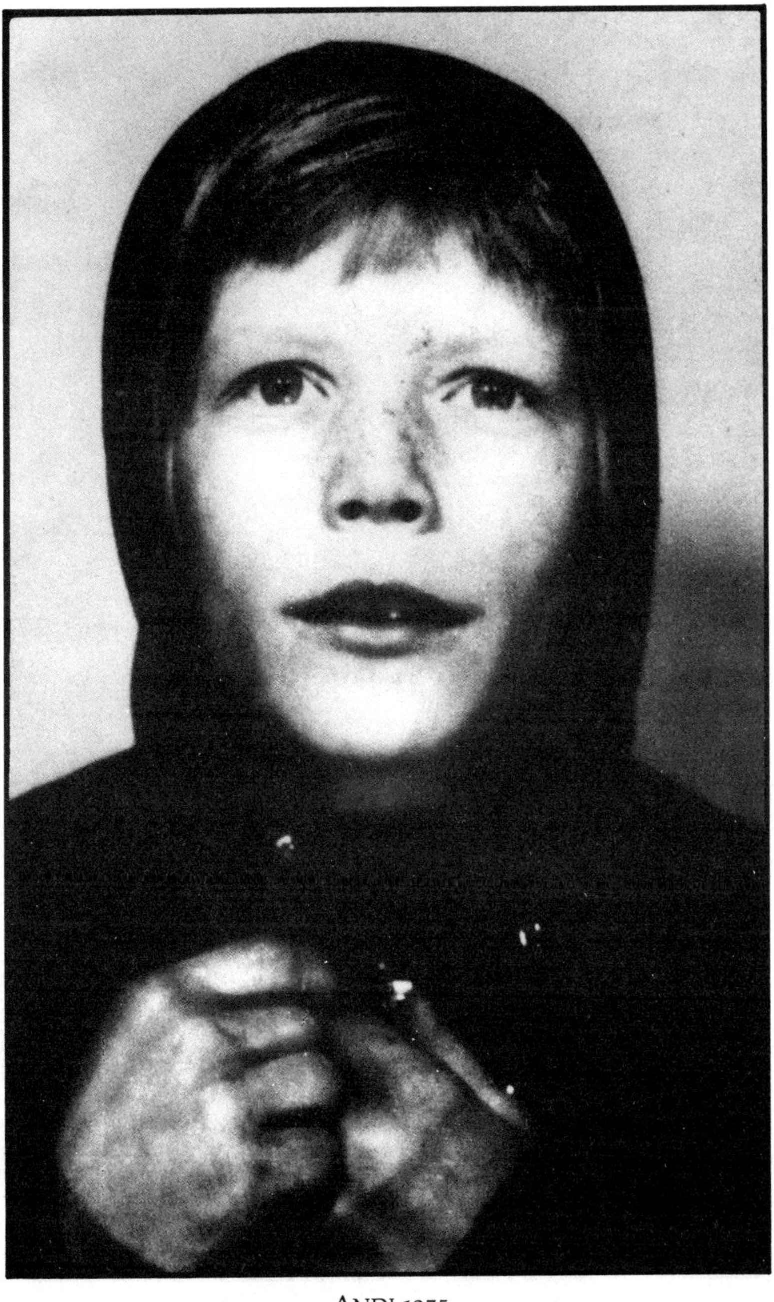

ANDI 1975

HERR H. UND FRAU H. IN IHREM LADEN

HERR H. (RECHTS) MIT BRUDER 1934

HERR H. 1937

Herr H. in Jungvolkuniform 1943

HERR H. 1948

HERR H. UND FRAU 1963

5

Irgendwann ist mein Alter dann sonntags auch nicht mehr mit zum Fußball. Eigentlich war das ja nicht weiter schlimm. Von den meisten anderen aus meiner Mannschaft waren die Väter auch nicht mehr dabei. Aber gefehlt hat er mir doch, mein Alter. Er war ja immer mitgewesen.

Wir hatten dann auch noch einen neuen Trainer gekriegt. Der mochte mich wohl nicht so richtig. Immer hat er an mir rumgekrittelt. Ich sei zu eigenwillig. Fußball sei ein Mannschaftssport. Ich müßte endlich lernen, mich einzuordnen, und so. Zoff gab es dann nach dem Spiel gegen Barmbek-Uhlenhorst. Die hatten wir immer locker geputzt. Die hatten echt nicht viel drauf. Aber diesmal lief bei uns nichts, irgendwie war der Wurm drin. Bis kurz vor Schluß stand es Null zu Null. Aber dann habe ich noch einen astreinen Paß erwischt und ein Tor geschossen. Ich war natürlich total happy. Nachdem der Schiedsrichter abgepfiffen hatte, bin ich gleich hin zu ihm, habe ihm die Hand geschüttelt und eine Verbeugung gemacht. Weil ich so happy war, und weil ich das mal bei Sepp Maier im Fernsehen gesehen hatte. Alle haben sich einen Ast gelacht. Der Schwarzrock war so ein alter Knacker mit unheimlichen O-Beinen und Schlabberhosen bis zu den Kniekehlen. Als ich sah, wie die anderen sich kugelten, habe ich den noch weiter verarscht. Ich bin hinter dem hergewatschelt mit krummen Beinen und habe meine Hose auch bis zu den Knien runtergezogen.

Dann bin ich zum Trainer hin und dachte, der ist nun auch mal zufrieden mit mir wegen des Tors. Aber er hat gleich losgebrüllt: »Andreas, jetzt habe ich deine Faxen dicke. Solange du unsere Vereinsfarben trägst, hast du dich anständig zu benehmen.« Ich meine, das war doch nur Spaß, was ich da gemacht hatte. Ich habe mich nur gefreut. Und das Tor hatte ich auch geschossen. Plötzlich habe ich eine unheimliche Wut gehabt auf den alten Idioten und hab ihm mein Trikot vor die Füße geknallt. Ich habe noch gesagt: »Schießen Sie doch Ihre Tore selber.« Dann bin ich weg.

Ich bin sofort nach Hause. Ich habe mich ziemlich elend gefühlt. Meine Mutter saß da mit dem Typen. Mein Alter bastelte am Fernseher rum . Die alte Kiste hatte wohl gerade wieder rumgesponnen. Dann kippte das Bild immer weg. Mitten im Krimi oder mitten in der Sportschau. Das Bild fing also an zu rotieren wie wild. Das heißt, es fing meistens ganz langsam an. Der untere Rand rutschte nach oben. Dann waren unten die Köpfe und über dem Strich die

Beine. Dann setzte sich das Ganze in Bewegung, bis du schwindelig geworden bist. Mein Alter war total sauer. Der Typ hat ihn auch noch angemacht, im Altonaer Museum würden sie für ein so altes Stück sicher viel Geld bezahlen. Meine Mutter hat rumgekichert. Ich wollte meinem Alten alles erzählen. Aber er hat gar nicht hingehört und immer nur an dem blöden Fernseher rumgemacht.

Ich bin ins Kinderzimmer. Ich habe Moritz, meinen Hamster, aus dem Käfig geholt. Mit dem bin ich dann ins Bett. Ich habe ihn zu mir unter die Decke gelassen. Das war überhaupt das Größte für Moritz. Am liebsten ist er unter meinem Schlafanzug die Beine entlanggelaufen. Das war ein unheimlich gutes Gefühl auf der Haut. Weil der Moritz so unheimlich wollig und warm war.

Der Vater

Wir sind an dem Tag geschieden worden, an dem die englische Prinzessin Anne geheiratet hat. Den großen Knall gab es aber schon im Sommer. Das heißt, ein Knall war das gar nicht. Das ging ruckzuck. Ich habe sie gefragt: Meinst du, daß das so weitergeht? Da hat sie gesagt: Nee, ich will mich sowieso scheiden lassen. Da war endgültig Schluß für mich. Ich hab nur gesagt: In Ordnung.

Erst wollte ich den Andreas sogar mitnehmen. Aber Geschwister soll man ja nicht auseinanderreißen. Und dann war ich nach der Trennung ein dreiviertel Jahr arbeitslos. Da kam ja die große Krise auf dem Bausektor. Und das wär auch nichts gewesen für den Jungen.

*

Dann war mein Alter plötzlich verschwunden. Er kam eines Abends nicht mehr nach Hause. Sonst war er immer um fünf gekommen. Pünktlich wie die Maurer, das war so der Schnack von ihm, und das paßte ja auch. Das war ein ungeheurer Hammer, obwohl ich eigentlich gar nicht genau wußte, was los war.

Meine Mutter hat nämlich erst rumgesponnen, er sei auf Nachtschicht und später, er wäre nach auswärts auf eine Baustelle. Ich habe die Klappe gehalten wegen der Lütten. Ich wollte wohl auch nicht darüber reden.

Es wurde sowieso schon reichlich gequatscht in unserer Straße, über den Suff von meiner Mutter und den Typen, der immer kam. Gegen den hab ich eigentlich nichts gehabt. Der hatte immer

Späße drauf und hat uns oft fünf Mark geschenkt, damit wir uns was kaufen konnten. Aber er war eben nicht mein Alter. Der sollte wiederkommen.

Einmal nachts, da dachte ich, ich spinne, da stand tatsächlich mein Alter vor meinem Bett. Er hat mich nur angeguckt und nichts gesagt. Ich war ganz verdattert und habe so getan, als wenn ich weiterschlafe. Das dauerte eine Ewigkeit, bis er sich wieder aus unserem Zimmer geschlichen hat. Ich weiß nicht, ob ich das geträumt habe oder ob es wirklich passiert ist. Am nächsten Morgen war er jedenfalls da, mein Alter. Er war noch schweigsamer als sonst. Meine Mutter hat uns Kinder dann rübergebracht zu Oma und Opa. Denen bin ich ausgebüchst. Da habe ich gesehen, wie mein Alter seine Koffer ins Auto gepackt hat. Ich wollte hin zu ihm. Aber plötzlich hatte ich so einen Haß auf ihn, auf ihn und meine Mutter. Ich hab immer nur gedacht, du kannst deine Mutter nie mehr lieb haben, weil sie sich mit deinem Vater nicht mehr verträgt, und mit deinem Vater ist auch nichts mehr, weil er dich einfach im Stich läßt. Es war nur gut, daß ich mich nicht entscheiden mußte, zu wem ich nun wollte. Das hatten sie gleich entschieden. Ich hätte das auch echt nicht gepackt. Ich meine, ich mochte sie ja beide gleich gern, auch wenn ich sie im Moment gehaßt habe.

FRANK L.

Also Andi ist mit der Scheidung seiner Eltern irgendwie ein anderer Mensch geworden. Ich kannte ihn ja schon Jahre, weil er direkt unter uns gewohnt hat. Wir haben uns fast jeden Tag getroffen. Ich habe also genau gesehen, wie Andi immer tiefer in die Scheiße gekommen ist. Ich war auch schon ziemlich tief drin. Auch Familienschwierigkeiten und so.

Das fing alles praktisch an mit Andi, als sein Vater weg war. Beim Fußball hat man das deutlich gemerkt. Wir spielten beide bei Urania 1. Schüler. Er im Mittelfeld und ich als Rechtsaußen. Ich spiele noch heute. Er ist mit dem Trainer dann nicht mehr ausgekommen und sogar mit mir nicht. Einmal hat er mir mitten auf dem Platz eine geknallt. Da hab ich ihn einfach gepackt und auf einen Stacheldrahtzaun gesetzt. Da ist er wach geworden, und danach waren wir wieder dicke Freunde. Von Urania ist er dann weg. Er ist noch zu Concordia, glaube ich, und dann zum Horner TV. Und dann hat er ganz aufgehört.

Er fühlte sich wohl irgendwie ausgestoßen. Der Vater weg. Und die Mutter war ja auch nicht mehr immer für die Kinder da. Und mit dem Typen, der sich später bei denen breitmachte, kam er auch nicht zurecht. Andi konnte das alles wohl nicht ab.

6

Heiligabend hast du vor allem gemerkt, daß der Alte weg war, daß wir nur noch eine halbe Familie waren. Es war anders als früher. Ich meine, jeder Tag war anders. Aber daran hast du dich gewöhnt. Nur Weihnachten, da hast du dich vorher heimlich genauso gefreut wie früher, und dann war alles anders.

Schon der Tannenbaum. Wir hatten keinen richtigen mehr, sondern nur so einen Klapptannenbaum aus dem Kaufhaus mit elektrischen Kerzen. Einen Gabentisch für mich gab es auch nicht mehr. Ich kriegte Geld, damit ich mir selber was kaufen konnte. Theoretisch habe ich auch lieber das Geld genommen. Aber Heiligabend ohne Geschenke ist eben kein richtiges Weihnachten. Ich habe immer noch allen eine Kleinigkeit geschenkt. Und dann habe ich unter den Tannenbaum geguckt, ob da nicht für mich vielleicht auch eine Kleinigkeit lag.

Und Kartoffelsalat mit Würstchen war auch nicht mehr. Weil meine Mutter einen Verlobten oder so hatte, der sagte, Heiligabend gäbe es in einem ordentlichen Haus eine Gans.

Dieser Typ von meiner Alten war ein echtes Problem für mich. Der gehörte nicht rein bei uns. Mit dem konnte ich keinen vernünftigen Satz reden. Aber er war immer ganz schnell mit seinen Sprüchen dabei. Vor allem, wenn es ums Kommandieren ging. Als wenn ich sein Kind gewesen wäre. Das war ich aber nicht. Und sagen lassen habe ich mir von ihm überhaupt nichts. Von Anfang an nicht. Ich mußte immer zeigen, daß ich mir von ihm nichts sagen ließ. Ich machte allen möglichen Scheiß, um ihm das zu beweisen. Das war auch so ein Fehler. Aber er war bestimmt nicht der Typ, von dem sich irgend jemand was sagen läßt. Das schlimmste war, daß ich nicht verstanden habe, warum meine Alte sich was von ihm sagen ließ.

Weihnachten war das besonders schlimm mit ihm. Weil du da

gemerkt hast, daß er so total nicht reinpaßte bei uns. Daß er da nicht hingehörte in den Sessel von meinem Vater.

Das Beste am Heiligabend war noch das Fernsehen. Die Märchenfilme nachmittags und die Geschichten von Kindern, die auch viel Scheiß machten, aber bei denen alles bestens ausging, denen zum Schluß immer jemand über den Kopf gestreichelt hat, der Vater, der Opa oder auch die Mutter. Bis auf Pippi Langstrumpf.

Heidi und Pippi Langstrumpf waren die Geschichten, die ich am liebsten mochte. Weil die beiden es geschafft haben, sich irgendwie allein durchzuschlagen. Heidi, weil sie es gemanagt hat, daß alle sie unheimlich gern hatten bis auf Frau Rottenmeier. Pippi Langstrumpf, weil sie so tierisch stark war, daß ihr keiner was konnte, so tierisch stark, daß es ihr überhaupt nichts ausmachte, ziemlich allein zu leben.

Wenn ich wie Pippi ein Pferd von der Veranda in den Garten gehoben hätte, wären mir die Verlobten von meiner Alten scheißegal gewesen. Aber ich war eben einen halben Kopf kleiner als die meisten in meinem Alter.

Alles, was es von Heidi gab, Filme, Bücher, Schallplatten, Sammelbilder, das habe ich mir nicht entgehen lassen, bis zum Schluß. Statt Pippi Langstrumpf fand ich dann einen Typen unheimlich stark, über den das Fernsehen auch viel brachte, Robin Hood. Der war der Stärkste und hat für die Schwachen und Armen gekämpft. Eine Münze konnte der aus ein paar hundert Metern treffen. Und wenn er sie nicht genau in der Mitte durchschossen hat, dann mußte er weinen. Das habe ich mal gehört oder gelesen, daß er dann echt weinte. Und das fand ich absolut stark. Daß er überhaupt weinte, weil ich auch so leicht losheulte. Und daß er nicht wegen irgendeinem Scheiß weinte, sondern weil er den Groschen oder was nur am Rand getroffen hatte.

Heiligabend bin ich dann immer ziemlich früh ins Bett. Weil da die Flaschen auf dem Couchtisch standen. Und von einem gewissen Pegel an war es bei den Alten mit der Gemütlichkeit vorbei. Meine Mutter schenkte sich ja mittlerweile auch schon ganz gern einen ein.

Ich habe mich also dünn gemacht, wenn es allmählich lauter wurde in der Stube. Ich weiß noch, einen Heiligabend, da bin ich dann in das Kinderzimmer, habe meinem Hamster ein neues Tretrad geschenkt. Das alte hatte mein kleiner Bruder kaputtgemacht. Ich habe dem Hamster zugesehen, wie er wie ein Wahnsinniger in dem Tretrad rumgestrampelt hat. Die Knopfaugen hat er ganz weit aufgerissen und ist gerannt, als müsse er wahnsinnig schnell irgend-

irgendwohin. Manchmal ist er stehengeblieben und hat geguckt und hat gemerkt, daß er immer noch an derselben Stelle war, und ist wieder los.

Ich habe gedacht, daß es eigentlich Tierquälerei ist, so einem Vieh so ein Tretrad zu schenken, in dem es nie vom Fleck kommt. Ich holte ihn dann noch ins Bett und ließ ihn wenigstens noch meine Beine rauf- und runterlaufen. Bevor er in den Käfig zu seinem Tretrad zurückkam, habe ich ihn noch lange an mein Gesicht gehalten. Das mochte ich lieber als er.

Meine Geschwister schliefen schon. In der Stube wurde es immer lauter. Ich habe die Augen zusammengekniffen und versucht zu schlafen. Ich muß dann auch eingedöst sein. Ich wachte wieder auf, als meine Mutter meinen Namen rief. Das klang total nach Panik.

Ich bin raus. Die beiden waren im Clinch. Meine Alte schrie nur: »Lauf zu Opa.« Ich habe meine Jacke über den Pyjama gezogen und bin zu meinen Großeltern gerannt. Opa sagte: »Die beruhigen sich schon wieder. Laß die das mal allein ausmachen.«

Als ich wieder zurück in die Wohnung kam, war der Verlobte weg. Meine Alte heulte sich aus. Als sie sich beruhigt hatte, zog sie sich den Mantel über und ging auch weg. Sie ist natürlich hinterher. Ich war mit meinen Geschwistern allein.

Die Mutter

Ich brauchte jemanden. Jeder Mensch braucht jemanden. Das war natürlich der Fehler, daß ich damals die Ehe auseinandergebracht habe. Das hat auch der Junge nie verkraftet. Wenn wir zusammengeblieben wären damals, wäre auch mit Andreas alles ganz anders gekommen, bestimmt. Und der Mann, um den das ging, der war auch schnell wieder weg.

Weihnachten war mein Junge ja immer hier bis auf das letzte Weihnachten. Er war dann so nett. Er hat allen immer was geschenkt. Nichts Kostspieliges, aber das muß ja auch nicht sein.

Nur, er konnte mit meinem Bekannten nicht, der danach kam. Wenn da nur von Anfang an wieder ein ordentlicher Mann im Haus gewesen wäre. Aber dieser Bekannte, mit dem ich mich auch verlobt habe, taugte nichts. Er hat mich geschlagen. Mit dem bin ich nie zurechtgekommen. Ich habe mich verlobt, entlobt, wieder verlobt. Vier Jahre ging das hin und her. Und die Kinder haben natürlich auch alles mitgekriegt.

Er hat ja meistens von meinem Geld gelebt und dreimal im Knast war er in der Zeit auch. Nichts Großes, was er gemacht hatte, aber er bezahlte seine Schulden nie.

Er war auch geschieden. Seine Tochter lebte mal bei uns. Die lief auch völlig aus dem Ruder. Und meine Kinder haben ihn nie akzeptiert, besonders der Große nicht. Er machte auch so Sachen, daß er ihnen Geld schenkte, und wenn er am nächsten Tag wütend war, dann verlangte er das Geld zurück. Da mußten die Kinder sehen, wie sie das Geld zusammenkriegten.

Vor allem, wenn er getrunken hatte, das war schlimm. Vor allem Weihnachten. Er war immer hier Weihnachten, weil ich sonst so allein war. Mit drei Kindern wird man ja auch nirgends eingeladen an Festtagen. Und ich konnte das Alleinsein nicht ab. Besonders Weihnachten nicht, obwohl die Streitereien mit dem Essen schon anfingen. Er ist dann mit einer Gans angekommen, obwohl wir alle nicht so für Geflügel waren.

Ich habe versucht, es so wie früher zu machen, aber das klappte nicht. Die Kinder werden ja auch größer. Ich habe dann nur noch so einen künstlichen Tannenbaum genommen, weil der besser zu stellen ist und weil die echten Bäume mit Kerzen auch gefährlich sind. Spielzeug habe ich auch nicht mehr geschenkt, weil das nachher sowieso nur rumlag. Jedenfalls die Größeren haben Geld bekommen. Schon vorher, damit sie sich selber etwas kaufen konnten. Die wollten ja ständig was Neues zum Anziehen.

Es ist eigentlich noch nett gewesen, wenn mein Bekannter nicht gerade Heiligabend immer soviel getrunken hätte. Dann wurde es widerlich. Es ist schon vorgekommen, daß er mir den Hörer aus der Hand geschlagen hat, weil ich die Polizei anrufen wollte. Ich bin auch schon im Nachthemd zu meinen Eltern gerannt, oder Andreas ist nachts losgelaufen, um meinen Vater zur Hilfe zu holen.

Andreas hat mich erst immer verteidigt. Aber dann waren ihm die ewigen Streitereien wohl gleichgültig. Was sollte sich der Junge auch dabei denken, wenn mein Verlobter und ich doch immer wieder zusammenkamen?

Meine Mutter hat öfter zu mir gesagt: »Du bist doch nicht mit ihm verheiratet, du kannst ihm doch deine Meinung sagen und ihn auch rausschmeißen.« Ich habe gekontert: »Was heißt verheiratet? Wer ist überhaupt heute noch so blöd und heiratet? Zusammenleben ist doch in etwa dasselbe.« Wenn ich ihn wirklich endgültig rausgeschmissen hätte, ohne jemand anders zu haben, dann wäre ich doch wieder ganz allein gewesen.

7

Ich war immer öfter draußen. In der Stube bei uns war ich nur noch zum Fernsehen, nachmittags meistens, und in der Küche zum Essen, abends. Ich habe mich sehr dünn gemacht zu Hause. Die haben mich, glaube ich, kaum mehr bemerkt. Wenn ich sie in Ruhe gelassen habe, dann haben sie mich auch in Ruhe gelassen. Die waren vielleicht ganz froh, daß sie kaum was von mir merkten.

Wenn sie mich gefragt haben, dann habe ich auch nichts gesagt. Ich hätte bestimmt gern mal was gesagt. Aber meine Alte hat zeitweise auch mit der Zange nichts mehr aus mir herausgekriegt. Ich habe sie immer noch sehr gern gehabt. Ich habe gedacht, daß es alles wieder anders wird mit ihr, wenn der Verlobte mal wegbleibt. Daß wir dann einfach mal ein paar Stunden zusammen quatschen über alles.

Aber so lief eben nichts. Sie war immer öfter weg, wenn ich nach Hause kam. Deswegen bin ich nicht mehr so gern nach Hause gekommen.

Und dann stand ich oft vor unserem Haus auf der Straße und wußte nicht, wohin ich wollte. Ich habe gewartet, daß was passiert, daß ich jemanden treffe und mich jemand mitnimmt irgendwohin. Das war die Zeit, wo ich langsam in die Clique bei Opa reingekommen bin.

FRANK L.

Andi hat dann total Anschluß gesucht in unserer Clique. Weil die Mutter ja auch zeitweise gar nicht mehr da war für die Kinder. Sie hat wohl auch angefangen, reichlich zu trinken.

Unsere Clique traf sich immer bei Opa. Der lebte ganz allein und freute sich irgendwie, wenn er junge Leute um sich hatte. Er hat auch mal gemeckert mit uns. Aber er hatte sonst richtig Verständnis für Jugendliche.

Andi war in der Clique der Kleinste, aber auch der Mutigste. Er mußte sich wohl immer beweisen. Gekniffen hat er jedenfalls nie. Angefangen hat es mit Fenstereinschmeißen und so kleinem Scheiß. Vor allem, wenn er irgendwie Wut hatte. Dann mußte er das regelrecht rausschießen.

Er wollte manchmal auch anders sein. Da hat er plötzlich zum Beispiel diesen Bayern-Tick gehabt. Wir waren natürlich alle HSV-Fans. Andi auch erst ein ganz dicker HSV-Fan. Und eines Tages kam er und sagte, Bayern München, Beckenbauer, das sei überhaupt das Größte.

*

Ich wollte nicht mehr wie Uwe Seeler werden, weil ich wußte, daß ich das sowieso nie packen würde. Der HSV brachte auch nichts mehr, seit Uwe die Schuhe an den Nagel gehängt hatte. Da habe ich die Idee gehabt, Bayern-Fan zu werden.

Franz Beckenbauer zum Beispiel war ein ganz anderer Typ als Uwe. Der brachte es, ohne groß zu ackern. Das sah direkt arrogant aus, wie der die anderen verladen hat. Aber ich mochte das auf eine Art. Uwe hätten sie eben nie den Kaiser genannt. Mir hat es imponiert, daß einer der Größte war, der nicht in einer Tour ackerte.

Ich meine, ehrlich gesagt, ich stand heimlich immer noch auf HSV. Aber ich ließ nur noch den Bayern-Fan raushängen. Erst war Bayern ja auch immer vorneweg, Deutscher Meister, Europa-Meister. Und ich habe gesagt, euer Scheiß-HSV, und die haben sich vor Wut in den Arsch gebissen.

Aber dann lief es wieder wie immer bei mir. Die Bayern hatten keine Power mehr, gingen total in die Knie. Und ich kam nicht mehr weg von den Münchner Eierköpfen. Alle haben mich nur noch verarscht wegen der Bayern. Ich habe nachher überhaupt keine Bundesliga mehr im Fernsehen geguckt, weil ich sowieso längst nicht mehr wußte, für wen ich eigentlich war. Nicht mal im Fußball kannte ich mich mehr aus.

Auf das Ding mit den Bayern bin ich gekommen, als ich in die Clique richtig rein wollte. Aber akzeptiert haben die mich da erst nicht. Dann war die Sache mit der Scheibe. Die fing damit an, daß ich zu Hause den Mülleimer runtertragen sollte. Ich hätte das ja gemacht, weil ich das meistens machte. Aber der Verlobte von meiner Mutter hatte wieder diesen Ton drauf: »Hast du nicht gehört, was Mutti dir gesagt hat.« Daß der Eierkopf »Mutti« sagte, brachte mich zum Ausrasten. Ich habe geheult. Aber vor Wut.

Ich bin einfach weg von zu Hause und habe die anderen, also die Clique, getroffen. Die waren vor dem Schnapsladen. Die älteren, Holger und die, tranken Bier. Ich bin nicht richtig rangekommen, weil ich ja auch noch kein Bier trank. Die machten eine Oma an, die vorbeikam. Die Oma humpelte ganz schnell weiter. Da bin ich auf den Händen hinter ihr her. Das war nämlich meine Stärke, auf Händen zu laufen. Die anderen lachten, und ich konnte mich zu ihnen stellen.

Ich kriegte Bier ab. Dann war nichts mehr da. Der Laden war schon zu. Holger oder einer fing an rumzuspinnen: »Wenn der nicht gleich kommt und die Bude wieder aufmacht, langen wir ins Schaufenster.«

Ich habe erst nicht mitgemacht bei dem Rumgebrülle. Ich mußte immer wieder an den Scheiß mit dem Mülleimer-Runterbringen denken: »Hast du nicht gehört, was Mutti gesagt hat.« Bis ich den Stein da gesehen habe. Ich nahm ihn einfach und broch-klirr. Da ging echt die ganze Scheibe zu Bruch. Die anderen haben sich noch zwei, drei Flaschen unter den Arm geklemmt und sind weg. Ich war der letzte, der lief, weil ich alles gar nicht so schnell checkte.

III

Herr H.

Vor meinem Laden ist ein Papierkorb. Mittags ist der oft voll mit bestgeschmierten Brotpaketen. Alles schön zurechtgemacht. So was schmeißen die Kinder einfach weg, wenn sie nach der Schule hier vorbeikommen. Das hat es früher bei uns nicht gegeben. Das macht mich immer ganz wütend. In was für einer Zeit leben wir bloß?

Aber ich wollte ja was ganz anderes erzählen. Also 1941 sind wir dann weg von Bremen. Mein Vater war nach Hamburg versetzt worden. Ich bin da in die Schleiden-Schule in der Schleidenstraße gegangen. Nach den ersten Bombenangriffen hieß es dann 1942: Die ganze Klasse ab zur Kinderlandverschickung. Alle Lehrer mit. Da war kein einziger, der sich querlegte. Das gab es damals nicht. Parieren hatten wir gelernt. Wir waren ja alle in der Hitlerjugend drin. Das war automatisch.

Wir wurden zuerst nach Morscyn geschickt. Das lag in den besetzten deutschen Ostgebieten, da in der Ecke bei Lemberg. Da lief alles streng militärisch. Immer neun Jungen in einem Zimmer. Alle nur in Uniform. Geweckt wurde um 5 Uhr 30. Dann waschen mit Sauberkeitskontrolle. Von sieben bis zwölf war Schulbetrieb. Dann eine halbe Stunde Freizeit. Vorbereiten zum Mittagessen, verbunden natürlich mit Waschen. Ich möchte noch mal betonen, Sauberkeit wurde immer sehr großgeschrieben. Das wurde scharf kontrolliert. Hände vor. Fingernägel zeigen und so. Und auch auf Pünktlichkeit wurde geachtet. Keiner durfte bummeln. Wenn man beim erstenmal nicht gespurt hatte, beim zweitenmal hatte man es begriffen. In bezug auf Zucht und Ordnung war das ja sozusagen eine vormilitärische Ausbildung. Einer hatte über den anderen zu bestimmen. Ich habe es bis zur grünen Schnur gebracht. Das ist Jungzugführer. Ohne weiteres wurde man das nicht. Da mußte man schon Vorbild sein. Immerhin hatte man vierzig Mann unter sich.

Nach dem Mittagessen ging es an die Schulaufgaben, auch gemeinschaftlich. Dann war Sport. Sport wurde ganz großgeschrieben. Nicht so, wie man das heute kennt, einen Ball auf dem Schulhof ein bißchen hin und her schieben. Fußball, Handball und sehr viel Laufen. Waldläufe von zehn Kilometern waren gar nichts. Und dann wurden Riesensportfeste veranstaltet, da kamen die besten aus dem ganzen Generalgouvernement zusammen. Richtige kleine Olympiaden waren das, mit Gold, Silber und Bronze.

Zur sportlichen Ausbildung gehörte damals auch das Schießen. Das möchte ich gar nicht verschweigen. Das wird ja sowieso auch in meinem Prozeß zur Sprache kommen. Ich bin nicht einer von diesen Leuten, die leichtsinnig mit einer Waffe rumhantieren. Von klein auf habe ich gelernt, wie man mit dem Gewehr umgehen muß. Schon als Dreikäsehoch ging das los mit dem Luftgewehr. Später dann Kleinkaliber und Karabiner und auch Präzisionswaffen mit Zielfernrohr. Das gehörte alles mit dazu. Kurzes Schießen, langes Schießen. Es wurden regelrecht Wettkämpfe veranstaltet. Ich war ein guter Schütze. Unter Silber habe ich nie abgeschnitten.

8

Ich war nun in die Clique aufgenommen und bin oft mit zu Opa gegangen. Das war sofort urig gemütlich bei Opa. Wir haben meistens schon nachmittags in der Wohnung gesessen und gequatscht und ferngesehen oder den alten Plattenspieler angeschmissen, wenn jemand eine neue Scheibe hatte.

Eine Schallplatte kaufen oder so was war bei mir überhaupt nicht drin. Ich hatte ja keine müde Mark. Taschengeld floß fast nie mehr, seit ich meistens weg war. Und so total ohne Kohle bist du irgendwie aufgeschmissen in einer Clique. Du kannst nie einen ausgeben. Opa hat immer Kaffee und Suppe ausgegeben. Er hatte immer was Warmes auf dem Herd. Die anderen sind mal nach gegenüber in den Schnellimbiß und haben Pommes oder sogar Hähnchen organisiert. Und Bier und Schnaps hat oft einer mitgebracht, obwohl Opa nicht so darauf stand. Die Clique war schwer in Ordnung.

Aber ich konnte nur den Clown machen, auf Händen gehen und solche Gags. Wenn du keinen Strom hast, bist du eben irgendwie der letzte Arsch. Die anderen haben mich das nicht so merken lassen. Gesagt haben sie aber schon mal: »Heute ist Andi dran mit ausgeben.« Und alle haben blöde gelacht.

Die Mutter

Ich war richtig froh, als Andreas eines Tages ankam und wollte selber Geld verdienen mit Zeitungsaustragen. Ich konnte ihm ja auch nicht viel geben. Und wenn ich an früher denke, Taschengeld, so was gab es doch überhaupt nicht. Im Gegenteil. Ich habe schon als kleines Kind Flaschen und Papier und Plünnen und all so was gesammelt. Meine Mutter hat das dann im Kinderwagen zum Händler nach Eilbek gebracht.

Mit neun Jahren habe ich schon Zeitungen austragen müssen, drei verschiedene, *Hamburger Abendblatt, Hamburger Echo* und *Hamburger Anzeiger.* Und wenn ich mal was nicht richtig machte, gab es ein paar an die Backen. Die schwere Tasche schleppen damals, weil es diese Wagen für Zeitungen noch nicht gab, das war Arbeit mit neun Jahren. Das Geld mußte ich natürlich zu Hause abliefern. Das war selbstverständlich.

Ich habe es trotzdem gern gemacht, weil man auch privat zu interessanten Leuten kam. Peter Frankenfeld kriegte von mir eine

Zeitung, der wohnte damals in Eilenau. Und Rupert Essberger vom Fernsehen. Frau Essberger hat mir mal eine Joghurt geschenkt. Das kannte ich damals noch gar nicht. Und zu Weihnachten einmal ein ganzes Paket.

Also, als mein Herr Sohn dann mit immerhin vierzehn auch was arbeiten wollte neben der Schule, war ich direkt stolz. Es hatte nämlich damals schon Ärger gegeben wegen Schwarzfahren, weil er angeblich nie Geld hatte. Er hat dann also verschiedene Zeitschriften ausgetragen, und ich mußte unterschreiben für ihn, weil er ja minderjährig war. Ich sagte noch zu ihm: »Du, ich habe unterschrieben, mach keinen Scheiß«, sagte ich, weil ich schon ein ungutes Gefühl hatte.

Und so nach einem Vierteljahr kam einer zu mir und meinte: »Ja, Sie haben unterschrieben, da müssen Sie jetzt 700 Mark blechen, weil Sie unterschrieben haben. Von Ihrem Sohn haben wir nämlich nie eine Mark gesehen.«

Andreas hatte also das Geld abkassiert und so ausgegeben. Ich bin eigentlich der Ansicht, die hätten das zwischendurch mal kontrollieren müssen. Ich hätte mir vielleicht auch jede Woche die Quittungen zeigen lassen sollen. So konnte ich nun jeden Monat 22 Mark von den 700 abstottern. Da bin ich heute noch dabei. Wenn der Junge sich damals davon wenigstens was zum Anziehen gekauft hätte.

*

Ich hatte dann mal Kohle satt. Alles hinten in den Jeans drin. So an die sechzig Mark. Die Hand habe ich auch noch hinten in die Tasche getan zur Sicherheit. So bin ich rumgerannt, total happy. Ich habe gewartet, bis fast die ganze Clique zusammen war, dann habe ich gesagt: »Leute, heute läuft alles auf meine Rechnung.«

Das war wieder so ein Fehler von mir. Den dicken Maxen machen mit Geld, das mir gar nicht gehörte. Jedenfalls haben wir ordentlich Hähnchen, Currywurst, Bier und noch Jägermeister besorgt und sind zu Opa. Das war das erstemal in meinem Leben, daß ich voll breit war.

Opa hat noch ordentlich gezetert: »Ihr gebt dem Jungen keinen Alkohol. Ich laß sonst niemanden mehr rein.« Opa mochte mich nämlich sofort. Aber wenn getrunken wurde, hat sowieso keiner mehr auf Opa gehört.

Anja war auch da an diesem Abend. Sie ging noch mit Holger.

Weil ich ausgab und eben auch ziemlich breit war, habe ich mich getraut, sie ein bißchen anzumachen. Anja war schon damals das stärkste Mädchen für mich überhaupt. Daß sie mit Holger ging, war logisch, weil Holger der Stärkste war in der Clique, vielleicht überhaupt in unserem Viertel. Auch vom Charakter. Der hatte eine Art, daß ihn einfach jeder akzeptierte.

Ich fing gerade erst an, mich für Mädchen zu interessieren, und ich wollte mal ein Mädchen wie Anja. An Anja selbst habe ich überhaupt nicht gedacht, die war total weit weg für mich. An diesem Abend ließ ich ein paar Sprüche los in ihre Richtung. Ich habe meine Händelaufnummer gebracht, immer um sie rum. und weil ich breit war, bin ich gegen sie geknallt. Sie sagte: »Spinnst du, du Idiot.« Das sagte sie oft. Aber mir hat das in dem Moment echt weh getan.

Etwas später habe ich eine Bierflasche auf dem Kopf balanciert und Anja gesagt, sie könne versuchen, die Bierflasche zu kriegen. Das Ding ist mir natürlich vom Kopf gekippt. Opa war sauer, und mein Hemd war naß zum Auswringen. Aber Anja hat gelacht. Sie ging in die Küche, kam mit einem Handtuch zurück und hat mich unheimlich lieb abgetupft mit dem Handtuch. Und sie hat dabei gesagt: »Du spinnst doch echt.« Aber das klang ganz anders. Jedenfalls war ich voll happy irgendwie.

Ich hatte dann noch zehn Mark übrig von dem Geld, das mir gar nicht gehörte und das ich am nächsten Tag abrechnen mußte. Anja hat gesagt: »Ob in China 'ne Wurst knackt, oder du rechnest das Geld morgen oder übermorgen ab.« Das mit der Knackwurst in China war ihr Lieblingsspruch.

Die anderen haben gemeint, ich sollte mir erst mal irgend etwas einfallen lassen und das Geld in den nächsten Wochen wieder zusammensparen.

Am nächsten Tag bin ich mit einigermaßen Schiß in diese Geschäftsstelle. Ich hatte unterwegs genau auswendig gelernt, was ich sagen wollte: »Also, meine Mutter hat mir das Geld gleich abgenommen. Die will selber vorbeikommen und es bringen.« Der Chef, der hat mir das gar nicht weiter krumm genommen. Er guckte in einen Aktenordner rein und sagte: »Alles klar, deine Mutter hat ja unterschrieben.«

Am nächsten Zahltag ist wieder was von dem Geld weggegangen bei Opa. Nicht so viel erst. Aber ich habe gemerkt, daß ich die Schulden sowieso nicht mehr abbezahlen konnte von den paar Prozent, die für mich abfielen. Im Büro bin ich gar nicht mehr erst zu dem Zahlmeister hin. Sie haben zwar mal gesagt, meine Mutter müßte mit dem Geld bald überkommen. Ich habe da was von verstauchtem Fuß gequasselt. Und die: »Na ja, wir haben ja die Unterschrift.«

Das war eine ziemlich geile Zeit. Ich war total King bei uns. Jeden Zahltag High life. Ich bin auf den Händen rumgetorkelt. Und Anja hat mich immer mehr anerkannt. Wir haben schon richtig miteinander gequatscht.

Der Job war auch noch okay, jedenfalls nicht uninteressant. Da hast du die Leute erst mal kennengelernt. Viele haben mich reingeholt in die Wohnung, vor allem die Frauen. So auf die Tour: »Kannst dich ruhig auch einen Moment setzen. Bist sicher müde von all dem Rumrennen. Willst du eine Cola?« Dabei wollten sie einfach nur sabbeln. Erst haben sie dich ausgefragt. Ich habe den Märchenonkel gemacht. Und dann haben die angefangen und nicht wieder aufgehört. Zugehört habe ich wegen des Trinkgelds und nicht wegen der Äpfel, die manche gegeben haben.

Am besten waren noch die Alten. Die haben immer über ihre Kinder und Enkel erzählt. Ich habe komischerweise immer alle Leute an ihre eigenen Kinder erinnert. Ausgerechnet ich. Nur haben gerade die Alten oft Äpfel gegeben. Jedenfalls weiß man erst, wenn man Zeitungen austrägt oder meinetwegen Klempner für verstopfte Klos ist, wie die Leute da in ihrer Stube sitzen und niemanden zum Quatschen haben, ob sie nun verheiratet sind oder sonst was.

Echt beknackt war nur ein Typ. Das heißt, erst war er noch einigermaßen. Gleich das erstemal hat er mich in die Stube geholt. Da stank alles nach Geld. Vor allem standen uberall Figuren aus Afrika oder so mit Riesenschwänzen rum. Der Typ machte auf einen, der sich die Petersilie von Fleurop schicken läßt. Er hat gleich angefangen, ich könnte doch zum Gymnasium gehen mit dem, was ich auf dem Kasten hätte. Wenn es am Geld läge, daran sollte es nicht scheitern. Und wenn ich zu Hause Ärger hätte, bei ihm sei immer Platz für mich.

Ich dachte schon, daß der nicht alle Tassen im Schrank hat. Aber weiter habe ich erst mal nicht gedacht, weil das Trinkgeld total stimmte. Das war das stärkste Trinkgeld überhaupt. Beim nächstenmal hat er mir Sekt angeboten. Ich hatte nicht direkt Bock auf Sekt. Aber diese Wohnung und so, da habe ich doch einen unheimlichen Respekt gehabt. Er hat das Glas einfach vor mich hingestellt, und da konnte ich nicht sagen, er soll den Scheiß allein saufen.

Er hat erzählt, daß er jedes Jahr nach Afrika fliegt, und mich gefragt, wie ich seine komischen Figuren finde. Ich habe gesagt: »Irgendwie astrein, weil es was anderes ist als der Kram, der sonst in den Stuben hängt.« Und ich habe noch gesagt, daß ich später auch mal nach Afrika wollte.

Er dann wieder: »Du kommst einfach das nächstemal mit. Wir fahren in den großen Ferien.« Ich war ganz schwer auf die Klappe gefallen und sagte: »Das erlaubt meine Mutter bestimmt nicht.« Als ich wegging, hat er mir so komisch über den Kopf gestreichelt. Ich war etwas besoffen von dem Sekt am hellen Nachmittag und wußte erst gar nicht, was ich davon halten sollte. Ich meine, mir hatte schon seit ich weiß nicht wie vielen Jahren niemand mehr über den Kopf gestreichelt. Ich habe einen Moment bestimmt genauso glubschig geguckt wie er.

Natürlich wußte ich auch damals schon so ungefähr, wo die Glocken hängen. Aber ich hatte noch keine Erfahrung mit solchen Typen. Und ich meine, der Idiot war irgendwie nett zu mir, und das Trinkgeld war wieder astrein.

Beim nächstenmal war dann allerdings echt Feierabend. Erst die alte Tour mit Sekt und so und: »Ich merke, daß du auch sehr allein bist, daß du jemanden brauchst.« Ich sagte noch: »Nee, ich brauche niemanden.« Aber da hat er mich schon angegrabbelt.

Ich bin hoch wie eine Rakete. Total Panik. Im ersten Moment habe ich die Lage noch gar nicht gecheckt. Erst an der Tür habe ich mich wieder eingekriegt. Da sah ich den, wie er total verdattert auf dem Sofa hockte, eine Hand so komisch ausgestreckt. Dann sagte der Arsch auch noch: »Du kannst auch viel Geld von mir bekommen.«

Da war ich plötzlich wieder voll da. Ich habe gesagt: »Sowieso. Ist doch logisch, daß ich das meiner Mutter erzähle.« Er total schleimig: »Das wirst du nicht tun.«

Ich meinte: »Vor allem muß ich erst mal abkassieren.« Er hat das Geld für die Zeitschrift genau abgezählt und mich mit seinen Froschaugen unheimlich wässrig angeglotzt. Ich habe die Hand einfach wieder aufgehalten. Er hat mir zehn Mark draufgelegt und wieder geglotzt. Ich habe den Schein in die Jeans gesteckt und die Hand wieder aufgemacht.

Er: »So bist du doch eigentlich gar nicht.« Dann hat er mir noch einen Zehner gegeben. Er tat mir direkt leid, und ich habe gesagt: »Okay«.

Das lief nun immer am Zahltag so ab. Allerdings vor der Wohnungstür. Der hat jedesmal trauriger geglubscht, wenn er mit den zwei Scheinen extra überkommen mußte. Ich meine, der war schon irgendwie ein armes Schwein. Aber arme Schweine lernst du genug kennen, wenn du Zeitungen austrägst. Jedenfalls konnte ich schwule Säue seitdem nicht mehr ab. Schwule sind zum Ausnehmen da wie die Weihnachtsgänse, haben sie bei uns immer gesagt.

Mein High life war dann ja eines Tages vorbei. Nachdem der Oberkassierer bei meiner Mutter gewesen war, hatte ich den Tanz meines Lebens zu Hause. Als mir meine Alte aber noch mal an die Wäsche wollte, habe ich ihr einfach die Arme festgehalten. Da war die Angelegenheit zwischen uns irgendwie geklärt. Nicht unbedingt zu meinen Gunsten. Ich meine, wenn du deiner Mutter erst die Arme festgehalten hast, dann ist nichts mehr wie vorher.

Meine Mutter hat mir dann einen Fürsorger auf den Hals gehetzt. Nach der Sache mit dem Zeitungsgeld, und weil ich auch mit der Schule immer mehr Ärger hatte. Der sollte dafür sorgen, daß ich ein ehrlicher Mensch mit Hauptschulabschluß werde, weil meine Alte den Ärger mit mir dicke hatte. Der Typ hat mich selten zu fassen gekriegt.

Ich hatte eben total keinen Bock mehr auf Schule. Seitdem ich in der Clique drin war, kam mir meine Klasse vor wie ein Kindergarten. Die hatten alle nichts drauf, ich meine so wie Holger und die anderen. Nachmittags bei Opa oder im Park, da war doch immer der Bär los. Morgens saß ich dann wieder da rum wie ein Dünnmann – zusammen mit dreißig anderen Dünnmännern. Das lief irgendwie nicht mehr zusammen bei mir. Einmal haben wir einen Aufsatz geschrieben. Wir bekamen zwei Stunden Zeit. Ich habe irgend was hingehauen und nach zehn Minuten abgegeben. Ich wollte nur raus aus der Bude. Natürlich habe ich mir eine Sechs gefangen. Aber das war mir scheißegal.

Immer öfter habe ich morgens auf dem Weg zur U-Bahn einen Haken geschlagen und bin gleich zu Opa hin. Da waren garantiert schon zwei oder drei aus unserer Truppe. Wir haben erst mal zweites Frühstück gemacht. Dann haben wir in der Zeitung nachgeguckt, wo ein starker Kung-Fu-Film läuft oder sind ins Dulsberg-Schwimmbad. Irgendwann ist dann meine Klassenlehrerin bei uns zu Hause aufgetaucht und hat auf den Putz gehauen. Da war die Kacke gleich wieder am Dampfen.

9

Das Schönste an der Schule war für mich eigentlich der Schulweg. Ich hatte es nämlich ziemlich weit zur Schule, weil ich noch in Horn zur Schule ging, wo wir früher gewohnt hatten. Ich fand die Schule nicht schlecht erst und wollte deswegen auch nicht umgeschult werden. Den langen Schulweg fand ich eben auch gut.

Da habe ich mir nämlich beinahe jeden Morgen vorgestellt, daß ich irgend jemand anders bin. Ein berühmter Detektiv, der einen Mörder sucht, zum Beispiel. Ich habe mir in der U-Bahn die Leute angeguckt, wer da mordverdächtig aussieht. Morgens in der U-Bahn sehen eigentlich alle Leute aus, als hätten sie in der letzten Nacht jemanden umgebracht. Sogar die alten Omas sehen irgendwie böse und gemein aus. Da war höchstens mal ein Mädchen, das bestimmt ein wasserdichtes Alibi gehabt hätte.

Meistens habe ich mir aber vorgestellt, daß ich Bruce Lee bin. Ich stand nämlich damals schon unheimlich auf Bruce Lee, diesen chinesischen Kung-Fu-Kämpfer, der jeden wegknallte. Alle, die ich kannte, standen unheimlich auf Bruce Lee. Ich hatte auch schon Filme von ihm gesehen. Dieser Bruce Lee, der konnte keine Fliege tothauen. Dem hat man nicht angesehen, was er drauf hatte. Der war auch total schüchtern. Aber wenn ihm jemand dumm gekommen ist, dann hat er dem was vors Maul getreten, bevor der das Maul noch mal aufmachen konnte.

Ich habe also gedacht, ich bin Bruce Lee und komme in eine fremde Stadt wie in einem Film von ihm. Ich bin noch nie vorher mit der U-Bahn gefahren, und alle starren mich an, weil ich anders aussehe. Mich haben wirklich immer alle angestarrt. Und in der U-Bahn sind schon die Typen von den anderen, die warten nur auf den günstigsten Augenblick, mich kaltzumachen. Ich habe mir vorgestellt, daß ich mich gar nicht weiter darum kümmere. Und daß ich mich immer nur tausendmal entschuldigt habe, wenn ich jemandem auf den Fuß gelatscht bin. Ich habe dann auch echt jemanden auf den Fuß getreten und mich tausendmal entschuldigt.

Ich habe mir vorgestellt, daß ich vorsichtig eine Fliege fange, die wie eine Irre immer mit dem Kopf an der Scheibe rauf und runterrast und daß ich sie an der nächsten Station freilasse. Und ich habe die Leute verarscht, die mich so idiotisch anstarrten. Manchmal machte ich das wirklich, aber meistens stellte ich mir das nur so vor.

Wenn die mich anstarrten, habe ich zum Beispiel einfach wieder gestarrt. Das hat Bruce Lee auch gemacht. Ich habe nur auf einen

Punkt von denen gestarrt, zum Beispiel auf den Hosenstall oder auf einen Busen. Da haben sie dann versucht, rauszufinden, was da los war, und sind so ganz langsam verrückt geworden.

Wenn ich ausgestiegen bin, wartete schon so eine mandeläugige Schönheit auf mich. Das habe ich mir natürlich nur vorgestellt. Und hundert schmierige Zuhälter oder reichlich brutale Schlitzaugen kamen von allen Seiten auf uns zu. »Entschuldigen Sie mich einen Moment«, habe ich zu der mandeläugigen Schönheit gesagt, dann ging es rund. Ich habe die Zuhälter und Schlitzaugen gleich dutzendweise weggetreten. Und als die mit Messern und Schwertern und so ankamen, hatte ich nur die beiden Griffe von der U-Bahn-Tür in der Hand und habe alles abgewehrt. Nachher lagen hundert Zuhälter und Schlitzaugen säuberlich aufgereiht auf den Schienen.

Ich habe die mandeläugige Schönheit vorsichtig in den Arm genommen, und wir sind gegangen. Man hörte noch eine U-Bahn einfahren. Wahrscheinlich hat sie den hundert Zuhältern und Schlitzaugen fein säuberlich den Kopf vom Rumpf getrennt. Ich habe mich nicht umgesehen.

Das war natürlich nicht orginal Bruce Lee, der Blödsinn war orginal Andi. Und wenn ich dann aus der U-Bahn raus war und zu Fuß zur Schule ging, dann hatte ich meistens tatsächlich irgendeine Beulerei. Spätestens nach der Schule auf dem Rückweg. Ich weiß nicht, aber irgendein Arschloch hat mich immer angemacht. Ich war vielleicht so ein Typ, den man anmacht. Oder ich habe immer nur gedacht, daß sie mich anmachen. Jedenfalls brauchte zum Beispiel nur einer »Lütter« zur mir sagen, da bin ich ausgerastet.

Ehrlich gesagt, eigentlich hatte ich nachher auch Schiß vor diesem Weg von der U-Bahn zur Schule. Weil ich eigentlich immer dachte, daß ich was auf die Fresse kriege, weil ich ja wirklich nicht der Größte war. Aber wenn mich jemand anmachte, hatte ich diese tierische Wut und keinen Schiß mehr und war nur froh, wenn der dann Parterre ging.

Am liebsten habe ich eigentlich weitergesponnen auf dem Weg zur Schule. Auf den Platten da, die vor der Schule waren. Ich habe immer aufgepaßt, daß ich nicht auf die Ritzen zwischen den Platten trete, weil diese Ritzen irgendwie heilig sind und kein Irdischer da drauftreten darf. Eigentlich ein Spiel für Kinder. Das habe ich aber auch noch mit bald fünfzehn gemacht.

Die Typen in meiner Klasse stanken mir immer mehr. Diese alten Wichsköpfe mit Pickeln im Gesicht, die immer dümmere

Sprüche drauf hatten. Ich hatte jedenfalls keine Pickel, weil ich so ziemlich der kleinste war. Und die drückten an ihren ekelhaften Pickeln rum und dachten, sie wären die Größten. Und wenn ich jemanden von denen was vor die Bretter gehauen habe, sind die bei den Lehrern jaulen gegangen.

Ich hatte einfach keinen richtigen Nerv mehr für die ganze Schule. Ich hatte auch keinen richtigen Durchblick mehr, was das sollte. Und wenn du nicht mehr weißt, was das soll, dann brauchst du wenigstens Druck. Zuhause hat sich da aber niemand richtig drum gekümmert. Und in der Schule, das war eine Gesamtschule, da hast du auch nicht direkt Druck gekriegt. Da solltest du irgendwie selber rausfinden, warum der ganze Kram gut für dich ist.

Unsere Klassenlehrerin war eigentlich ganz in Ordnung. Ich meine, die hat sich echt um mich gekümmert. Die war so nett, daß mich das beinahe krank gemacht hat. Weil ich eigentlich auch nett zu ihr sein wollte. Ich habe mich sogar mal für sie angestrengt. Aber es lief nichts mehr mit mir an dieser Schule.

Sie hat mir immer einen Haufen guter Ratschläge gegeben. Aber gute Ratschläge haben mich sowieso immer deprimiert. Wahrscheinlich, weil ich wußte, daß ich Idiot sowieso nichts draus machen konnte.

Und dann kam noch das Ding, mit dem sowieso eigentlich alles gelaufen war. Eigentlich war es nur ein Tag, an dem ich besonders schlecht drauf war. Ich weiß nicht mehr, warum. Vielleicht mal wieder Ärger mit meiner Alten oder ihrem Verlobten. Vielleicht war es auch, weil ich meine kleine Schwester Carmen vollgesponnen hatte, um Geld aus ihrem Sparschwein lockerzumachen. Und ich wollte das Geld zurückgeben und wußte nicht, wie. Das hat mich hundertprozentig schlecht draufgebracht.

Jedenfalls rempelt mich irgend so ein Arschloch mit dem Fahrrad an und bringt dann noch den alleridiotischsten Spruch. Jedenfalls hat der Gute Nacht gesagt, und sein Fahrrad war Schrott.

Frau K., Lehrerin

Andreas gehörte von Anfang an zu den Schülern, die Schwierigkeiten hatten und Schwierigkeiten machten. Besonders schlimm war die Sache mit dem Schüler, den er zusammengeschlagen hat. Soviel Aggressivität habe ich ihm nicht zugetraut. Die Eltern wollten die Polizei einschalten. Ich konnte das nur mit Mühe und Not verhindern. Andreas schien das Ganze ziemlich wurscht. Er zeigte sich auch noch bockig, als er das Fahrrad bezahlen sollte. Von dem Geld, das er während seines Praktikums in einer Autolackiererei verdiente. Er sagte zu mir: »Frau K., glauben Sie mir, ich mußte den einfach umhauen.« Der Junge hatte ihn wohl in seiner Ehre gekränkt. Da war er ziemlich empfindlich, wahrscheinlich, weil er so klein war.

Ich habe Andreas Klasse in der achten übernommen. Da ging es rund: Füße auf dem Tisch und Rülpsen waren an der Tagesordnung. Die Klasse hielt zusammen wie Pech und Schwefel. Typisches Beispiel einer Negativsolidarität. In drei Jahren hatte die Klasse drei Deutschlehrer verschlissen. Das war ein harter Kampf in der ersten Zeit. In jeder Stunde mußte ich mindestens einen vor die Tür setzen. Und ich hatte drei Fächer bei denen, Mathematik, Deutsch, Politik. Damals habe ich oft geheult – aber erst nachmittags zu Hause. Ich habe es dann mit allen möglichen Tricks bei ihnen versucht. Immer wenn ich etwas sagen wollte, habe ich mit einer Kuhglocke dazwischengebimmelt. Das ging ihnen auf die Nerven. Aber prompt hatte ich meinen Spitznamen weg. Sie nannten mich »die Kuh«. Außerdem habe ich gelbe und rote Karten verteilt wie beim Fußball.

Andreas gehörte zu einer Gruppe, die oft andere verprügelte. Sie hatten sich einmal einen Außenseiter rausgepickt aus der Klasse, der war ihr Prügelknabe. Er kriegte jeden Tag die Jacke voll. Da bin ich dazwischen. Ich habe mit ihnen einen richtigen schriftlichen Vertrag geschlossen, mit Zeugen, daß sie den Jungen in Zukunft in Ruhe lassen. Sie haben lange überlegt, bevor sie den unterschrieben haben. Aber dann haben sie sich auch daran gehalten.

Andreas machte auch gern den Kasper. Als der Schulzahnarzt kommen sollte, hat er die Klasse angestiftet, vorher Knoblauch und Zwiebeln zu essen.

Bei seinen Klassenkameraden war er sehr beliebt, besonders bei den Mädchen. Die fanden ihn alle süß. Auf Klassenfesten hat er mit ihnen getanzt wie ein Wilder. Die meisten anderen Jungens trauten sich das noch nicht. Er kannte da nichts. Ging sogar mit viel größeren Mädchen in den Clinch. Später hat er dann nur noch Stiefel mit extrem hohen Absätzen getragen.

In der neunten Klasse fing er an, notorisch die Schule zu schwänzen. Ich habe das erst gar nicht so richtig mitgekriegt. Die Fachlehrer vergessen auch oft, das zu melden, oder sie kriegen gar nicht erst mit, wenn einer fehlt.

Von zu Hause war keine Hilfe zu erwarten. Ich habe die Mutter mal besucht. Aber die saß nur händeringend da, sie hatte wohl mit ihren eigenen Problemen genug zu tun. Ich hab ihn mir dann noch mal selber vorgenommen und auf ihn eingeredet: »Andreas, mach deinen Hauptschulabschluß. Du kannst es leicht schaffen. Ohne Hauptschulabschluß läuft nichts.« Vergebens.

Ende der neunten ist er zusammen mit drei anderen abgegangen. Zur Entlassungsfeier in der Aula ist er gar nicht erst gekommen. Abends hatte seine Klasse eine Fete im Jugendzentrum. Andreas sollte unbedingt dabeisein. Wir haben ihn zu Hause angerufen. Aber da war er schon nicht mehr bei seiner Mutter zu erreichen.

Was in dem Jungen wirklich vorging, habe ich nie ganz herausbekommen. Zwischen mir und ihm war immer eine Sperre. Unser Verhältnis war nie so herzlich, daß er von selber zu mir kam und was erzählte. Trotzdem habe ich oft gemerkt, daß er Kontakt zu mir suchte. Einmal habe ich ihm zur Belohnung einen Schlumpf geschenkt. Da haben seine Augen vielleicht geleuchtet.

Heute fragt man sich natürlich, was man noch hätte tun können. Aber in der Klasse waren zweiunddreißig Schüler, und ich hatte schon für die zuwenig Zeit, die immer brav und nett waren. Außerdem kam man von einem bestimmten Zeitpunkt überhaupt nicht mehr an ihn ran. Seine Klassenkameraden haben wirklich alles versucht, weil sie ihn eben so gern mochten. Sie haben regelrecht hinter ihm her telefoniert. Aber er zog sich immer weiter zurück. Schließlich hat er sich nur noch in seiner Clique in Dulsberg bewegt. Daß er so weit weg wohnte von Horn und der Schule, das war schon ein großer Nachteil.

10

Es wurde wieder Sommer. Und wir waren meistens im Park. Die nicht mehr zur Schule gingen und keine Arbeit hatten, waren schon morgens im Park. Frank hat auch oft geschwänzt, und Anja ist schon mal abgehauen aus der Schule. Wenn ich zur Schule gegangen bin, konnte ich erst nachmittags im Park aufkreuzen. Du warst schon richtig ein Außenseiter, wenn du erst nachmittags da aufgekreuzt bist.

Im Park, den Sommer, drehte sich alles nur noch um die Weiber. Mich hat das ziemlich genervt. Weil ich keine Frau hatte. Weil ich einen halben Kopf kleiner war als die anderen. Und vor allem, weil Holger mit Anja rummachte.

Anja saß auf dem Tisch im Park, und Holger stand zwischen ihren Beinen, und ihm wurden andauernd die Jeans zu eng. Nicht, daß ich irgendwie wütend war auf Holger. Anja war eben seine Braut. Ich dachte ja sowieso, die Frau ist drei Schuhnummern zu groß für dich. Aber mich hat das Rummachen genervt, ohne daß ich genau wußte, daß ich wegen Anja so genervt war.

Holger hatte eine starke Art drauf, die mich auch nervte. Wenn er über Anja redete, und sie war nicht dabei, dann haute er einem mit der Faust auf die Arme. Er haute einem auch ständig auf die Arme, wenn er über Fotzen und so redete und säuische Witze machte.

Einmal machte er mit Anja rum und kam dann zu mir. Er knallte mir sofort eine auf den Arm und grinste, wie er grinste, wenn er was besonders Säuisches auf Lager hatte. Er gab mir zehn Mark und sagte: »Hol mal Bier, weil ich nachher einen tierischen Durst habe.« Dann ist er mit Anja in unseren Busch rein. Das war ein wahnsinniger Busch, der weiß blühte. Die Zweige gingen bis auf die Erde. Er hatte einen richtigen kleinen Eingang. Und unter dem Busch war reichlich Platz zum Liegen.

Ich bin Bier holen gegangen. Unterwegs konnte ich das Wasser mal wieder nicht halten. Ich habe vor mich hingeflennt und wußte echt nicht genau, warum. Wegen Anja und Holger eigentlich. Aber gedacht habe ich an meine Mutter und so. Und daß ich da allein rumrenne und für die anderen Bier hole. Und daß ich nicht mal eine Braut habe, überhaupt niemanden zum Quatschen.

Ich habe wahnsinnig getrödelt. Erst, weil ich nicht mit Rotz und Wasser im Face in den Bierladen reinkonnte. Und dann, weil ich erst wieder im Park sein wollte, wenn Anja und Holger aus dem Busch raus waren.

Nachher bin ich im Park nur noch auf Händen gelaufen und habe allen möglichen Scheiß gemacht. Anja hat ein paarmal gelacht. Es ging sowieso nur noch darum, vor den Weibern den Larry rauszuhängen. Jeder wollte eine Braut haben, und jeder wollte vor seiner Braut total stark dastehen. Auf der anderen Seite wurden die Weiber nur verarscht. Es war alles nur noch eine große Verarsche.

Vernünftig reden über was konntest du echt mit keinem mehr.

Manche Frauen haben sie besonders verscheißert. Roswitha zum Beispiel.Die war eigentlich ganz in Ordnung. Nur sie hatte so gut wie gar nichts in der Bluse. Sie ist eine Zeitlang mit Peter gegangen, einem, der erst auch in der Clique war. Der Typ war voll mit ihr zusammen, die haben auch ständig zusammen gequatscht und alles. Aber er hat nicht mal den Arm um sie gelegt, jedenfalls nicht, wenn andere dabei waren, weil er sich irgendwie geschämt hat, daß sie nichts in der Bluse hatte. Er hat sie echt nur BMW genannt vor den anderen – Brett mit Warzen.

Als das zwischen den beiden aus war, hat Holger sie mal mit in den Busch genommen, weil Anja Ferien auf einem Reiterhof machte. Ich weiß nicht, was da genau lief in dem Busch. Jedenfalls kam Roswitha rausgelaufen. Sie hatte nur noch ein Höschen an. Holger war mit allen übrigen Klamotten weg. Roswitha hat rumgezetert, Holger hätte versucht, sie zu vergewaltigen und so. Alle haben sich bepißt vor Lachen. Jemand hat ihr nachher eine Jacke gegeben. Sonst hätte Roswitha nur mit Höschen, total BMW, über ein paar Straßen nach Hause gemußt.

Holger hat mir dann auch mal eine Frau besorgt. Das heißt, er hat gesagt, ich sollte die und die Braut anmachen. Und er hat ihr verklart, was für ein astreiner Typ ich bin und so. Sie wohnte gleich am Park. Da wohnten unheimlich viele Frauen in einem Häuserblock. Der Häuserblock hieß bei uns nur Fotzenspeicher.

Ich sollte die Braut dann zu einer Party mitbringen, die bei einem etwas älteren Typen lief. Sie ist auch mitgekommen. Auf der Party wurde wahnsinnig gebechert. Anja war noch in den Ferien. Und ich stand total nicht auf der Braut. Sie war nämlich einfach dämlich.

Holger ist mit mir zum Klo und hat gesagt: »Du willst doch mal ran an die Alte. Oder was ist?« Ich meinte: »Laß doch, ich habe keinen Bock. Ich bin sowieso reichlich breit.« Er: »Mit der kannst du doch alles machen. Ich finger das schon für dich.« Ich wieder: »Alter, ich fühle mich zum Kotzen. Ich könnte echt kotzen.«

Holger hat den Arm um mich gelegt. Er war zu der Zeit der einzige, der manchmal den Arm um mich gelegt hat. Er war ein Kollege. Er sagte nur: »Logisch, es ist Scheiße. Alles ist eine ziemliche Scheiße.« Wir haben ziemlich lange vor dem Klo gestanden und Holger hatte die Hand auf meiner Schulter. Er hat schließlich gesagt: »Komm, Alter, was wir beide brauchen, ist eine Frau.«

Er war auch breit. Ich habe sowieso nichts mehr richtig geschnallt. Holger schickte jedenfalls ein paar Leute aus dem Zimmer, in dem das Mädchen war, und fing an, den Tisch abzuräumen. Er sagte dem Mädchen, sie soll sich auf den Tisch setzen, und die machte das auch noch. Weil sie sowieso dämlich war, und Holger sein Lächeln draufhatte, mit dem er jede Frau kriegte. Das Lächeln war in Ordnung. Was er machte, war eine Schweinerei. Aber er meinte es irgendwie anders. Er war eben auch voll breit.

Ich habe sie festgehalten. Weil ich sowieso eine dumme Sau war, weil Holger das sagte, und weil ich keinen Durchblick mehr hatte wie immer, wenn ich besoffen war. Nur geil auf die Braut war ich nicht. Als sie sich doll wehrte, habe ich sie dann losgelassen.

Aus einer Anklageschrift gegen Holger M.

Dem Angeklagten Holger M. ist zur Last gelegt worden, einen anderen mit Gewalt genötigt zu haben, außereheliche sexuelle Handlungen an sich zu dulden, indem er in der Wohnung des Hans B. während einer Party unter Alkoholeinfluß die Schülerin Silke S. im Beisein anderer, unbekannt gebliebener Partygäste trotz ihrer Gegenwehr auf einen Tisch niederdrückte, sodann, während die Geschädigte von einem unbekannt gebliebenen Dritten auf dem Tisch trotz ihrer Gegenwehr niedergehalten wurde, das Kleid der Geschädigten bis etwa in Höhe der Taille aufriß, der Geschädigten, die mit Händen und Füßen um sich schlug, das Kleid hochstreifte, ihre Strumpfhose und Schlüpfer bis zu den Oberschenkeln herunterzog, mit einem Finger an das Geschlechtsteil der Geschädigten faßte und ihn auch in die Scheide einführte.

Mich hat das echt nicht angemacht, was mit den Frauen bei uns lief. Ich meine, wenn da zwei aus unserem Busch kamen oder bei Opa hinten aus dem Zimmer, dann sahen die nicht gerade aus, als wäre es das Gelbe vom Ei gewesen. Die Mädchen mit rotem Kopf und total hektisch, die Typen einen auf total lässig. Manche haben nicht mal mehr geredet zusammen, auch wenn sie zusammen gingen.

Ich habe dann auch noch eine andere Braut gehabt, Melanie. Die kam nicht richtig in unsere Clique rein. Sie hatte noch nichts mit einem Jungen gehabt. Eigentlich war sie soweit ganz in Ordnung. Aber ich konnte irgendwie nicht auf sie, weil ich richtig wohl nur auf Anja konnte.

Das kam dann, als meine Mutter mal im Krankenhaus war. Ich habe eine richtige Party gegeben bei uns zu Hause und auch die Frau eingeladen. Das ging zwei Tage lang. Ich hatte das Riesenbett von meiner Mutter. Zuerst haben wir wahnsinnig rumgemurkst. In der zweiten Nacht hat es dann so halbwegs geklappt.

Sie hat ein bißchen geheult hinterher, aber irgendwie war sie bestimmt auch froh, daß sie es hinter sich hatte. Ich war jedenfalls ganz froh. Eigentlich, weil ich nun wußte, daß es tatsächlich nicht so toll war, mit irgendeinem Mädchen zu pennen. Sie ist dann auch gar nicht mehr in unsere Clique gekommen. Ich habe auch nicht weiter mit ihr geredet. Jedenfalls wußte ich so ungefähr, wie es mit einer Frau läuft.

Die Mutter

Daß mit dem Jungen was nicht stimmte, habe ich richtig gemerkt, als ich mal ins Krankenhaus mußte. Daß er in schlechte Gesellschaft reingeraten war, wußte ich, als ich zurückkam. Er hatte nämlich mit sämtlichen Rowdies aus der Gegend bei uns gefeiert. Der Sessel war angebrannt, Brandflecken im Teppich. Auf der Wand war eine schwarze Hand. Leergut stand rum, der Kühlschrank war fast leer. Man hat gesehen, daß die auch bei uns geschlafen haben.

Ja, und dann rief eine an und meinte, ich solle auf meinen Sohn aufpassen, der habe schon Geschlechtsverkehr mit ihrer Tochter. Ich habe gesagt: »Da passen Sie doch mal auf ihre Tochter auf.« Ich sagte: »Ich kann doch meinen fünfzehnjährigen Sohn nicht an die Hand nehmen und mit ihm spazierengehen.«

Ich hatte allerdings auch immer Angst davor, daß er nach Hause kommt und sagt: »Du Mutti, ich werde Vater.« Die meisten hatten wohl schon Geschlechtsverkehr in dem Alter. Das gab es ja früher bei uns nicht.

Der Junge war wohl auch viel mit Mädchen zusammen, nach dem, was ich mitgekriegt habe. Aber vor allem wollte er sich ja mit der Anja zusammentun. Das hat er auch mir mal gesagt. In seinem Alter hat er sogar von Verlobung geredet.

IV

Herr H.

Ganze zwölf Jahre war ich, als ich dahin kam nach Polen, also etwa so alt wie jetzt mein Sohn. Der hat neulich einen Ausflug mit seiner Klasse in die Harburger Berge gemacht. Drei haben sich im Wald verirrt. Da kann man doch nur lachen, wenn es nicht so traurig wäre. Wir wurden von Anfang an auf eigene Füße gestellt. Uns haben sie irgendwo alleine ausgesetzt und dann gesagt: So, nun sieh mal zu, wie du nach Hause kommst. Fünfzig Kilometer mußten wir uns durchschlagen, mutterseelenallein. Wer es nicht konnte, hat es schon gelernt. Schnell wußte man, wie der Hase läuft, die Sonne oder die Sterne am Himmel waren unsere Wegweiser. Wir konnten Feuer machen ohne Streichhölzer oder Feuerzeug. Und wußten auch, daß alles, was unter der Erde ist, eßbar ist.

Ich würde sagen, wir selber prägen die Zeit. Meinen Kindern habe ich oft genug erzählt, wie es damals war. Ich habe von klein auf gelernt, für mich selber zu sorgen, daß Sauberkeit und Ordnung das Wichtigste im Leben sind. Alles kann ich selber, Strümpfestopfen, Nähen, Kochen, alles, was dazu gehört, daß der Mensch selbständig wird. Man muß, wenn es hart auf hart kommt, die Sache selber in die Hand nehmen können. Das ist ganz entscheidend. Das haben wir gelernt. Es ist üblich geworden, daß alles, was damals war, schlechtgemacht wird. Da bin ich ganz anderer Meinung. Man muß nur das Politische abschneiden. Der Rest ist sehr gut gewesen.

Wir waren ja über drei Jahre von zu Hause weg. Aber Heimweh kam gar nicht erst auf. Wir hatten ja unsere Gemeinschaft. Die war wie ein festes Paket. Einer für alle, alle für einen. Das war ganz fest in uns drin. Das können sie sich heute gar nicht mehr vorstellen. Das war schon eine dolle Sache.

1943 sind wir dann nach Zakopane verlegt worden, das ist ja heute noch ein bekannter Wintersportort in der Hohen Tatra. Damals kamen die schweren Bombenangriffe auf Hamburg. Da haben wir natürlich schon ein bißchen rumgehangen. Wir wußten ja überhaupt nichts von unseren Angehörigen. Die Post kam nur spärlich. Erst Monate später habe ich erfahren, daß meine Eltern schwer verletzt worden waren. Unser Haus war über ihnen zusammengebrochen. Ich hatte noch Glück. Da waren eine Menge bei uns, von denen waren die Angehörigen tot.

Daß es mit dem Endsieg Essig war, merkten wir, als uns auf einmal Wäschestücke fehlten. Die hatten uns die Polen von der Leine geklaut. Die bekamen langsam wieder Oberwasser. Und eines Tages waren die Lagerführer, die Bonzen von der Partei, spurlos verschwunden. Und dann hieß es auch schon: Alles kehrtmarsch nach Hamburg, so nach der Devise: Wer kann am besten laufen.

11

Ich hatte dann doch eine Freundin oder eher eine sehr gute Kollegin. Das war Biggi. Sie war eher Kollegin, weil ich sie nicht echt geliebt habe. Wegen Anja.

Biggi war Holgers Schwester. Sie hatte Charakter wie Holger. Sie hat auch mal Scheiße gebaut. Aber die beiden hatten irgendwie mehr Charakter als alle anderen in Dulsberg zusammen. So komisch das klingt, weil über Holger jeder gesagt hat, daß er mal im Knast auf Rente geht.

Biggi konnte einem die Ohren abquatschen. Und dann konnte sie einem auch plötzlich zuhören. Und wenn sie die Klappe wieder aufmachte, dann hatte das was mit dem zu tun, was du eben gesagt hattest. Die hat dir echt geantwortet.

Holger hat immer gesagt: »Meine Schwester ist die dollste Nudel von Dulsberg.« Wo Biggi auftauchte, war Action. Sie hatte auch viel mit Jungen. Aber nicht, weil sie irgendwie imponieren wollte wie die anderen oder ständig verknallt war. Sondern, weil sie eine Kollegin war. Weil sie den Jungen, mit dem sie zusammen war, wirklich mochte.

Ich mochte Biggi, und ich habe gemerkt, daß sie mich mochte. Wir haben zusammen geschlafen, und das war ziemlich gut.

Biggi

Wenn Andi zu mir kam und hat mir plötzlich eine Zigarette angeboten, dann wußte ich, daß er mit mir reden wollte, daß er wieder unheimlich Probleme hatte. Er war oft tierisch traurig, wenn er zu mir kam.

Er sagte dann zu mir: »Eh, Biggi, ich muß dir mal was erzählen.« Und ich sagte: »Okay, klar. Laß uns wo hingehen.« Man muß ja oft was loswerden. Und es ist so schwer, jemanden zu finden, bei dem man es los wird.

Wir haben unheimlich gut zusammengepaßt. Schon von der Größe her, weil ich auch kein Riese bin. Dann in unserer Art, vom Charakter her, da waren wir irgendwie total gleich. Dieselben Ansichten und alles.

Wir waren auch mal zusammen. Ich bin wohl so ziemlich das erste Mädchen gewesen, das er hatte. Ich war da knapp fünfzehn, hatte aber schon einige Erfahrungen, weil ich mit zwölf praktisch angefangen habe und eigentlich immer ältere Freunde hatte. Andi war wahnsinnig zärtlich. Er war vielleicht der zärtlichste Junge, den ich gekannt habe. Aber er machte gleich irgendeinen Fehler. Ich habe ihm das gesagt, weil ich so was immer sage.

Er hat zugegeben, daß er nicht viel Erfahrung hatte. Er fragte richtig süß: »Wie macht man denn ein Mädchen heiß?«. Und ich erklärte ihm das alles genau. Mit der Hand weiter nach unten, reiben, Finger naß machen, alles.

Als ich merkte, daß ihm das doch ein bißchen peinlich wurde, habe ich gesagt: »Man wird alt wie eine Kuh und lernt immer noch dazu.« Da haben wir beide gelacht, und es war ganz locker.

Ich sage einem Jungen immer, du mußt das so und so machen, weil ich das besser finde, als wenn man sich sagt, laß ihn man, ist doch seine Sache. Natürlich kann das einem Jungen im ersten Moment peinlich sein, aber es braucht nicht peinlich zu sein, wenn man es richtig sagt. Jedenfalls finde ich es linker, den nachher auszulachen oder rumzuerzählen, was ein für verklemmter Typ einer ist.

Andi jedenfalls war froh, daß ich mit ihm über alles gesprochen habe. Er hat ein großes Vertrauen zu mir bekommen. Wir konnten von da an jede Sache total ehrlich miteinander bequatschen. Auch unsere Sache.

Ich habe zu ihm gesagt: »Andi, ich habe dich lieb, aber ich glaube, mit uns wird das nichts Richtiges. Denn im Grunde liebst du nur Anja, so wie ich das sehe.« Das war eine wahnsinnig gute Unterhaltung. Richtig ehrlich. Andi sagte: »Vielleicht hast du recht. Aber dich möchte ich auch nie verlieren.« »Ich dich auch nicht«, habe ich gesagt. »Ich bin immer für dich da.« Solche Unterhaltungen behält man.

Ich wäre ganz gern mit Andi gegangen. Dann wäre für ihn vielleicht auch einiges anders gelaufen, weil wir eben so gut zusammen reden konnten. Aber wegen Anja wollte ich nicht mit Andi zusammen sein. Ich möchte nämlich, daß es mit einem Jungen sehr lange hält, vielleicht sogar für immer. Ich will gar keine Jungs mehr, bei denen ich mir nicht vorstellen kann, daß es für immer ist.

Mit Andi, das ging auch von mir aus. Ich warte nicht, ich gehe zu dem Jungen hin, den ich mag. Ich kann einfach sagen, ich brauche dich. Warum lange rumdatteln? Ich bin einfach nicht der Typ, der rumdattelt. Entweder er sagt ja oder er sagt nein.

Nur mit Andi war das anders wegen Anja. Und das war dann auch klar zwischen uns. Obwohl ich Andi nicht ganz die Wahrheit gesagt habe, weil ich ihm nicht weh tun wollte. Ich wußte nämlich, daß Andi bei Anja keine Chance hatte, solange sie noch irgendwie bei meinem Bruder Holger im Geschäft war. Sie hat zwar mit Andi damals schon viel gequatscht und rumgealbert und auch mal geschmust. Aber hinten rum hat sie dann gesagt: »Der Andi, der ist mir doch viel zu klein.« Das fand ich doof, so was hätte ich nicht gemacht.

Aber insgesamt waren wir alle schon eine tolle Clique. Andi, Holger, seine kleine Schwester Carmen und ich, wir waren besonders eng eine Zeitlang. Wir konnten alle untereinander auch über Intimes reden. Ich habe nicht nur Andi beigebracht, wie man es mit Mädchen macht. Mit seiner Schwester Carmen habe ich vor dem Spiegel auch das Küssen geübt. Und als sie es dann das erstemal ausprobierte, konnte sie es auf Anhieb.

Im Park, in der Clique, waren Holger und Andi die Stimmungskanonen. Wer die gesehen hat, der hat sie bestimmt für Brüder gehalten. Andi hat laufend irgendwelche komische Scheiße gemacht. Hosen runter und halbnackt über die Straße und so was.

Aber er hatte auch immer mehr diese ungeheure Spannung. Da spielten die mal Fußball im Park, und mich machte einer an. Andi runter vom Feld und boing, kriegte der Typ eine geballert, obwohl der wenigstens einen Kopf größer war. Damals fand ich das toll, daß mich ein Junge so beschützte. Später habe ich eingesehen, daß es Scheiße war.

Wenn wir allein waren, war Andi meistens ganz anders. Er ist auch später oft gekommen und hat geweint. Meistens wegen Anja oder seiner Mutter. Was wir da geredet haben, das habe ich nie erzählt, das geht auch niemanden was an, weil ich Andi geschworen habe, daß ich nie darüber reden würde.

*

Ich mochte Biggi. Es war schön mit ihr. Aber, wenn ich total ehrlich sein soll, dann war ich eigentlich wegen Anja mit ihr zusammen. Das klingt wieder komisch. Ich habe das ja auch nicht ganz gecheckt. Daß ich mit einer Frau zusammen sein wollte, um zu wissen, wie es mit Anja sein könnte.

Biggi hat das so ungefähr geschnallt. Sie hatte wahnsinnige Antennen für so was, ich meine überhaupt für andere Menschen. Sie war vielleicht erst ein bißchen traurig. Und dann hat sie mir voll geholfen. Als ich nämlich öfter mit Biggi zusammen war, hat Anja mir nachgeguckt. Weil jeder wußte, daß Biggi sich nicht mit jedem Typen abgab.

12

Zum erstenmal habe ich daran geglaubt, daß ich es schaffen könnte, daß Anja mal mit mir gehen würde. Auch sonst hatte ich irgendwie ein Hoch erwischt. Die Schule brauchte ich nicht zu schwänzen, weil Praktikum angesagt war. Das habe ich in der Autolackiererei gemacht, in der mein Onkel arbeitete.

Jeden Morgen war ich schon wach, bevor der Wecker klingelte. Ich habe mich tierisch gefreut auf den Job, hatte richtig Bock d'rauf, da an den Autos rumzumachen. Und Kohle gab es auch noch dafür. Das war irgendwie ein starkes Feeling, daß die Kohle ganz freiwillig rüberkam, ohne irgendwelche Tricks, eben nur für das, was du da gemacht hast. Alles lief sehr gut. Der Meister da in der Werkstatt wollte mich gern als Lehrling behalten, und auch mein Onkel, der sonst immer was an mir rumzumeckern hatte, war ganz in Ordnung. Nur zu Hause lief eben nichts.

FÜRSORGER V.

Bei der Familie bin ich zum erstenmal nach der Scheidung gewesen. Und ich mußte damals eine Stellungnahme zur elterlichen Gewalt abgeben. Im November 1977 hat Frau Z. dann einen »Antrag auf formlose erzieherische Betreuung« gestellt. Sie kam mit ihrem Sohn Andreas überhaupt nicht mehr zurecht. Der Junge hatte wohl Geld beim Zeitungsaustragen unterschlagen und ging auch unregelmäßig zur Schule. Die häusliche Situation hatte sich seit meinem ersten Besuch verschlechtert. Die Mutter war völlig passiv. Sie war unheimlich dick geworden und saß meistens auf der Couch im Wohnzimmer und kommandierte von dort die Kinder in schreiendem Stil. Außerdem hatte sie einen Bekannten, mit dem Andreas überhaupt nicht auskam. Der Junge ging seine eigenen Wege. Er kam abends oft spät nach Hause und hielt sich nicht an die Zeiten, die ihm seine Mutter mitgegeben hatte.

Andreas sollte nun in mein Büro kommen, und dort wollten wir gemeinsam Klassenarbeiten vorbereiten, und auch bei den Schulaufgaben wollte ich ihm helfen. Aber leider entzog er sich der jugendfürsorgerischen Betreuung immer wieder. Er hat mich laufend versetzt. So war er ja ganz nett. Nur man kam an den Jungen einfach nicht heran. Man hatte bei ihm immer das Gefühl, was man ihm sagt, geht zu dem einen Ohr rein und aus dem anderen sofort wieder raus.

Einmal, als er wieder längere Zeit nicht in der Schule gewesen war, bin ich gleich morgens ganz früh zu ihm hin. Ich habe ihn aus dem Bett geholt und zur Schule gebracht. Danach lief es eine Zeitlang besser. Als er wieder anfing zu bummeln, habe ich morgens einen Praktikanten von mir vorbeigeschickt. Zu dem hat er gesagt: »Warten Sie bitte einen Moment, ich muß mich nur noch waschen!« Pustekuchen, er hat sich an Bettüchern aus dem Fenster abgeseilt und ist einfach abgehauen. Das war typisch Andreas.

Mit der Schule ist es dann bei ihm natürlich schiefgelaufen. Aber er hatte noch mal Glück. Sein Onkel hatte ihm ja eine Lehrstelle besorgt. Die Familie setzte ihre ganze Hoffnung auf diese Lehrstelle. Sie wollten wohl nun allein mit Andi fertig werden. Jedenfalls baten sie mich, meine Arbeit einzustellen. Ein gutes Gefühl hatte ich nicht dabei. Die Mutter war einfach nicht in der Lage, mit dem Jungen fertigzuwerden.

*

Meine Alte sagte noch manchmal, ich sollte nicht so viel weggehen, daß ich spätestens um zehn Uhr zu Hause sein müßte. Und wenn ich abends tatsächlich nach Hause kam, war sie nicht da. Mein kleiner Bruder jammerte vielleicht, und meine Schwester war am Durchdrehen. Oder sie war da, und der Verlobte meinte, ich sollte sie in Ruhe lassen. Sie sei meinetwegen schon krank. Oder ich kam nach Hause, und sie saß auf dem Sofa. Sie hat überhaupt nicht geantwortet. Sie hat auf das Radio geguckt oder auf den Fernseher. Morgens lief das Radio und ab Nachmittag der Fernseher.

Meine Mutter war echt krank. Ich habe damals oft gedacht, daß ich sie krank gemacht habe. Sie hat oft gesagt, daß sie Angst hätte. Sie hat sich nicht mehr weit aus dem Haus getraut, eigentlich nur noch in die »Alte Schmiede« und ins »Pfaueneck« und zum Einkaufen mal.

Und an einem Nachmittag bei Oma und Opa, da hat sie uns gesagt, daß sie weg müßte, zur Kur. Die Ärzte hätten ihr gesagt, daß sie das nicht länger durchhalten könnte mit uns. Vielleicht hat sie auch gesagt, daß sie das mit mir nicht länger aushalten könnte.

Ich hatte total Watte auf den Ohren. Das war so weit weg, was die da geredet hat, daß ich nur noch Bahnhof verstand. Begriffen habe ich, daß wir bei Oma und Opa bleiben sollten.

Ein paar Tage später war sie weg. Also meine Mutter war weg. Ich muß es im Gefühl gehabt haben, daß ich die Alte nie richtig wiedersehen würde. Nachts habe ich tierisch geflennt, ich konnte mich nicht mehr einholen. Den anderen habe ich gesagt, meine Alte sei in Urlaub auf Teneriffa. Das war nun echt ein starker Hammer, weil sie ja nicht mal mehr zum Einkaufen mit der U-Bahn in die Stadt gefahren wäre aus lauter Schiß vor irgend was.

Dann hat so ein Typ, Jörg hieß der, mal gesagt: »Seit wann gibt es denn eine Säuferheilanstalt, die Teneriffa heißt?«

Der hatte damals noch mehr drauf als ich. Aber ich habe ihn so lässig bluten lassen, daß er zwei Wochen nicht mehr aus dem Bett kam.

Die Grosseltern

Großvater: Als meine Tochter dann zur Kur gekommen ist, haben wir den Andreas und die beiden Kleineren zu uns genommen. Er war wirklich ein lieber Kerl. Küßchen hier, Küßchen da. Aber sowie er aus der Haustür raus war, da war es, als wenn ihm einer ein nasses Tuch vor den Kopf geschmissen hätte. Er war da ja in so einer Gang. Da will einer immer mehr leisten als der andere in so einer Gang.

Großmutter: Aber solange er hier gewohnt hat, ist er immer pünktlich zu Hause gewesen, wenn er eine Zeit mitgekriegt hat. Und morgens war er immer pünktlich aus den Federn, als er dann zur Lehre ging. Schon früher, wenn er uns immer besuchte, war er so artig. Er war zu niedlich hier. Ich habe ihn oft zu mir genommen, wenn ich Urlaub hatte. Er ist gern hiergeblieben. Er hing an mir.

Großvater: Rein objektiv, das ist meine Meinung, obwohl das hart klingt, hat unsere Tochter, die Mutter, Schuld. Dann war er zum festgesetzten Termin bei ihr zu Hause, und sie war nicht da. Oder sie lag auf der Couch und hat sich nicht gekümmert.

Großmutter: Leider ist das so, daß sie immer wieder Bekannte hatte, die auch ganz gern einen trinken. Und die ziehen sie dann mit. Wie mein Mann schon sagte, die Kinder kamen aus der Schule, und die Mutter war nicht da. Ich habe dann oft gesagt, du mußt ihnen doch Essen machen. Und sie meinte: »Och, die brauchen sich das nur warm zu machen, die können das schon.« Ich sagte: »Nee, das ist nun deine Aufgabe.«

Großvater: Wie oft kam Andreas Bruder, der kleine Holger, noch spät abends: »Ist Mutti hier?« Das war Winter dann und schon dunkel. Wie oft haben wir die Kinder hier verpflegt und auch bei uns ins Bett gepackt. Man macht das ja gern. Aber wie sich eine

Mutter kümmert, das spielt ja auch eine Rolle bei den Kindern.

Und dann kriegten wir auch bald die erste Aufforderung von der Kripo. Schlägerei. Hilflose Menschen zusammengeschlagen. Immer im Suff. Aber das ist ja keine Entschuldigung.

Und Andreas meinte: »Opa, das kommt nicht wieder vor. Ich weiß ja, das war verkehrt.« Also Reue hat er gezeigt. Aber was nützt die Reue, wenn er das dann weiter macht. Da paßt ihnen ein Gesicht nicht, und dann hauen sie drauf. Wenn der hier rausging, dann war der Faden gerissen, dann war er ein ganz anderer Mensch.

Dabei hatte er noch eine ordentliche Lehrstelle gekriegt. Ohne Schulabschluß. Als Autolackierer. Mein Sohn war der Lehrlingsausbilder. Der Andreas war ordentlich unter der Fuchtel. Mein Sohn hat zu ihm von vornherein gesagt: »Unterschiede mache ich nicht, auch wenn du mein Neffe bist. Wenn du Mist baust, wirst du genauso bestraft wie jeder andere oder kriegst Bescheid.«

Andreas hat erst gute Arbeit geleistet. Es hat ihm auch ordentlich Spaß gemacht. Der Chef war sogar sehr zufrieden mit ihm, ohne Flachs. Mein Sohn, der sagte noch: »Der Andreas kann mehr als mancher Junge im zweiten und dritten Lehrjahr. Also rein gefühlsmäßig kann er mehr.« Und Schleifen ist ja reine Gefühlssache.

*

Ich habe das auch wegen Anja gemacht, die Lehre. Ich meine, ich wußte, wenn ich keinen Beruf hatte und kein Auskommen, dann würde das mit Anja nie was werden.

Autolackierer war wirklich gar nicht so übel. Da kannst du allein arbeiten. Da siehst du am Ende, was rauskommt bei deiner Arbeit. Da sieht so ein verbeulter Schrottwagen hinterher aus wie neu, und dazu hast du dein Teil beigetragen.

Jedenfalls wollte ich meinen Meister machen wie mein Onkel, und das gab dann auch gutes Geld. Da hätte ich Anja und den Kindern schon was bieten können. Ich habe tatsächlich schon an Kinder gedacht, wenn ich da geschliffen oder gespachtelt habe. Total beknackt.

Mit Anja lief das nämlich sehr langsam, aber immer besser. Ihre Sache mit Holger ging auseinander, weil Holger auch andere Frauen hatte. Und das konnte man mit Anja schon gar nicht machen. Wenn sie da was erfuhr, rastete sie aus. Sie war sowieso nicht das Mädchen, das irgend was mit sich machen ließ. Sie war eine

Klassefrau, die sich auch von Holger nichts gefallen ließ. Der hätte mal einer eine knallen sollen. Das hätte sowieso niemand gewagt. Alle Bräute wurden bei uns verarscht. Bis auf Anja eben. Bei ihr stand auch Holger unter dem Pantoffel. Und das konnte er auf Dauer nicht ab. Deswegen mußte er auch blöde Sprüche machen über Anja, wenn sie nicht dabei war.

Ich war oft mit Anja zusammen jetzt. Wir gingen nicht miteinander, wir waren auch nicht richtig zusammen. Aber im Park haben wir mal geschmust, und manchmal habe ich ihre Hand gehalten. Das war mehr als schmusen. Dabei habe ich zum erstenmal gemerkt, daß sie mich auch mochte. Denn daran, wie eine Frau deine Hand anfaßt, merkst du, was sie von dir denkt. Die laue Tour, da kannst du sie vergessen. Noch blöder fand ich die Weiber, die dabei sofort total auf Anmache gingen, mit diesen Fingerspielen in der Hand. Wenn man sich nicht echt gut kennt, dann kitzelt das nur. Anja hat sich meine Hand genommen. Ganz locker. Sie hat mich angeguckt und auch was gesagt. Das war total okay.

Zu Hause war eigentlich alles ziemlich okay. Mein Zuhause war ja jetzt bei Oma und Opa, weil meine Mutter drei Monate weg war zur Kur oder was. Wenn ich von der Arbeit nach Hause kam, habe ich oft meinen Opa schon auf der Straße getroffen. Wir kamen zur gleichen Zeit von der Arbeit. Wir haben uns dann zusammen an den Tisch gesetzt, und Oma hat uns das Essen aufgetan. Sie hatte meistens schon beim Bund in der Küche gegessen, wo sie arbeitete. Sie stand hinter Opa und mir und sah uns zu und füllte uns nach und fragte, ob es schmeckt.

Ich bin fast immer sofort von der Arbeit nach Hause gekommen, weil ich mich auf das Abendessen mit meinem Opa freute. Ich habe mich fast erwachsen gefühlt. Opa hat manchmal gesagt, er habe gehört, daß es ganz gut liefe mit mir bei der Arbeit. Er sagte, das sei in Ordnung, daß ich eine gute Hand beim Schleifen habe und daß der Job mir Spaß machte. Das ging mir runter wie Jägermeister. Mein Opa hat mir tatsächlich nach dem Essen auch mal ein, zwei Jägermeister ausgegeben. Und ich habe gesagt: »Ich trinke Jägermeister, weil ich so gern schleife« und noch ein paar Jägermeister-Sprüche.

Opa hatte andere Sprüche drauf zum Nachtisch: Ohne Fleiß kein Preis, sich regen bringt Segen. Wenn es dich mal hart ankommt, mein Junge, harte Arbeit hat noch niemandem geschadet.

Opa, der Komiker. Bei denen hatte nämlich meistens Oma gearbeitet, weil Opa sich auf der Couch so tierisch wohlfühlte. Und nun war er nur noch geil auf seinen Frührentner-Schein. Und deswegen zogen mir diese Scheißsprüche die Schuhe aus. Ich meine, die Scheiße war, daß man nur noch mit Scheißsprüchen quatschte. Auch mit seinem Opa.

Ich mochte Opa trotzdem irgendwie. Aber meine Oma war voll in Ordnung. Weil sie eine richtige Oma für mich war. Ich glaube, sie war die einzige aus der Familie, die echt für mich war, was sie eigentlich war, nämlich meine Oma.

Deswegen habe ich ihr auch gesagt, sie soll das Geld für mich verwalten. 286 Mark kriegte ich im Monat. Das war riesig viel Kohle für mich zuerst. Ich dachte, das gebe ich nie aus, und habe gleich das erste Geld meiner Oma zum Aufbewahren gegeben. Ich wollte was sparen. Für später, wenn ich eine Wohnung hätte.

Bei uns war mal eine Ausstellung mit Einbauküchen. Da hatte ich Anja hingelotst, und wir hatten uns gestritten, was besser aussieht, weiß oder Naturholz. Ich stand unheimlich auf Naturholz.

13

Meine Oma war echt zu gutmütig für mich. Sie hat gesagt, ich müßte kein Kostgeld abgeben, und sie würde noch ein paar Mark drauflegen, wenn ich spare. Sie hat mein Geld in ein Weckglas getan und gemeint, ich sollte mir was rausnehmen, wenn ich mal was brauchte. Mein Opa hat zu ihr gesagt: »Das ist ein Fehler, was du da machst. Der Junge kann nicht mit Geld umgehen.«

Die ersten paar Tage habe ich nicht mal zehn Mark ausgegeben. Am nächsten Wochenende war dann alles weg. Ich habe mir Platten und Jeans gekauft und einen ausgegeben. Dann habe ich weiter malocht und konnte mir nicht mal selber ein Bier mehr kaufen.

Ich Idiot mußte immer alles haben, ich mußte alles sofort haben. Nur bei Anja konnte ich warten. Und ich habe gemerkt, daß ich mit 286 Mark im Monat nichts hatte.

Weil ich mir dann selber kein Bier mehr kaufen konnte und Holger oder wer ordentlich einen ausgegeben hatte, und ich breit war und auch noch einen ausgeben wollte, kam dann das erste voll kriminelle Ding mit Kripo und allem. Ich habe dem Typen gar nichts weiter getan. Weil ich eigentlich ganz gut drauf war und nicht diese Wut hatte, bin ich auch dazwischen, als jemand anders den Typ noch weghauen wollte. Es war trotzdem irgendwie beinahe Raub.

Aus einer Anklageschrift gegen Andreas Z.

Andreas Z. wird angeklagt, einen anderen rechtswidrig unter Anwendung von Drohungen mit gegenwärtiger Gefahr für Leib oder Leben zu einer Handlung genötigt und dadurch dem Vermögen des Genötigten Nachteil zugefügt zu haben, um sich zu Unrecht zu bereichern, indem er dem Olaf K. den Weg versperrte. Z. forderte: »Gib die Kohlen raus!« Auf die Frage des Zeugen, was er eigentlich wolle, sagte Z. nochmals: »Los, mach zu! Gib die Kohlen raus!» Worauf Olaf K. aus Angst vor Schlägen sein gesamtes Hartgeld (etwa 9,50 DM) überreichte.

*

Wegen so einer blöden Beulerei hatte ich ein Wochenende Krankenhausarbeit gekriegt. Ich bin einen Sonnabend auch los zur U-Bahn, um das abzureißen. Ich wollte das abreißen, weil ich sowieso keinen Scheiß mehr bauen wollte.

Es war unheimlich leer auf der Straße so früh am Sonnabend. Das machte mich irgendwie total schlapp, daß ich so ziemlich der einzige auf der Straße war. Am Alten Teichweg haben sie ein Auto bepackt. Eine ganze Familie hat da ein Auto bepackt, einen idiotischen Ford Granada. Ich dachte, wie idiotisch es ist, sich für soviel Geld so ein idiotisches Auto zu kaufen. Für mich gab es nur BMW. Ich dachte, ich würde mir nie was anderes kaufen als BMW.

Als ich vom HSV zu Bayern München bin, da war ich auch gleich BMW-Fan. Weil die anderen auf so schrottigen Coupés von Opel und Ford standen mit Rallye-Streifen und so einem Scheiß, die dann nicht mal raufgespritzt waren, sondern nur aufgeklebt mit Folie. BMW, das war kein Angeberauto. Das hatte Power, aber man hat es ihm kaum angesehen. Eben wie Andi, dachte ich. Obwohl ich auf meine blöde Art eigentlich der idiotischste Angeber von Dulsberg war.

Ich bin langsam auf die andere Straßenseite. Eigentlich nur, um zuzusehen, wie die ihren idiotischen Ford vollpackten. Das war eine ganze Familie. Vater, Mutter und zwei Kinder. Sie motzten sich ein bißchen an. Aber sonst, dachte ich, ist bei denen alles okay. Ich dachte, daß die zur Wochenendtour starteten.

Das brachte mich total schlecht drauf. Vielleicht, weil ich nicht im Auto mit der Familie auf eine Wochenendtour fuhr. Anja war früher immer mit ihren Eltern zum Campen. Sie hat erzählt, wie beschissen langweilig es ist, mit den Eltern so ein ganzes Wochenende zu verdröhnen. Trotzdem kam ich total schlecht drauf, wenn ich so was sah. Vor allem im Sommer, wenn morgens praktisch vor jedem Haus irgendein idiotischer Opel oder Ford oder VW vollgepackt wurde mit Freßkörben und Campingstühlen und Wolldekken und ich weiß nicht was, und die Familien sich erst anmotzten und dann auf total happy-locker losfuhren. Deswegen fand ich Wochenenden vor allem im Sommer manchmal zum Kotzen.

Ich bin an diesem Sonnabend ganz langsam zum U-Bahnhof Alter Teichweg. Unterwegs habe ich noch die Antenne von einem Ford Granada umgebogen, obwohl ich total nüchtern war. Es war sowieso schon zu spät. Ich war irgendwie einfach zu schlapp, um in dieses Krankenhaus zu fahren. Ich war zu schlecht drauf, um irgendwelche Pißpötte von scheintoten Omas sauberzumachen.

Mit diesen Arbeitsauflagen wollten sie dich sowieso nur kleinholzen. Pierre zum Beispiel, der mußte wegen einer blöden Beulerei irgendwelchen Sand von einer Stelle auf die andere schippen. Er hat malocht wie ein Idiot. Typisch Pierre. Er wollte einen guten Eindruck schinden und seine Muskeln dabei trainieren. Pierre war praktisch immer beim Kung-Fu-Trainieren. Ich konnte mir echt vorstellen, wie er da den Sandberg bearbeitet hat, als müßte er hundert Schlitzaugen niedermachen. Und als er nach einer Stunde oder so fertig war, hat er den Boß geholt und gefragt: »Was nun?« Der Boß hat sich blöde unter der Mütze am Kopf gekratzt, dann hat er noch blöder gegrinst und hat gemeint, Pierre sollte den Sand auf die alte Stelle zurückschaufeln.

Ich konnte mir gut vorstellen, daß Pierre, wie das so seine Art ist, unheimlich Luft in die Lungen gepumpt hat, original Bruce Lee vor diesem Arschloch stand und ihn mit einem Tritt in die Fresse wegknallen wollte. Aber Pierre hat den Sand natürlich zurückgeschaufelt. Er hatte nämlich einen tierischen Horror vor dem Knast, weil er dachte, daß er im Knast körperlich auf den Hund kommt.

Sandschaufeln geht ja auch noch. Aber die Scheiße von scheintoten Omas aus dem Pott kratzen, damit sie ihn gleich wieder vollscheißen, das hatte ich an dem Tag echt nicht drauf.

Ich bin in den Park und habe gefroren, weil es schon ziemlich kalt war und ich meinen Schlappen hatte. Ich habe gewartet, daß Benno seine Kneipe aufmacht. Ich wußte nicht, ob Benno noch anschreiben würde, weil da noch einiges offen war. Ich bin die Nordschleswiger runtergegangen und habe gedacht, daß bald Weihnachten ist, weil im Radiogeschäft so ein blöder Stern aus bunten Birnen hing und Pappweihnachtsmänner mit Farbfernsehern im Rucksack auf den Fernsehern hockten. Das war das erstemal, daß ich überhaupt kein Weihnachts-Feeling draufkriegte. Das erstemal, daß ich mich nicht irgendwie doch freute.

Wenn man kleiner ist, gibt es sowieso immer was, worauf man sich freut. Jetzt wurde ich bald sechzehn, ich habe darüber nachgedacht, worauf man sich mit sechzehn noch freuen kann.

Meine Mutter kam zu Weihnachten von der Kur. Darauf habe ich mich ein bißchen gefreut vielleicht. Das heißt, eigentlich hatte ich mehr Schiß, als daß ich mich gefreut habe. Weil ich nicht wußte, was mit ihr und mir war. Weil ich inzwischen wieder einige Scheiße gebaut hatte. Und weil ich gerade dabei war, neue Scheiße zu bauen und nicht in das verdammte Krankenhaus fuhr. Weil ich der totale Schlappmann war.

Ich hatte vor ziemlich allem Schiß. Ich war schon bald wie meine Alte. Vor dem Knast, sogar vor Anja eigentlich und vor der Arbeit. Eigentlich vor allem vor der Arbeit am Montag. Weil das mit meinem Onkel nicht mehr richtig lief. Weil der bestimmt erfuhr, daß ich nicht zum Pißpottsaubermachen war.

Der Onkel

Der Andreas, der war ja so fix sensibel. Als ich auf der Arbeit mal einen Tag nicht mit ihm gesprochen habe zur Strafe, weil ich irgendwie sauer war auf ihn, da blieb er den nächsten Tag einfach weg. Dabei hatte er einen so guten Einstand in unserer Firma. Er war ja nun mal nur so ein lütter Pflumi, als er mit der Lehre anfing. Man hat ihm die fünfzehn Jahre kaum angesehen. Aber arbeitsmäßig war er zuerst große Klasse. Ich mußte mich ja für ihn einsetzen, damit mein Chef ihn überhaupt genommen hat ohne Hauptschulabschluß und fühlte mich deswegen auch verantwortlich. Aber mein Chef war gleich ganz begeistert. Der Andreas hat sich nämlich besser zurechtgefunden als die meisten anderen Lehrlinge. Er hat seine Sache ordentlich gemacht, sehr schön.

Aber er war eben ein Hüpfer. Daß er einfach nicht zur Arbeit kam, weil er sich über mich geärgert hatte, das ging nicht, das war das Letzte.

Wie gesagt, er war zu labil. Ich meine, wir sind alle keine Psychologen, die das verstehen können. Aber die Scheidung von seinen Eltern war schon Mist. Seine Mutter hat das allein auch nicht geschafft. Mein Neffe wurde zu sehr sich selbst überlassen. Er mußte sich seinen Weg ja ganz allein bahnen. Für seine Probleme hatte er nur die Clique, soweit ich das sehe. Und wenn er getrunken hatte, kam alles so aus ihm raus. Ich habe das mal am Rande miterlebt.

Ich meine, er war schon ein Schlunzi. Aber wer war das nicht? Ich war auch kein unbeschriebenes Blatt. Aber irgendwann muß man sich ja fangen. Er war wohl noch nicht soweit oder konnte es nicht allein schaffen.

Ich habe mich schon um ihn gekümmert. Wir haben auch in der Familie in seinem Beisein über ihn gesprochen. Aber da ist alles so auf ihn eingeprasselt, da hat er regelrecht abgeschaltet, schien es. Auch im Betrieb habe ich ihn schon mal gefragt: »Warum bist du gestern so spät nach Hause gekommen?« Er hat dann eine Flappe gezogen und war für den Rest des Tages nicht mehr zu gebrauchen. Er fühlte sich von mir immer beaufsichtigt, weil ich ja sein Onkel war. Obwohl ich das gar nicht wollte. Man hätte vielleicht Arbeit und Privates mehr trennen sollen. Vielleicht sind wir auch nicht ausdauernd genug gewesen. Aber irgendwann schreckt man dann auch zurück.

Ein Alarmzeichen für mich war, daß er nicht zu unserer Weihnachtsfeier in den Betrieb kam. Dabei hatten wir ein sehr gutes Betriebsklima. Aber er war wohl lieber mit seinen Kumpels zusammen als mit den Kollegen aus dem Betrieb. Er hat trotzdem immer wieder eine Chance bekommen. Zum Schluß war ich allerdings so sauer, daß ich bei ihm zu Hause anrief und gesagt habe: »Den Pfeifenkopf, den könnt ihr euch in die Haare schmieren.«

Leider, er war zu sensibel. Aber was ihm am meisten gefehlt hat, war eine feste Hand. Ruhig öfter mal »Batsch« hätte ihm gar nicht geschadet.

*

Strasse in Dulsberg

SUPERMAN

Clique bei Opa

»BENNOS« GASTSTÄTTE

Holger und Pierre

Carmen und Holger, Andis Geschwister

BIGGI

SCHLÄGEREI ZWISCHEN UWE UND PETER

BIGGI, CARMEN, PIERRE, HOLGER UND UWE

HOLSTEN
bevorzugt

Clique im Park

HOLGER AUF DEM KIEZ

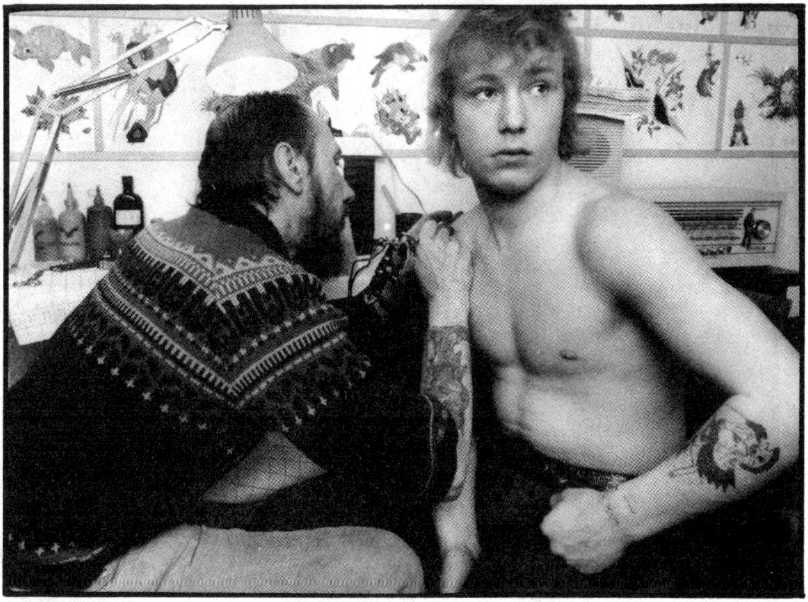

Holger beim Tätowieren

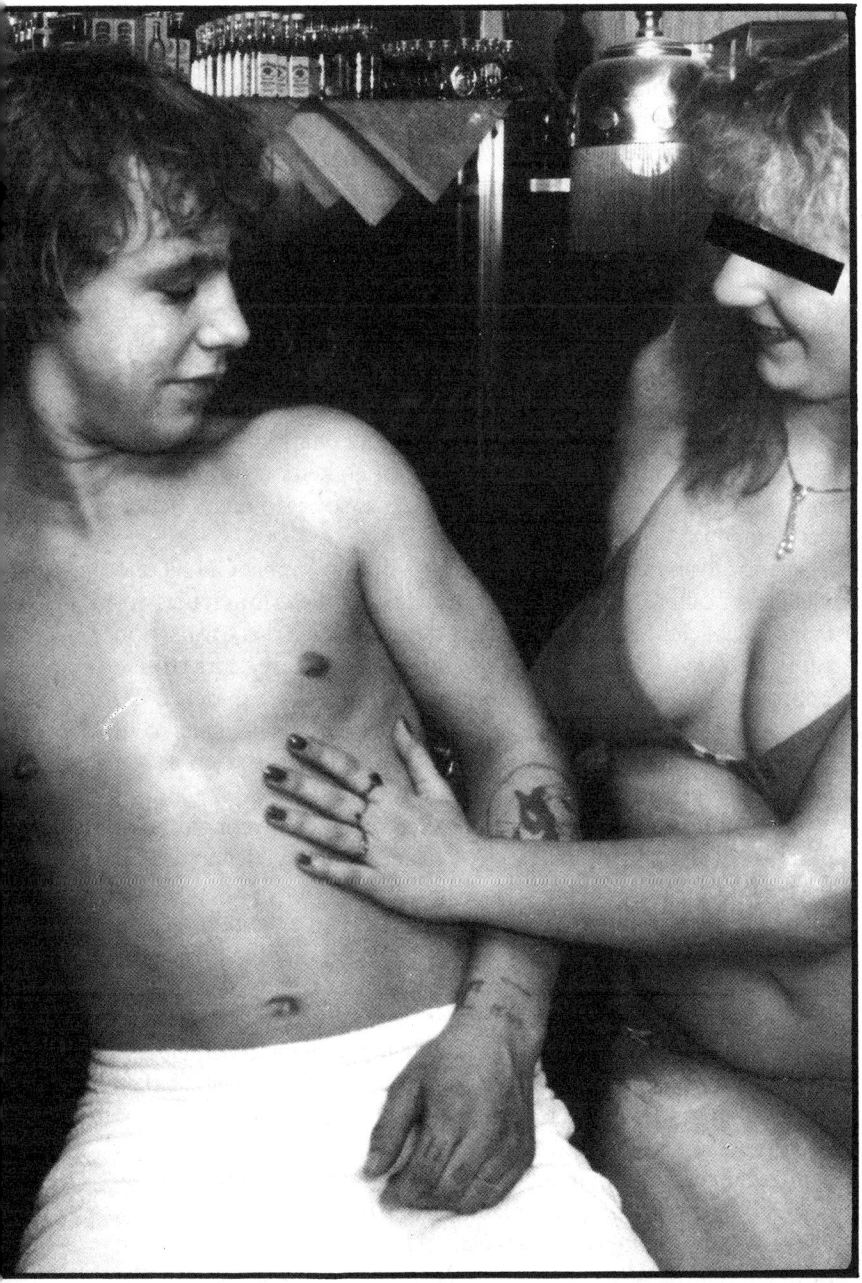

HOLGER UND MÄDCHEN AUF DEM KIEZ

Daß ich meistens allein war beim Schleifen und Spachteln, das war schon in Ordnung. Andererseits hast du dir zu viele Gedanken gemacht, wenn du allein im Schleifraum warst. So den ganzen Tag allein mit der Schleifmaschine, da konntest du nicht nur an das Auto denken, da mußtest du dir auch andere Gedanken machen, sonst wärst du total verblödet.

An Anja habe ich natürlich auch gedacht. An was denn sonst? Überhaupt an die Zukunft. Eine eigene Wohnung wollte ich und ein Auto. Ich meine, jeder hat wenigstens eine Wohnung und ein Auto, wenn er zur Arbeit geht Gerechnet habe ich auch. Mit 286 Mark im Monat, damit kommst du nicht mal im Obdachlosenasyl hin. Das wußte ich immerhin schon. Im zweiten Lehrjahr gab es 361 und im dritten 435 Mark damals. Wenn du dann deinen Gesellen hattest, nach drei Jahren, fingst du mit 12 Mark die Stunde an. Davon konntest du dir erst mal immer noch keine Wohnung leisten mit Möbeln und allem. Ein Auto dazu sowieso nicht. Schon gar keinen BMW.

Wenn ich so gerechnet habe im Schleifraum – mein Gehalt und vielleicht noch Kindergeld drauf und davon Miete, Raten für Möbel und vielleicht Auto wieder ab –, dann hat mich das ganz schön runtergezogen. Ich habe dem Chef für ein paar müde Mark so eine Schrottkiste auf neu getrimmt, und der hat vom Kunden 2000 Mark oder so gekriegt. Und der Kunde hat beim Verkauf vielleicht noch mal verdient. Und das alles für die paar Mark, die ich davon kriegte. Irgendwo, fand ich, war das ungerecht.

Ich meine, man sollte sich solche Gedanken vielleicht gar nicht machen, weil man die Welt doch nicht ändert und weil man den totalen Durchblick auch nicht hat. Und weil du nur dein Auskommen hast, wenn du irgendwie mitziehst. Das war jedenfalls die Devise von meinem Opa. Aber die Gedanken kommen, wenn man so allein an einem Kotflügel rummacht, und der Staub wirbelt nur so um die Ohren. Da konntest du sogar heulen, ohne daß jemand es gemerkt hätte, weil du dich beim Schleifen total eingenebelt hast. Die Absaugmaschine habe ich meistens gar nicht angestellt, weil ich es auch gut fand, mich in dem Staub einzunebeln.

Sicher, als Meister hattest du dein gutes Geld. Da konnte man sich sogar selbständig machen. Wie Anjas Vater, der hatte sich als Gerüstbauer selbständig gemacht. Aber bis dahin war ich Opa oder was. Ich dachte, daß ich es wahrscheinlich sowieso nie so weit bringen würde. Weil ich schon zu dämlich gewesen war, die Scheiß-Schule zu Ende zu machen. Ein Meister ohne Schulabschluß, das gibt es heute bestimmt gar nicht mehr, dachte ich.

Ich war eben auch nicht der Typ, der warten konnte. Jeden Tag zur Arbeit, weil du in ein paar Jahren mal deine eigene Wohnung und einen Opel Kadett hast, dazu war ich vielleicht wirklich nicht der Typ.

Anja würde auch nicht warten, dachte ich. Vielleicht würde sie mitarbeiten. Aber die wollte bestimmt, daß ihr Typ ihr auch was bieten kann.

Das waren so die Gedanken, die ich manchmal hatte. Und wenn mir die Arbeit besonders stank, dann habe ich auch gedacht, daß ich vielleicht ein Idiot bin, da jeden Morgen um halb acht anzutanzen. Wenn du denkst, daß du dein ganzes Leben in dem Scheißstaub oder in einer Spritzkabine rummachst, jedenfalls bis du auf Rente gehst, dann ist das nicht gerade eine Aussicht, die dich total happy macht. Wenn du dir sowieso ausrechnen kannst, daß du mit der ganzen Maloche den Arsch nie richtig hochkriegst, finanziell meine ich, dann kommst du eben auf dumme Gedanken.

Über die Runden kommt man auch ohne Wecker jeden Morgen um sechs. Bei uns gab es schon einige Typen, die haben gearbeitet, wenn sie Bock hatten oder wenn sie mal dringend Strom brauchten. Zwischendurch sind sie auf Stütze gegangen. Das lief irgendwie. Die konnten sich auch nicht gerade einen BMW leisten. Aber verhungert ist keiner. Und die Döfsten waren das auch nicht. Es gab ein paar astreine Kollegen dabei.

Ich hätte die Lehre aber nicht geschmissen, echt nicht. Ich stand ja schon unter Anjas Pantoffel. Die hat auch gesagt, ich müsse das durchstehen, so oder so, und keinen Scheiß mehr bauen, sonst wäre es aus mit uns. So hat sie tatsächlich geredet. Aber es ist eben mit meinem Onkel so schiefgelaufen.

Friedrich L., Besitzer einer Autolackiererei

Sein Onkel hat sicher viel von Andreas verlangt. Aber er brauchte ja auch Aufsicht. Ich bilde seit dreißig Jahren Lehrlinge aus und habe ganz bewußt immer ein Problemkind dazwischen. Mit Andreas lief es das erstemal richtig schief.

Eigentlich war er ja ein netter Bursche. Ich habe ihn immer gern mitgenommen, wenn ich mit dem Schlepper Autos zum Lackieren holte. Man konnte sich recht nett mit ihm unterhalten. So nach zehn Minuten, wenn er aufgetaut war. Ich glaube, ihm fehlte der Vater.

Leider wurde es dann immer schlechter mit ihm nach dem guten Anfang. Erst hat er die Berufsschule geschwänzt. Dann kam er eines Tages zu mir und sagte: »Herr L., ich möchte Urlaub machen.« Ich sagte: »Wieso denn das, dir steht doch noch gar kein Urlaub zu.« Und er: »Das ist mir egal. Meine Freundin hat Schulferien, und ich will mit ihr zusammensein.« Ich habe ihn mir zur Brust genommen, aber da war nichts zu machen. Er blieb einfach weg. Diese Freundin spielte wohl eine große Rolle für ihn.

Ich habe noch ein paarmal versucht, ihm den Marsch zu blasen. Dann hat er sogar mal eine Träne zerquetscht. Aber wenn er wieder draußen war, hat er wohl gedacht, der alte Sack weiß doch gar nicht, was Sache ist. Oder er wollte wohl, aber er konnte nicht.

Sein Onkel hat nachher auch gesagt: »Chef, den können wir doch nicht behalten.« Als Lehrling war er wirklich untragbar. Als Ungelernten hätte ich ihn aber wieder genommen, weil er wirklich erstklassig arbeiten konnte, wenn er wollte.

*

Mein Onkel war kein unechter Typ, bestimmt nicht. Aber er hat mich fertiggemacht. Gesagt hat er, daß ich nichts Besonderes sei und behandelt werde wie alle anderen. Aber dann mußte er den ganzen Tag beweisen, daß er mich nicht vorzieht. Ich mußte alles hundertprozentig machen. Dann hat er höchstens mal gesagt: »Na ja, ist okay.« Daß ich meine Arbeit gut gemacht habe, hat er nur mal bei anderen durchblicken lassen.

Und wegen der Sachen, die außerhalb der Arbeit gelaufen waren, hat er mich belabert. Die anderen haben das manchmal mitgekriegt, wenn er mich anmachte, und haben nachher ihre Sprüche losgelassen.

Als Lehrling bist du logisch der letzte Arsch in so einem Betrieb. Lehrjahre sind keine Herrenjahre und so. Mich haben sie sowieso verarscht, weil ich so lütt war. Und an die Backen hauen, damit einer die Schnauze hält, das darfst du schon gar nicht in so einem Betrieb. Dann kannst du gleich deine Papiere holen. Du mußt den Arschkriecher machen, wenn du mal den Gesellenbrief willst. Und das war ja nicht gerade meine Tour.

Ich meine, ich hätte das vielleicht noch abgekonnt, wenn da irgendein Arsch von Meister ständig rumgepöbelt hätte. Aber die Tour von meinem Onkel konnte ich nicht ab, weil er mein Onkel war. Wenn irgendwie Stunk war, dann hat er vielleicht erst losgebrüllt und dann hat er den ganzen Tag nicht mehr mit mir geredet. Das war so seine spezielle Tour. Er muß gecheckt haben, daß er mich damit fertigmachte, daß er mich damit mehr fertigmachte, als wenn er mir eine gedröhnt hätte. Auf die Tour, einfach nicht mit mir zu reden, konnte mich praktisch jeder fertigmachen.

An so einem Tag hat er erst was gesagt, als Feierabend war. Den Umkleideraum sollte ich noch saubermachen. Die anderen gingen, und ich sollte noch ihren Scheiß wegmachen. Da hatte ich den Kanal voll. Ich habe nichts weiter gesagt. Ich habe mich fertig angezogen und bin sofort gegangen. Da war der Ofen schon ziemlich aus.

Ich hatte nur Glück, daß am nächsten Tag Gewerbeschule war. Das hat mich manchmal sogar interessiert, wenn ich hingegangen bin. Zum Beispiel, als wir über Jugendkriminalität geredet haben. Da habe ich gelernt, wie wertvoll ich eigentlich war. An einem Typen, der ungefähr so alt war wie ich, haben wir nämlich durchgerechnet, was der so den Staat kostet. Auf 250 000 Mark war dieser Typ mit sechzehn Jahren gekommen. Ich wußte allerdings noch nicht, daß ich in ein paar Monaten bald genauso viel wert sein würde.

Jedenfalls hätte der Staat bestimmt was gespart, wenn er mir damals 100 000 auf die Hand gegeben hätte. Dann wäre ich nämlich nach Australien oder Kanada oder so. Vielleicht mit Anja. Jedenfalls war diese Rechnung so ziemlich das einzige, was ich mir an Schulsachen aufgehoben habe.

AUS EINER ARBEITSUNTERLAGE FÜR SCHÜLER DER GEWERBESCHULE RICHARDTSTRASSE

Was kostet ein junger Ganove?

Gegen die wachsende Gruppe des kriminellen Nachwuchses kämpfen Psychologen, Sozialarbeiter, Polizisten, Staatsanwälte, Richter und Bewährungshelfer. Sie kämpfen mit immer mehr Leuten und immer mehr Geld – mit einem Aufwand, von dem der Normalbürger keine Ahnung hat.

Der Fall Helmut H. ist ein gutes Beispiel. Als er strafmündig geworden war, schickte der Jugendrichter ihn für 18 Monate ins Gefängnis. Wenn Helmut aus dem Knast kommt, hat er 250 000 Mark gekostet. Hier einige Kosten aus der Bilanz des Kostenfaktors Helmut H.:

Polizeibeamte nehmen die Anzeige auf, führen die Vernehmungen durch, schreiben Protokolle. Ein Durchschlag jedes Geständnisses geht an das Jugendamt und an die Staatsanwaltschaft. Der

Staatsanwalt ist ein Jurist, seine Ausbildung an der Universität und in der Justizbehörde hat 50 000 Mark gekostet. Seine Arbeitsstunden sind teuer. Beim Jugendamt sitzt als Leiter ein ausgebildeter Jurist. Er gibt die Anzeige gegen Helmut weiter an den Sozialarbeiter, der mindestens sechs Semester studiert hat (Kosten: 30 000 Mark) und 2 000 Mark im Monat verdient. Im Heim schließlich wird es noch teurer. Der Junge kostet 100 Mark am Tag.

Zu diesem Zeitpunkt liegen bereits drei psychologische Gutachten vor, die alle sagen: Der Junge hat in den entscheidenden ersten Lebensjahren so viel Gefühllosigkeit kennengelernt, daß er ohne Mitleid und Gefühl auf schwächere Leute losschlägt. Die Zahl der Leute, die sich mit Helmut beschäftigen müssen, wird immer größer, die Kosten wachsen mit. Bleibt die Frage: Wie konnte es mit Helmut so weit kommen? Der Junge wurde nie von der Erziehungsberatung vorgeladen, die unreife Mutter auch nicht, eine notwendige psychotherapeutische Behandlung unterblieb. Der Junge wurde so lange mit seinen Schwierigkeiten allein gelassen, bis er zwangsläufig gegen die Wand lief.

Allein für das Geld, das Helmut bisher gekostet hat, hätte man: drei Jahre einen eigenen Erziehungsberater bezahlen können, zwei Jahre einen Psychotherapeuten, eine größere Wohnung für die Familie und noch einen Kinderspielplatz für den ganzen Wohnblock.

V

Herr H.

Nach dem Krieg hatten wir gar nichts, waren aber alle viel zufriedener. Ich konnte auch nicht meckern, daß das nichts wurde bei mir mit der Seefahrt. Ich war dankbar und glücklich, daß ich überhaupt Arbeit bekam. Mein Vater hat sich bei seiner Firma verwandt. Er hatte da ja einigen Einfluß. Durch ihn kam ich dann auch auf einen Schwimmbagger. Eine Lehre in dem Sinn gab es da nicht. Man mußte sich von der Pike auf hocharbeiten. Und nur wer was leistete, kam voran. Gearbeitet wurde auf den Schiffen rund um die Uhr. Ein Zwölf-Stunden-Tag wurde von jedem verlangt. Das war selbstverständlich. Mein erster Stundenlohn war 91 Pfennig. Zu tun gab es mehr als genug. Die Hafenbecken waren ja voll mit Bomben, Wracks und all dem Schiet. Das haben wir erst mal rausgeholt. Harte körperliche Arbeit war das. Das können sie mir glauben. Aber mir hat das nichts ausgemacht. Und die Gemeinschaft, die stimmte. Auf so'nem Schiff ist der eine auf den anderen angewiesen.

Das mit meinem Unfall war am 5. Januar 1950. Ein Ankerdraht ist gebrochen, und ich bin mit dem linken Bein in eine laufende Deckswinde reingekommen. Man hat mich ins Hafenkrankenhaus geschafft. Als ich aufwachte, war ich in einem Riesensaal. Da waren noch mindestens fünfzig andere drin. Neben mir lag einer, der hieß Seppl und war Steilwandfahrer auf dem Dom. Er hatte sich beide Beine acht- oder neunmal gebrochen. Das erste, was ich wieder mitkriegte, war, wie der Seppl sagte. »Hallo, da bist du ja endlich wieder. Wir dachten schon, du wachst überhaupt nicht mehr auf.« Ja, und dann habe ich die Bescherung entdeckt, daß da was fehlte an mir. Das war ein schöner Schuß vor den Bug, zwanzig Jahre alt und ein Bein weg.

Die Ärzte waren noch vom alten Schlag und haben direkt gesagt, in was für einer Scheiße man drinsteckt. Das ist mir auch lieber, als wenn die solchen Schmus reden. Also, die haben kein Blatt vor den Mund genommen und gesagt: »Deinen Beruf kannst du an den Nagel hängen.« Da haben sie mich schlecht gekannt. Was ich will, das will ich. Zähne zusammenbeißen und die Sachen anpacken. Ich habe schnell gelernt, mit einer Prothese zurechtzukommen, und ein Dreivierteljahr später war ich wieder an Bord.

Ich habe mir den Wind dann noch ganz schön um die Nase wehen lassen. Wir haben in fast allen großen Häfen Europas gearbeitet und später auch im Persischen Golf. Deutsche Wertarbeit galt ja bald wieder was in der Welt. Trotz meiner Behinderung habe ich es bis zum Baggermeister gebracht wie mein Vater. Zuletzt hatte ich das Sagen über zwanzig Leute. 1966 habe ich dann Schluß gemacht. In der Firma waren so Neunmalkluge ans Ruder gekommen, die einem in alles reinredeten. Das hat mir nicht gepaßt. Und mit der Kameradschaft war das auch nicht mehr so wie früher. Das ließ immer mehr nach. Außerdem hatte ich ja inzwischen Familie, und da wollte ich auch nicht mehr so lange wegbleiben. Immerhin, achtzehn Jahre bin ich bei ein und derselben Firma geblieben. Das gibt es doch heute kaum noch. Die wechseln doch hin und her, wie sie gerade lustig sind.

14

Eines Abends, als ich von der Arbeit zu Oma und Opa kam, saß da meine Mutter auf dem Sofa. Sie sah wahnsinnig schön aus. Ich konnte mich nicht erinnern, daß sie mal so schön ausgesehen hatte. Nur auf alten Fotos sah sie ähnlich aus. Sie war ganz schlank geworden. Und sie lachte mich gleich an.

Ich habe wieder losgeheult vor Überraschung. Meine Geschwister waren auch total von den Socken. Die kramten schon ihre sieben Sachen zusammen, um sie mit zu uns zu nehmen. Nachdem wir ein bißchen rumgeflachst haben, wollte ich auch zusammenpacken. Da hat meine Alte erst komisch geguckt, und Opa hat dann gesagt: »Nee, mein Junge, du bleibst erst mal bei uns. Das läuft doch soweit ganz gut bei uns, oder?«

Das war eine volle Pieke. Ich meine, nicht, daß es bei Oma und Opa nicht auszuhalten war. Aber für mich war es einfach sonnenklar gewesen, daß ich mit meinen Geschwistern wieder nach Hause kam.

Ich habe noch ein bißchen rumgemault: »Wieso denn? Was ist denn los?« Aber dann kam es sofort ganz dick. Das könnte ich mir ja wohl selber ausrechnen. Genügend Scheiße gebaut hätte ich ja inzwischen. Meine Mutter müsse sich noch schonen. Sonst sei die ganze Kur für die Katz' gewesen. Ich sollte nun erst mal beweisen, daß ich ihr in Zukunft keinen Kummer mehr bereiten würde.

Ich war total down. Nicht, daß ich irgendwie sauer war auf meine Alte. Die hatte ja recht, dachte ich. Ich hatte echt genug Scheiße gebaut. Das meiste wußten die ja noch gar nicht. Wieso ich unbedingt nach Hause wollte, war mir sowieso nicht klar, weil ich die letzte Zeit von zu Hause eigentlich am liebsten weg gewesen war.

Ich habe dann auch nichts mehr gesagt und bin auf mein Zimmer bei Oma und Opa. Es war komisch, plötzlich hatte ich den Geruch von unserer Wohnung in der Nase. Wegen des Geruchs habe ich wohl auch geheult. Unsere Wohnung hatte nämlich einen besonderen Geruch. Nicht, daß es etwa stank oder so. Bei uns war alles immer total sauber, weil wir alle auf Sauberkeit hielten. Aber ich habe den besonderen Geruch von unserer Wohnung immer in der Nase gehabt, wenn ich gerade reingekommen bin.

Ein bißchen Zigarettenqualm war dabei. Und dieses Kölnisch Wasser oder was, was meine Mutter manchmal benutzte und heimlich auch Carmen. Das Geruchsdings im Klo konnte man ausmachen und das Zeug, mit dem der Wohnzimmertisch gewienert wurde. Nur was vom aufgewärmten Essen dazukam änderte sich immer.

Die meisten Leute meinen wahrscheinlich, eine Wohnung riecht wie die andere. Aber ich hatte eben eine wahnsinnige Nase. Ich habe auch Menschen irgendwie nach dem Geruch eingestuft. Wie ein Köter. Es gab Schweiß, der stank so, daß ich mit Mühe die Kotze zurückhalten konnte. Wenn Anja schwitzte, machte mich das natürlich an. Am wenigsten konnte ich meinen eigenen Gestank ab. Ich dachte immer, alles müsse vor mir weglaufen, weil ich so ekelhaft stank. Deswegen mußte ich auch überall sofort in die Badewanne. Ich mußte mich praktisch jeden Tag mindestens einmal baden. Das war auch so eine Meise von mir. Jedenfalls waren meine Geruchsnerven so ungefähr das Stärkste an mir. Und ich mußte heulen, weil ich den Scheißgeruch von unserer Wohnung in meiner Scheißnase hatte.

Ich wollte echt wieder nach Hause. Ich mußte immer daran denken, wie früher alle zusammen ferngesehen haben. Vor allem Sonntagnachmittag. Flipper oder Fury oder so was. Am liebsten haben wir Filme mit Tieren gesehen, die zur Familie gehörten. Ich mußte an den Sonntagnachmittag denken, an dem wir Kuchen gegessen haben und im Fernsehen lief Flipper oder was. Ich dachte, daß es in Ordnung sein müßte zu Hause, jetzt, wo meine Mutter nicht mehr krank war und sich auch von ihrem Verlobten endgültig trennen wollte.

Ich ging mal wieder pünktlich zur Arbeit und zur Berufsschule. Ich wollte mit Holger nicht mehr so viel zusammen sein, obwohl er so ziemlich mein einziger Freund war. Ich wollte nicht mehr mit, wenn sie was gesoffen hatten und loszogen. Ich wollte kein bißchen Scheiß mehr machen. Nach Hause wollte ich.

Und erstens kommt es anders, und zweitens kam ein Brief von der Justizbehörde. An einem Donnerstagabend kam mein Onkel damit an. Ich glaube, es war der Donnerstag vor Weihnachten. Meine Alte hatte wohl ihren Bruder in Marsch gesetzt. Ich wußte, was kam. Natürlich hatte ich bei Oma und Opa nicht gerade erzählt, daß ich an dem Wochenende keinen Bock hatte, in das Scheißkrankenhaus zu fahren. Ich hatte total rumgesponnen, wie ich da die Nachttöpfe saubergemacht habe und daß es einem auch was bringt, alten Leuten zu helfen und so. Und nun mein Onkel mit dem Brief: »So, du hast also Oma und Opa angelogen.«

Wenn man bis drei zählen kann, dann weiß man ja vorher, wie so eine Spinnerei ausgeht. Aber bis drei zu zählen, das war nicht gerade meine Stärke. Hauptsache, du überstehst die nächste Minute ohne allzuviel Trouble. Das war so meine Devise.

Der Onkel

Er hatte ja vom Richter die Auflage bekommen, im Krankenhaus zu arbeiten. Und wir hatten keine Ahnung, daß er überhaupt nicht hingegangen ist. Seine Großeltern hat der Schlunzi ganz geschickt angeschwindelt. Im Krankenhaus hätten sie ihn sehr ordentlich behandelt und sogar alle »Sie« zu ihm gesagt.

Ich habe ihn mir dann vorgenommen und gesagt: »Warum lügst du hier rum? Das ist ja der letzte Hammer.« Dann habe ich ihm eine geknallt. Zweimal. Also nicht mit der Faust, sondern mit der flachen Hand. Er hat ganz entgeistert geguckt. Und ich habe gesagt: »Das ist dafür, daß du Oma und Opa belogen hast. Du hast Scheiße gebaut. Jetzt mußt du dafür geradestehen.«

Das hat er noch geschluckt irgendwie. Er ist am nächsten Morgen auch pünktlich zur Arbeit erschienen. Ich war da absichtlich ganz kurz zu ihm. Ich habe also gar nicht weiter mit ihm gesprochen. Er sollte ja merken, daß ich böse war. Irgendwann nachmittags ist er dann plötzlich abgehauen. Er ist nie wieder auf der Arbeit erschienen, obwohl ihm der Chef ein paarmal angeboten hat, als Ungelernter wieder anzufangen.

VI

Herr H.

Der Wohlstand ist es, der alles kaputtmacht. Die Leute wollen immer mehr und werden dabei immer unzufriedener. Da kommt Kundschaft zu mir in den Laden und schimpft, daß es zuwenig Weihnachtsgeld gegeben hat. Das ist doch unnormal. Seien wir doch mal ehrlich, eigentlich müßte es doch umgekehrt sein, und die müßten ihrem Chef was schenken. Der gibt ihnen doch schließlich Arbeit. Wo kommen wir bloß noch hin, wenn das so weitergeht?

Den Laden habe ich 1967 gekauft. Hat älteren Leuten gehört, ganz klein war er damals. Die wollten natürlich Bargeld sehen. Ich hatte zwar Erspartes, aber das reichte nicht aus. Da mußte ich noch Kredite aufnehmen. Ausgerechnet damals waren die Zinsen so hoch. Ich glaube, 10,9 Prozent. Ich kann Ihnen sagen, da habe ich manchmal nicht so gut geschlafen. Aber das habe ich auch gepackt. Wie gesagt, man muß nur wollen.

Morgens bin ich schon kurz nach sechs unten im Laden. Und abends wird es auch immer halb acht, acht. Ich muß ja noch klar Schiff machen, Leergut wegräumen und was so anfällt. Da ist man schon seine dreizehn, vierzehn Stunden auf Trab. Am Wochenende ist auch nicht groß was drin. Wenn die anderen ins Grüne fahren, muß bei mir der ganze Papierkram erledigt werden, Buchführung, Remis, so nennen wir die Zeitungen, die wir nicht verkauft haben. Die müssen ja auch zurück.

Seitdem ich hier drin bin, nicht einmal Urlaub, nicht einen Tag krank. Wir haben ja die Fuhlsbütteler Straße dicht dran, mit den großen Dingern, den Abholmärkten. Das bekommt man schon zu spüren. Wenn man da nicht auf Zack ist, dann erdrücken die einen.

15

Weihnachten war dann wie alles andere. Zu meiner Mutter bin ich Heiligabend gar nicht erst gegangen. Sie hatte mich auch nicht ausdrücklich eingeladen. Ich habe noch für alle irgendwie Geschenke zusammengekratzt. Für Carmen noch eine Kette mit Anhänger.

Eine Zeitlang habe ich bei Oma und Opa rumgehockt. Wir haben ferngesehen. Weihnachtslieder und so. Weihnachtslieder sind auch nicht gerade das, was dich happy macht, wenn du nicht in Stimmung bist.

Ich habe für mich mein Lieblingsspiel gespielt. Das war wirklich das Größte für mich, wenn ich besonders schlecht drauf war: Ich habe mir vorgestellt, daß ich schon in Ohlsdorf oder wo unter irgendwelchen vergammelten Kränzen liege.

Wie ich unter die Erde gekommen bin, war klar. Meine Alte hatte mich am Waschtag oben bei uns auf dem Trockenboden gefunden. Ich hatte die Wäscheleine um den Hals. Die Wäsche von irgendwelchen Leuten aus dem Haus lag einfach auf dem Boden und mußte noch mal gewaschen werden. Neben dem umgekippten alten Gartenstuhl, der da oben immer war, lag ein Zettel. Da stand mit zittriger Schrift drauf: »Bitte verzeiht mir. Aber ich habe keinen anderen Ausweg gesehen. Grüßt Anja von mir. Ich liebe sie. In Liebe, Euer Andi.«

Ich glaube nicht, daß mein Spiel etwas Besonderes war. Daß ich also irgendeine Vorahnung gehabt habe oder so was. Das spielt wahrscheinlich jeder mal durch, wenn er schlecht drauf ist.

Ich habe mir also vorgestellt, daß alle zusammen sitzen, unter dem Weihnachtsbaum, mein Vater ist auch da, und keiner sagt erst etwas. Mein Opa bricht dann die Stille und sagt: »Ja, daß der Andi das nicht mehr miterleben darf.« Meine Mutter weint ganz leise. Und meine Schwester Carmen geht raus, weil sie sich nicht mehr einkriegen kann.

Dann sagen sie: »Ein schlechter Kerl war er bestimmt nicht. Wir haben ja alle keine Ahnung gehabt, was in ihm vorging. Er hat nur so eine rauhe Schale gehabt. Wir hätten mehr auf ihn eingehen müssen. Er hatte sich doch noch ein Mofa gewünscht. Er hat ja so wenig vom Leben gehabt.« Und noch viele solche Sprüche. Ich konnte gar nicht aufhören, mir solche Sprüche zurechtzuspinnen.

Unter dem Tannenbaum steht ein Bild von mir in einem silbernen Rahmen, und über eine Ecke ist ein schwarzes Band geklebt.

Alle sind sowieso in Schwarz, wie es sich nun mal gehört.

Etwas später kommt Anja. Sie umarmt meine Mutter. Sie küssen sich und weinen. Anja sagt zu meiner Alten: »Mutti.« Und sie sagt, daß sie sich nie im Leben wieder in einen Jungen verknallen könnte.

Bevor ich den Scheiß so richtig zu Ende gesponnen habe, konnte ich immer selber nicht mehr dran glauben, weil es zu schön wurde. Immer, wenn ich schon beinahe selber heulen mußte, weil alles so tierisch traurig war, habe ich gedacht, daß wahrscheinlich alles ganz anders sein würde.

Wenn ich dann ganz cool über die Sache nachgedacht habe, bin ich drauf gekommen, daß vielleicht nur Carmen echt traurig sein würde. Meine Oma auch noch. Und meine Mutter würde denken: »O Gott, daß er mir das auch noch antun mußte.« Jedenfalls was in der Richtung. Hätte sie auch recht gehabt. Im Grunde genommen hätten wahrscheinlich alle nur gedacht, daß ich sowieso einen Triller unter dem Pony gehabt habe.

Und, ehrlich gesagt, ich hätte mich sowieso nie baumeln lassen. Das hätte ich nie gebracht, weil ich ziemlich feige war, wenn es um mich selber ging. Schlaftabletten oder so was vielleicht. Aber auch nur, wenn ich vorher total breit gewesen wäre.

Ich habe also aufgehört, rumzuspinnen und bin raus auf die Straße. Es gibt echt nichts Idiotischeres, als Heiligabend durch Dulsberg zu schleichen. Kein Schwein geht da am Heiligabend auf die Straße. Da traust du dich nämlich auch nicht, irgendwo anzuklingeln, nicht mal anzurufen, weil du überall diese Weihnachtsbäume in den Stuben brennen siehst. Ich will mich gar nicht weiter darüber auslassen, wie es Heiligabend in Dulsberg ist und vielleicht überall. Nicht mal an eine Flasche Bier kommst du dran, weil alles dicht ist.

Ich habe mich dann auf Silvester gefreut. Weil Holger jetzt eine eigene Wohnung hatte und Silvester eine Party gab. Silvester war ich mit Anja zusammen. Ich habe mich auf den Kuß gefreut, den ich ihr um zwölf geben wollte.

Irgendwann fingen die Kirchenglocken tierisch an zu bimmeln. Das war mir sonst nie so aufgefallen, was die für einen Krach machen. Das hörst du nur, wenn du Heiligabend rausgehst, weil auf den Straßen dann total Totentanz ist.

Ich bin zu Opa, weil ich plötzlich sicher war, daß die anderen auch noch kommen würden. Weil es auch eine Sauerei gewesen wäre, jeden Tag bei Opa rumzuhocken und ihn Heiligabend in seinem Dreck allein zu lassen.

Andi hatte keine schlechte Stimmung, als ich Heiligabend zu Opa kam. Frank, Detlef und Frank L. waren auch schon da. Andi sagte plötzlich aus heiterem Himmel: »Laßt uns doch mal in die Kirche gehen.« Wir dachten erst, der will uns verarschen. Aber er sagte das total ernst. Er meinte: »Läuft doch nichts anderes heute. Wir können doch mal sehen, was da in der Kirche läuft.« Die anderen fanden die Idee plötzlich auch gut. Andi hat bestimmt, daß wir in diese komische Kirche gehen. Das ist insofern komisch, weil die genau an der Ecke steht, an der das später passiert ist mit Andi.

Der Pastor hatte schon angefangen mit seinem Gelaber. Und Andi immer: »Schnauze, seid doch mal leise« und so, wenn einer einen blöden Witz riß oder einen Rülpser losließ. Die Rülpser waren kolossal laut in dieser komischen Kirche. Andi hat jedenfalls so getan, als ob er da echt zuhörte.

Und auf einmal, die haben gerade »Stille Nacht« gesungen, legte Andi los: »Kreuzberger Nächte sind lang.« Er hat richtig gegrölt. Wir natürlich mit: »Kreuzberger Nächte sind lang.« Und die anderen: »Stille Nacht, heilige Nacht.« Der Pastor hat immer lauter gesungen. Zum Schluß gab es noch Ärger mit dem Rausschmeißer, mit dem Kirchendiener also.

Das war aber typisch Andi. Erst: »Schnauze halten, hört doch mal zu« und so. Und dann dreht er total durch. Wie Silvester dann, als wir bei mir in der Wohnung gefeiert haben.

16

Silvester war der totale Joke angesagt. Wir haben tagelang über nichts anderes geredet. Jeder hat was vorbereitet. Jeder hat 'ne Mark hingelegt, soviel jeder konnte, und wir haben zum Trinken eingekauft und vor allem reichlich zum Knallen. Wir haben uns tierisch zusammengenommen, daß keiner vorher an die Vorräte geht. Das sollte wirklich das totale Ding werden dieses Silvester.

Ich habe gedacht, daß ich vielleicht das erstemal mit Anja schlafe. Weil wir eigentlich schon richtig zusammen waren. Wir haben nie darüber gesprochen. Das habe ich irgendwie nicht richtig gewagt. Weil Anja in der Richtung nie was hat fallen lassen. Sie wollte wohl auch nicht, daß alle das so mitkriegen, daß wir zusammen waren. Ich weiß es nicht. Aber Silvester sollten es alle sehen, daß wir zusammen waren. Vielleicht gerade, weil bei Holger gefeiert wurde.

Anja

Dieses Silvester war ein ziemlicher Reinfall. Nicht wegen Andi. Sondern ganz allgemein.

Andi wollte irgendwie immer wissen, was mit uns ist. Also, ich bin nicht richtig mit Andi gegangen. Wir haben jedenfalls nicht richtig gefragt: »Willst du mit mir gehen?« Das hört sich so doof an, finde ich. Bei mir jedenfalls hält eine Freundschaft nicht lange, wenn einer fragt: Willst du mit mir gehen? Mir kam das erst auch gar nicht so vor, daß Andi mit mir gehen wollte.

Aber er hat so komische Sachen gemacht. Er wollte immer irgendwie wissen, ob wir zusammen sind. Da hat er plötzlich gesagt, daß Holger wissen wollte, ob wir zusammen sind. Ich habe Andi gefragt: »Und was hast du gesagt?« Und er meinte: »Daß es zwischen dir und mir sowieso aus ist.« Ich meinte: »Bist du nicht ganz dicht?« Und er: »Laß doch, mal sehen, wie Holger reagiert.« Als ich über den Scheiß wütend wurde, meinte er: »Ach, das stimmt doch alles gar nicht, Muschi.«

Solche Spiele hat er also gemacht. Vielleicht, weil er auch eifersüchtig auf Holger war. Weil ich mal mit Holger zusammen war. Mindestens ein Jahr. Ich bin mit Holger auch nicht richtig gegangen. Wir waren eben nur zusammen. Von Gehen kann man da nicht sprechen, weil Holger viele Mädchen hatte. Ich habe ihn über seine Schwester Biggi kennengelernt. Die hat mich gleich gefragt: »Kennst du meinen Bruder?« Ich meinte: »Nee.« Und sie gleich: »Natürlich kennst du meinen Bruder. Du bist doch genauso hinter ihm her wie die anderen.«

Da hat Holger mich interessiert, und ich habe ihn getroffen. Er sah früher besser aus. Ich finde überhaupt nicht, daß er besonders gut aussieht. Bloß seine Art ist unheimlich niedlich. Deswegen waren auch tatsächlich alle Mädchen hinter ihm her. Er erzählt zwar Märchen. Aber wie er die erzählt, das ist unheimlich niedlich. Auch wenn er spinnt, daß es das gar nicht gibt. Nur um irgend was mit mir zu reden, weil er immer nicht wußte, was er mit mir reden sollte, hat er totale Scheiße erzählt.

Er hat ganz schön was los. Alle hatten eine unheimliche Angst vor ihm. Nur Andi nicht. Holger ist fies, wenn er sich mit jemandem schlägt. Andi hatte auch ganz schön was los, obwohl er nicht soviel Kraft hatte. Holger war stärker, aber Andi hatte bestimmt keine Angst vor ihm.

Mit Andi habe ich mich viel unterhalten. Wir konnten über alles reden. Wir haben uns vor allem unterhalten. Aber wir saßen dabei nicht so Arm in Arm da. Das konnte ich sowieso nicht gut ab.

Also Silvester war Andi mal wieder der ganz große Pechvogel. Das kam so. Wir waren alle bei Holger. Uwe hatte die ganzen Böller und so besorgt. Drei große Plastiktüten waren das, die in der Küche standen. Uwe war in der Küche und hat da mit einer Zigarette in der Hand groß angegeben. Dabei muß ihm wohl die Glut in die Plastiktüte gefallen sein.

Dann waren wir alle in der Stube und haben gerade so angefangen zu feiern. Es war ungefähr sechs Uhr. Andi ist noch mal in die Küche, um Getränke zu holen, da ging es schon los. Gerade als er in der Küche war, sind die Böller losgegangen. Das war ein Krach, wie ich ihn nie gehört habe. Das hörte gar nicht wieder auf.

Die Küchentür war gleich zugeflogen, und Andi da drinnen. Er kam auch nicht raus, und es krachte in der Küche immer doller. Holger stand vor der Tür und schrie: »Komm doch raus, komm doch endlich raus.« Aber es traute sich niemand, die Tür aufzumachen. Wir dachten schon, Andi ist hin. Dann kam er doch noch total bedeppert und qualmend aus der Küche gestolpert.

Die Luft in der Bude konntest du durchschneiden. Wir hingen alle hustend in den Fenstern. Als der Nebel einigermaßen weg war, konnten wir die Bescherung sehen. Alles verbrannt, geschmolzen, voll Ruß und Staub. Statt zu feiern, konnten wir erst mal saubermachen.

Nach zwölf hat Andi mich dann noch zu seiner Familie geschleppt. Da haben wir was getrunken. Aber die Stimmung war nicht gut da. Für Andi hat das neue Jahr dann ja auch gleich wieder ziemlich link angefangen.

*

Ich wollte unbedingt nach Hause Silvester um zwölf. Das heißt zu meinen Großeltern, weil meine Mutter da war. Die Feier bei Holger war auf ihre Art komisch. Jedenfalls das Ding in der Küche. Die anderen haben gedacht, daß Uwe das mit seiner Zigarette war. Ich bin mir da nicht so sicher. Weil es auch zuviel Zufall wäre, daß das Zeug wieder gerade dann in die Luft fliegt, wenn ich allein in der Küche bin.

Jedenfalls zuzutrauen wäre mir das gewesen, daß ich die Sache beinahe absichtlich selber angezündet habe. Ich hatte ja so idiotische Ideen. Andi von China-Böllern zerrissen. Das wäre so eine Schlagzeile gewesen, die mir gepaßt hätte.

Als es dann losging, habe ich tatsächlich gedacht, jetzt dreht der alte Andi seine Augen gleich auf Null. Das kann man gar nicht beschreiben, was da in Holgers Küche los war. Ich habe nur gestanden, und die vollen Ladungen flogen mir um die Ohren. Wie angeklebt habe ich gestanden. Schlappmann in Panik. Nachher war ich taub für ein paar Stunden. Die Brandflecken habe ich gar nicht weiter gemerkt nach ein paar Jägermeistern.

Mit Anja lief wieder nichts so richtig. Das war logisch, weil mit Anja nie was lief, wenn soviel Trubel war. Sie konnte es nicht ab, wenn man dann die Klette spielte. Sie war eine Frau, die auch ihre Freiheit brauchte.

Ich wollte sie aber wenigstens zu meiner Familie bringen in der Nacht. Sie wollte wohl auch. Daß ich sie zu meiner Familie brachte, um auf das neue Jahr anzustoßen, das hatte eben seine Bedeutung. Das machten die anderen nicht. Ich habe auch gedacht, daß meine Alte, Oma und Opa und so sich sagten: Mensch, wie kommt der Andi zu dieser Klassefrau, an der nun wirklich nichts auszusetzen ist, die aus einer astreinen Familie mit ziemlich Kohle kommt.

Ich habe mich tierisch gefreut, zu Oma und Opa zu kommen, weil die auch bestimmt nicht damit rechneten, daß ich um kurz nach zwölf bei ihnen auftauchen würde mit meiner Braut. Sie haben sich, glaube ich, auch gefreut. Wir haben gleich Sekt gekriegt. Aber es war irgendwie dicke Luft in der Stube.

Der Verlobte von meiner Mutter war nicht mehr da. Darüber war ich ganz happy. Andererseits war dicke Luft, weil es natürlich den üblichen Festtagskrach mit ihm gegeben hatte. Alle hatten schon ganz schön geschlabbert, und ich war auch nicht gerade der Nüchternste. Anja muß das gecheckt haben und ist gleich wieder weg.

Es fing wohl damit an, daß ich gefragt habe, ob meine Schwester Carmen noch mal mit dürfte zu Holger. Sie wollte unbedingt noch mal mit, weil zwischen ihr und Uwe was in Gange kam. Uwe war für sie mit ihren vierzehn Jahren das Größte. Er war ja auch in Ordnung. Geht in die Lehre und alles.

Meine Mutter aber sofort tierisch laut: »Kommt nicht in Frage« und so. Carmen weinte. Ich habe wohl gemotzt. Jedenfalls fing meine Alte an mit Sprüchen: »Du bist ja schon wieder betrunken, wie siehst du überhaupt aus« und so. Genau kriege ich das nicht mehr zusammen, weil ich wirklich einigermaßen breit war und mir die Scheißknallerei auf den Ohren lag. Jedenfalls habe ich plötzlich einen tierischen Haß auf die Alte gekriegt. Weil ich es einfach nur gemein fand, daß sie Carmen nicht noch mal zu Uwe ließ. Vielleicht auch, weil sie sonst gar nicht weiter mit mir geredet hat und nur wieder mit den Sprüchen anfing. Ich hatte schon manchmal plötzlich so einen tierischen Haß auf meine Alte gekriegt.

Ich meine, sie war mal wieder voll wie eine Haubitze. Trotz Kur und so machte sie mich an wegen ein paar Jägermeistern. Ich habe vielleicht was in der Richtung fallen lassen. Ich habe wohl was gesagt, was man zu seiner Alten nicht sagt, auch wenn man zufällig gerade einen tierischen Haß hat.

DIE MUTTER, DIE GROSSELTERN

Mutter: Meine Eltern haben noch Fotos von Silvester. Auch von dem Jungen und dieser Anja. Das war ganz traurig. Prost Neujahr, und jeder hat geheult. Auch wegen Andreas. Ich habe geheult, und meine Mutter muß dann immer mitheulen, wenn ich heule.

Mit meinem Verlobten war es aus. Er kam aber noch mal und hat Terror gemacht. Mein Vater hat ihn dann vor die Tür gesetzt mit Gewalt.

Und dann kam Andreas noch rein mit dieser Anja und brachte Carmen zurück. Erst sagt er noch: »Komm, Mutti, wir tanzen.« Er hat früher oft mal mit mir getanzt. Er ist dann immer einfach so gekommen und hat gesagt: »Komm, Mutti, wir tanzen.« Er hat sehr gern und sehr gut getanzt.

Er hatte aber auch schon viel getrunken und wurde dann patzig. Er wurde so frech, daß ich wieder geheult habe. Ich war sowieso schon wieder mit den Nerven fertig. Ich habe gesagt: »Gleich kriegst du eine geknallt.« – »Von wem«, sagt er. Und dann: »Ha, ha, ha, muß ich aber lachen.« Ich war so wütend, ich habe nur noch gesessen und geheult.

Da hat mein Vater ihn genommen und gesagt: »So, Andreas, Schluß hier. Hier kommst du nicht mehr rein. Jetzt sieh zu, wo du bleibst.« Das war so kurz nach zwölf.

Großmutter: Silvester, na ja, mein Mann war ein bißchen erregt, weil es vorher schon den Ärger mit dem ehemaligen Verlobten von meiner Tochter gegeben hatte. Andreas war nicht gerade nett zu seiner Mutter, das hat meinen Mann so geärgert. Irgendeine dumme Antwort hat er gegeben, und da haben wir gesagt, du redest nicht mit deinesgleichen, das ist deine Mutter.

Aber sonst, wie gesagt, wir konnten uns nicht beschweren. Er war oft zu niedlich hier. Nur Silvester, da hat mein Mann gesagt, ein- und für allemal raus hier. Deswegen wurde das mit der Arbeit auch nichts mehr. Er wollte nach Neujahr wieder anfangen bei meinem Sohn. Das war fest verabredet auch mit dem Chef.

Großvater: Als er frech wurde, habe ich gesagt: »Nun aber raus.« Dann habe ich ihm eine gefunkt. Ich denk, der fliegt die Treppen runter. Ich will nicht sagen, daß ich ihn laufend geschlagen habe. Das war, wie gesagt, an dem Tag eben, aber ordentlich. Reflexbewegung.

17

Na ja, Gongschlag zur vorletzten Runde. Andi hat sich links eine eingefangen und dann noch eine rechte Gerade. Er rannte voll rein in die Dinger. Mann, ist das ein idiotischer Fighter. Aber er steckt die Dinger weg. Er geht nicht auf die Bretter, der Idiot. Mann, was kann die weiche Birne noch ab.

Sportreporter wäre ich übrigens gern geworden. Oder Profiboxer eben. Ich habe auch mal angefangen zu trainieren. Bei zwei Zuhältern, die hatten bei uns in der Nähe so eine Art Boxschule. Die haben gesagt, daß ich unheimlich Talent hätte. Ich müßte nur arbeiten an mir. Aber nach ein paar Mal hatte ich keinen Bock mehr auf Seilhüpfen.

Da bin ich also schwer angeschlagen von Oma und Opa raus in den Schnee. Das war nämlich die Nacht, wo es wieder so tierisch geschneit hat. Eine echte Katastrophe war das für Schleswig-Holstein und für mich.

Ich weiß echt nicht mehr, was für ein Film dann lief. Totaler Riß. Ich muß wohl irgendwo noch was gesoffen haben. Und dann bin ich doch zu Boden gegangen. In einen Schneehaufen hat es mich geschmissen. Bei Opa in der Gegend. Vielleicht war ich auf dem Weg zu Opa, weil ich sonst nichts gefunden hatte, wo ich bleiben konnte. Vielleicht wollte ich auch sowieso zu Opa, weil Opa so ziemlich der einzige Erwachsene war, mit dem ich klar kam.

Opa W.

Ja, die Nacht, in der ich ihn draußen gefunden habe: Es muß wohl etwas geben, das gesagt hat, Opa, geh noch mal raus. Es hat so doll geschneit, der Schnee ging bald bis zu den Knien. Daß ich da mit meinen sechsundsiebzig Jahren noch mal raus bin, ist gar nicht ganz zu erklären.

Wenn ich ihn nicht gefunden hätte, wäre er wohl auf der Polizeiwache gelandet gleich im neuen Jahr. Der Beamte aus dem Peterwagen hat ja ganz erleichtert zu mir gesagt: »Dann tauen Sie ihn aber gut auf.«

Ich habe die ganze Nacht kein Auge zugetan, weil ich den Ofen immer nachlegen mußte und Andi beobachten wollte, ob er sich nicht doch was geholt hat. Morgens war er dann schon ganz fidel. Ich habe ein paar Töpfe Wasser heiß gemacht, meine Sitzbadewanne in den Flur gestellt und das Wasser reingefüllt. Fichtennadelsalz habe ich noch dazugetan. Das mochte er ja so gern. Er hat überhaupt gern gebadet in der Sitzbadewanne. Bald jeden Tag. Er war ja so reinlich. Ein Fußbad mußte es wenigstens sein. Immer mit Fichtennadelsalz. Ich habe ihm zugeguckt beim Baden.

Und wenn ich heute mal die Wäsche waschen will, denke ich unwillkürlich, oh Gott, denke ich, der Junge sitzt ja in der Wanne. Vergessen kann ich ihn eben nicht.

In der Wanne ist er dann richtig aufgetaut. Er hat sogar wieder angefangen, leise zu singen. Er hat ja so gern und so gut gesungen. Und nachdem er sich wieder angezogen hatte, haben wir uns erst mal richtig unterhalten.

Er erzählte dann: »Die haben mich doch rausgeschmissen. Verrecken kann ich, haben sie gesagt. Was soll ich nun machen?« Erst meinte ich: »Das kann doch gar nicht wahr sein.« Und dann: »Also, hör mal zu, du bleibst jetzt hier. Dies ist jetzt dein Zuhause«, sagte ich. »Wenn sie dich nicht haben wollen, dann machen wir es so, daß wir dich hier auch anmelden.«

Gleich nach Neujahr sind wir erst mal einkaufen gegangen. Sofort morgens wollte er Zahnbürste, Zahnpasta und Armspray. Das Armspray war ihm auch sehr wichtig. Und verschiedene Salben,

Glyzerin-Salbe und Nivea-Creme. Er war ja so bedacht auf sein Äußeres. Anja mußte danach immer sein Zeug mitnehmen zum Waschen, weil ich keine Waschmaschine hatte.

Dann sind wir eine Hose kaufen gegangen, weil er nur die eine mithatte und die ganz dreckig war von Silvester. Da hat er noch ein Hemd gesehen, das ihm gefiel. Ich sage: »Selbstverständlich, mein Junge, das kannst du dir mitnehmen.«

Es war Mittag, und ich sage: »Hier ist ein Imbiß, hier kannst du dich erst mal sattessen.« Im Schaufenster hat er eine kleine Platte von Heidi entdeckt. Die haben wir auch noch mitgenommen, weil ich wußte, wie gern er Heidi mochte. Er mochte alle Märchen überhaupt gern. Im Radio hat er immer Kinderfunkstunde gehört. Er war ja auch noch ein Kind, das praktisch ausgesetzt worden war.

Dann habe ich noch auf seine Schuhe geguckt. Da war eine Sohle schon los. Ich sage: »Mit denen kannst du nicht gehen, die müssen zum Schuster.« – »Ja«, sagt er, »das wird doch zuviel. Wir müssen auch deine Wohnung mal richtig einrichten.« Ich sage: »Du kriegst jetzt ein paar Schuhe.«

Da hat er vor Freude geweint, und ich mußte tatsächlich mitweinen. Er hat mich so umfaßt und gesagt: »Opa, Opa, du bist der Beste. Du und mein Vati. Ich habe ja sonst keinen Menschen, zu dem ich noch hin kann.«

Und ich sage, als er mich noch so umfaßt hat mitten auf der Straße: »Bleib du man bei mir. Wir gehen durch Dick und Dünn, laß kommen, was will«, sage ich. »Denn du warst ja die letzte Zeit regelrecht wie ein Stück Wild im Wald, das gehetzt wird. So war es mit dir, und so war es mit mir auch oft im Leben. Nun werden sie uns beide in Ruhe lassen. Bei mir liegst du ruhig und warm und trocken.« Dann sind wir nach Hause gegangen und haben noch ein bißchen ferngesehen zusammen.

*

Ich dachte, mir hat jemand mit dem Hammer die Birne eingedetscht, als ich bei Opa aufwachte. Ich habe immer noch gebibbert, innerlich wenigstens. Ich hatte natürlich keinen Schimmer, wie ich überhaupt zu Opa kam. Aber Opa war so irre nett zu mir, daß mir gleich wärmer wurde. Ich habe mich zuerst auch gar nicht weiter angestrengt, zusammenzukriegen, was denn an diesem Silvester so alles passiert war.

Erst in der Badewanne hat das langsam bei mir getickt. Dann

habe ich gedacht, daß es gut ist, daß ich bei Opa bin, weil Opa so riesig nett zu mir war. Aber Opa hat mich dann so angestarrt, als ich in der Badewanne saß. Plötzlich habe ich gedacht: Mensch, Opa ist schwul oder was. Weil ich mir vielleicht nicht vorstellen konnte, daß jemand riesig nett zu mir war, ohne daß er was dafür kriegt.

Opa hat dann gesagt: »Es ist schön, wenn man so jung ist.« Oder so ähnlich. Da habe ich keinen Scheiß mehr gedacht. Ich habe mich tierisch wohlgefühlt in dieser alten, dreckigen Badewanne und bei Opa.

Ich habe versucht, den Geruch von unserer Wohnung aus der Nase zu kriegen. Und ich habe mir geschworen, nicht mehr wegen dieses Scheißmiefs zu heulen.

Wir haben zusammen gequatscht. Das heißt, Opa hat meistens von früher erzählt und ich von jetzt. Ich habe gemeint, was ich jetzt für eine Arbeit annehmen sollte. Und Opa hat dann losgelegt: »Die Kohle, der Bergmann, das ist das Wichtigste für die Wirtschaft. Ich war lange Jahre im Pütt. Der Bergmann wird immer gebraucht.« Ich meine, daß mir das dann nicht gerade viel gebracht hat, weil es in Hamburg kein Bergwerk gibt.

Oder ich habe gesagt, daß ich keinen Bock habe, jetzt irgendeine Dreckarbeit anzunehmen für ein paar Mark, daß mir das auch irgendwie Spaß machen muß. Dann fing er an: »Als ich so alt war wie du, da hatten wir Inflation und Millionen von Arbeitslosen. Damals hat man alles angefaßt für ein Stück trocken Brot.«

Das lief ungefähr bei allem so, über das wir geredet haben. Wir haben jeder unsere Platte abgeleiert. Der eine Rock 'n' Roll, der andere Tango. So ungefähr. Und ich dachte noch, daß Opas Platte einen Sprung hat, weil er immer wieder mit derselben Rille kam. Dabei haben wir beide einfach total auf verschiedenen Wellen gefunkt oft. Deswegen konnte ich mit Opa auch nicht über alles reden. Gerade über die Sachen, die für mich damals wichtig waren, konnte ich nicht reden.

Opa W.

Andi hat auch manchmal geweint. Dann wußte ich, daß er ein Problem hatte, über das er mir nichts sagen konnte. Er wollte dann auch nicht, daß ich mit ihm rede. Ich konnte das verstehen, weil ich das selber kannte.

Das war eine schöne Zeit, als Andi hier war. Wir haben uns sozusagen aufeinander eingespielt. Weil ich mein ganzes Leben früh rausmußte, um zu arbeiten, bin ich immer so um viertel nach fünf, halb sechs aufgestanden und habe meine Runde im Park gemacht. Das ist so meine Gymnastik. Der Park ist mein zweites Zuhause. Da habe ich die Kinder auch kennengelernt. Die sind auch alle am liebsten im Park. Ich füttere da die Vögel. Einige Vögel kenne ich schon direkt. Dann habe ich da noch ein Eichhörnchen-Pärchen, dem ich immer Nüsse mitbringe.

Wenn ich zurückkam von meiner Runde, so gegen sieben, habe ich Kaffee gekocht und bin vielleicht noch mal los und habe Brötchen geholt, weil ich wußte, er mag so gern morgens schöne, knusprige Brötchen.

Mittags gab's oft Bohnensuppe oder Erbsensuppe. Das war sein Leibgericht. Oder Kohlrouladen. Die mochte er auch sehr. Und dann Bratkartoffeln. Er sagte immer: »Du kriegst die so gut hin, so bräunlich. Bei Mutti waren sie immer so schwarz.« Und mit Zwiebeln mußten sie sein, mit vielen Zwiebeln. Er hat immer tüchtig reingehauen. Manchmal habe ich auch eine Flasche Bier dazugegeben. Da habe ich auch mal eine mitgetrunken, obwohl ich eigentlich kein Biertrinker bin. Und ich hatte es auch nicht gern, wenn der Junge trank.

Wenn ich also morgens mit den Brötchen kam, war Andreas schon in Gange meistens. Er hat gedeckt. Wir haben uns lange unterhalten. Und dann hat er sein Bad genommen oder gestaubsaugt. Dabei hat er immer gesungen. Danach ging er oft einkaufen. Er hat sich eine Liste geschrieben, hat immer gesagt, das brauchen wir noch, Opa, und das, wenn mein alter Kopf nicht mehr so gut funktioniert hat. Im Laden haben sie mir gesagt: »Sie haben einen so ruhigen, ordentlichen und freundlichen Einkäufer.« Er hat mir dann die Kassenbons hingelegt und das Wechselgeld. Das war immer korrekt bis auf den Pfennig.

Andreas hat mich auch immer so an meinen Sohn erinnert. Der starb sehr früh, an Mutters Geburtstag, der Emil, am 29. Dezember. Und meine Tochter, die Elisabeth Franziska, ist auch ganz früh von uns gegangen. Das Mädchen hatte Lungenentzündung. Der Junge auch. Aber der hatte dazu noch etwas mit dem Herzen. Das war gleich nach dem Krieg, als es nichts gab.

Mir hat das Leben sozusagen auch nichts geschenkt. Was die Arbeit angeht, habe ich alles angefaßt. Das Arbeitslose konnte ich nicht. Im Bergbau, Hoch- und Tiefbau bin ich gewesen. Mich haben sie eigentlich immer dahingebracht, wo die härteste Arbeit war. Hier im Norden habe ich bei allen Autobahnen von früher mitgearbeitet. Mit dem Auto bin ich eigentlich nie darauf gefahren, weil ich auch nie ein Auto hatte. Den ganzen Westwall habe ich im Krieg auch mitgemacht. Aber der hat ja nachher gar nichts gebracht.

Und jetzt bekomme ich nur die halbe Rente. Die rechnen meine Arbeit erst von der Adenauer-Zeit an. Warum, habe ich nie begriffen. Dafür bin ich seltener Gast der Krankenkasse, denn ich habe noch nie einen Arzt gesehen. Tabletten essen kenne ich nicht. Ich mache es wie schon meine Großeltern: Morgens einen Schnaps, mittags einen Schnaps und abends. So sind wir das gewohnt, und dabei habe ich mich immer wohlgefühlt.

Letzten Sommer hat Andreas noch so gelacht. Da wollten die Jungs Fußball spielen im Park, und ich sage, Opa geht ins Tor. Und dann habe ich ihnen das gezeigt. Der Junge konnte vor Lachen nicht mehr. Ich sage: »Glaub man nicht, daß ich den Ball nicht mehr kriege.« Dann habe ich ihn auch mal gekriegt. Da sage ich: »Und nun geht Opa in den Sturm und zeigt euch, wie fein er Tore ballert.« Hat der Junge gelacht.

Zu Hause sage ich ihm: »Übrigens, ich fahr auch noch Rad.« Das konnte er nicht fassen, und ich habe es ihm vorgemacht. Da konnte er auch nicht vor Lachen und hat immer gerufen: »Opa fährt Rad! Opa fährt Rad!« Wir haben ja soviel Spaß zusammen gehabt. Er hat so an mir gehangen.

Wenn ich mal mit ihm und den anderen im Park marschiert bin, so mein normales Tempo, dann haben die Jungs immer gesagt: »Mensch, Opa, wir sind doch keine Rennläufer.« Die sind also kaum mitgekommen. Die Jungen heute haben vielleicht nicht mehr soviel Mumm wie wir früher. Die lassen den Kopf leicht hängen. Sie geben auf, obwohl für sie das Leben ja erst anfängt.

Ich mußte Andreas richtig Mut machen und ihn an die Hand nehmen, wenn wir zum Arbeitsamt hin sind. Er meinte schon immer vorher: »Opa, die haben ja doch wieder nichts für mich.« Dann hatten sie auch tatsächlich nie was für ihn. Und zu seinem Onkel in die Lackiererei traute er sich nicht mehr richtig hin, nachdem soviel vorgefallen war. Er fühlte sich ja von der ganzen Familie verstoßen.

Es fehlt eben vielen Jungen und Mädchen auch heute der Mut, das Leben anzupacken. Es liegt ja auch zu Hause bei den Kindern oft manches im argen. Das gab es früher wohl vereinzelt auch, aber nicht so.

Ich bin trotzdem immer mit der Jugend zurechtgekommen. Ich finde auch überhaupt nicht, was man immer wieder hört, daß die Alten und die Jungen nicht miteinander auskommen. Ich kenne ja nun viele ältere Menschen aus der Nachbarschaft und aus dem Park. Ich kommen mit vielen zusammen, und die mögen diese Jungs und Mädchen alle. Sie sind alle auf der Seite von den Kindern, die zu mir kommen. Und sie sagen auch: »O weia«, sagen sie, »wenn Opa mal was passiert, dann sitzen die jungen Leute aber ganz schön da.«

Mir haben sie immer viel Freude gemacht. Ich habe noch Kartenspielen gelernt, weil die Jungs so gern Karten spielten. Ich habe auch die Spiele angeschafft, die es heute so gibt: Das Große Eumelspiel, Denke-Rate-Rechne, Square und so weiter. Nachdem meine Frau gestorben ist und ich dann ganz allein war, hat mir das auch geholfen mit den Jungs und Mädchen, auch wenn ich mich mal über sie geärgert habe. Oder wenn es oft ein bißchen viel ist, weil die ja sonst nichts haben, wo sie hingehen können. Dann ist die Bude so voll, daß ich keinen Platz mehr habe und auf dem Feuerholz sitze oder in der Küchentür stehe oder rumgehe und ihnen zusehe. Ich kann sowieso nicht lange sitzen.

Am meisten Freude aber hat mir Andreas gemacht. Wir haben soviel zusammen gelacht. Und auch geweint. Weinen mußte er, als seine Mutter dann auftauchte und sein ganzes Zeug, die alten Fußballklamotten und so, einfach hier abgab. Einerseits hat sie gewettert, daß Andi bei mir wohnte, und andererseits hat sie seine Fußballsachen hier in den Flur gelegt. Die habe ich noch aufbewahrt. Die Mutter wollte rein gar nichts mehr mit ihrem Jungen zu tun haben. Und er war ja erst fünfzehn damals.

Und dann kam auch sein Bruder, dieser kleine Holger, der ist vielleicht zehn. Er fragt mich ganz artig: »Ist Andreas da?« Ich sage: »Der ist beim Schuheputzen. Geh mal hin.« Wenn man das gesehen hat, die beiden. Die haben sich so umklammert und geweint, mir fielen direkt die Tränen auf den Tisch. Und der kleine Holger sagte: »Du, Andi, ich habe dich so lieb. Glaubst du das?« Und Andreas sagte nur: »Ich dich auch.« Weil er so geweint hat und gar nicht weiter reden konnte.

18

Wenn es nach Opa gegangen wäre, dann hätte ich bei ihm in der Stube gehockt, wenn ich nicht gerade mit ihm durch den Park gezogen wäre. Das hältst du auf die Dauer natürlich nicht aus. Ich war sowieso nicht der Typ, der lange auf seinem Arsch hocken kann.

Und wenn ich loszog mit den anderen, vor allem mit Holger, dann passierten wieder die Dinger. Auch weil ich echt nicht gut drauf war nach der Sache Silvester. Weil ich danach noch mehr gesoffen habe und dann diese Scheißwut hatte. Und meistens kein Geld, um weiterzusaufen.

Logisch, ich wollte das nicht. Ich wollte arbeiten eigentlich und irgendeine eigene Wohnung. Ich wollte schon deshalb keinen Scheiß mehr bauen, weil ich das Gefühl hatte, daß meine Alte nur darauf wartete, mich ins Heim wegzukriegen. Aber dann habe ich mich auch noch von den Bullen fangen lassen.

Ich war mit Holger und Frank L. auf Tour. Wir haben einen Zug durch Wandsbek gemacht und waren dann ganz gut abgefüllt, und die Kohle war weg. Die anderen wollten eigentlich nach Hause. Und ausgerechnet ich habe dann angefangen rumzuspinnen: Ich hätte keinen Bock, schon zu Opa zu gehen und so. Irgendwie hatte ich echt keinen Bock auf mein Bett bei Opa. Ich meine, ich mochte Opa, er war ja wirklich okay. Aber das war da trotzdem kein Zuhause für mich. Ich konnte nicht auf den Dreck bei Opa. Ich konnte nicht immer bei Opa sein. Das waren jedenfalls so Gefühle, die ich manchmal hatte. Diese Nacht eben auch. Vielleicht war ich Arschloch es auch, das auf die Idee gekommen ist, in den Schwulenpark zu gehen. Weil ich ja einen Haß hatte auf Schwule, seitdem das beim Zeitschriftenaustragen passiert war. Die anderen fanden die Idee nicht schlecht, so einem Typen ein paar Mark für ein paar Extrabier abzuknöpfen.

Im Park steuerte auch gleich so eine Schwuchtel auf Holger und Frank zu. Komisch, ich bin gleich zurückgeblieben und habe mich auf eine Bank gesetzt. Ich war ja nicht gerade ein Feigling. Aber irgend etwas in meinem duhnen Kopf hat da mal richtig geschaltet.

Holger und Frank hatten den Schwulen gerade in der Mangel, da habe ich die Bullen schon entdeckt. Und die mich auch. Sie haben mich als ersten gegriffen, obwohl ich in der Sache bis dahin ja keine Aktien drinhatte.

Die anderen beiden haben sie auch gegriffen. Und Holger war plötzlich trotz seines Suffkopfs total deprimiert. Er hat sofort gecheckt, was auf ihn zukam. Er hat mir zugeflüstert: »Scheiße, jetzt ist meine Bewährung weg.« Ich habe geflüstert: »Laß man, ich dreh das schon.« Aber er hat gar nichts begriffen und war immer noch total deprimiert.

Auf der Wache habe ich dann gleich rumgesponnen, immer auf Holger gezeigt und gesagt: »Den lassen sie mal wieder laufen. Den kennen wir gar nicht. Der hat mit der Sache nichts zu tun. Ich gebe ja zu, daß ich es war. Ich habe dem Typen eine gedröhnt, weil der mir an die Wäsche wollte.«

Den Zirkus hätte ich mir allerdings sparen können, weil die Bullen sowieso alles ungefähr mitgekriegt hatten. Ich hatte jetzt nur in die Sache meine Aktien eingebracht, und die konnten mir ein Verfahren anhängen.

Aus einer Anklageschrift gegen Holger M., Frank L. und Andreas Z.

Holger M. und Frank L. verlangten gegen Mitternacht im Jacobipark in Hamburg-Wandsbek von dem geschädigten R. in der Absicht, irgend etwas Verwertbares zu erlangen, zunächst Zigaretten, warfen ihn auf dessen Weigerung hin, »freiwillig« Zigaretten herauszugeben, mehrfach auf den Boden, wobei dieser im Fallen mit dem Kopf auf die Einfassung eines Pflanzenbeetes schlug und sich eine stark blutende Kopfwunde zuzog, hielten ihn sodann nieder und stießen ihn mit dem Kopf gegen die Umrandung des Beetes und verlangten Herausgabe von Geld, durchsuchten auf die wiederholte Mitteilung des Geschädigten hin, er habe nichts bei sich, seine Kleidung, fanden jedoch nichts und ließen deshalb von ihm ab und liefen davon, wobei M. ca. 1,3/1,4 Promille und L. ca. 1,6/1,7 Promille Alkoholgehalt hatten, Andreas Z. machte vor Beamten der Polizeidienststelle FD 631 im Rahmen einer verantwortenden Vernehmung bewußt falsche Angaben über die Beteiligten an dieser Straftat, wobei er sich selbst und L. als Täter bezichtigte und die Teilnahme von M. abstritt, um seinen Freund vor einer Strafverfolgung zu schützen. Vergehen strafbar nach §§ 258 Abs. 1 und 4 StGB, 1,3 JGG.

*

Aus der Wache haben die mich dann mit dem Peterwagen zu meinen Großeltern gebracht, weil ich noch bei denen gemeldet war. Mein Opa konnte mich ja nun auch nicht gleich wieder rausschmeißen, als die Polizei mich brachte. Er hat gesagt, daß er mich erst mal einsperrt.

Ich Idiot bin sofort zum Klofenster wieder raus, habe mir ein Taxi geschnappt und bin zurück zur Wache. Da habe ich dann vor den Bullen weiter rumgesponnen: »Ich war das, Sie können mir das jetzt echt glauben.«

Da hat plötzlich einer von den Bullen zu mir gesagt: »Nun mach mal, daß du ganz schnell hier rauskommst. Du hast Glück, wenn wir dich überhaupt noch weglassen. Für dich liegt nämlich eine Heimeinweisung vor.«

Ich habe noch gesagt: »Das ist doch gesponnen. Das kann ja gar nicht stimmen.« Der Bulle hat fies gegrinst und gemeint: »Deine Mutter wird dir doch wohl gesagt haben, daß sie eine Heimeinweisung für dich beantragt hat.«

Da war ich dann k.o. Ich bin rückwärts raus aus der Wache. Geahnt hatte ich ja so was. Die Bullen waren nur zu faul, sich da nachts noch weiter mit mir rumzuärgern. Nach mir wurde ja auch noch nicht direkt gefahndet oder so. Ich habe aber gedacht: »Jetzt bist du also auf der Flucht, Andi.« Und noch allerlei weinerlichen Kram habe ich gedacht.

19

Einen der nächsten Tage habe ich dann echt gelacht. Das war allerdings bestimmt die seltsamste Lache, die ich je gebracht habe. Mit dem Lachen ist es ja überhaupt so eine Sache.

Ich meine, es ist ungeheuer wichtig, wie Leute lachen. Du erkennst Leute daran, wie sie lachen. Die zum Lachen in den Keller gehen, die kannst du vergessen. Die Typen, die nie lachen, aber so ein ewiges Grinsen im Face haben, das waren für mich die Fressen zum Reinhauen. Ich meine, dieses arrogante Hascher-Grinsen von den langhaarigen Oberschülern, darauf konnte ich total nicht.

Auf Leute, die laut über Witze lachen, die gar keine Witze sind, habe ich nicht gerade gestanden. Davon hatten wir auch welche in der Clique. Total verblödet. Das schlimmste ist, wenn Weiber beim blödesten Witz loskreischen, als ob sie sich die Hose bepissen.

Mein Vater konnte lachen. Holger hatte dieses Lachen, mit dem er jeden um den Finger wickelte, vor allem die Frauen. Das war ein komisches, trauriges Lachen. Am schönsten lachen konnte meine Schwester Carmen. Die hat ganz leise gelacht und mehr mit den Augen als mit dem Mund.

Meine Alte, die hat überhaupt nicht mehr gelacht. Höchstens, wenn sie breit war.

Aus Anjas Lachen bin ich nicht schlau geworden. Das hat mich auch gereizt, daß ich ihr Lachen nicht unterbringen konnte. Sie hatte irgendwie immer eine andere Lache drauf. Du hast nie gewußt, ob sie wirklich lacht.

Echt interessiert hätte mich, wie das mit mir war. Du siehst und hörst dich ja nie selber lachen. Wahrscheinlich war ich einer von den blöden Typen, die nicht lachen können und deshalb nur am Lachen sind. Anja hat mir jedenfalls mal so was ähnliches gesagt. Ich bin da beinahe ausgerastet. Logisch. Die größten Arschlöcher sind ja auch die, die ausrasten, wenn du Arschloch zu ihnen sagst.

Mein Ding war es jedenfalls eher, die anderen lachen zu lassen. Das war eben einer von meinen ganz dicken Sprüngen in der Schüssel, daß ich immer dachte, alle müßten über mich in einer Tour lachen. Den Oberkasper vom Dulsbergpark habe ich gemacht. Hauptsächlich wegen Anja. Und die hat nicht oft über mich gelacht. Also, ich bin darauf gekommen, weil ich selten so blöde gelacht habe wie an dem Morgen bei meiner Mutter. Aber das muß ich von vorn erzählen.

Ich bin an dem Morgen nämlich tatsächlich zu meiner Alten hin. Weiß ich, warum. Weil ich unsere Wohnung mal wieder riechen wollte, vielleicht. Weil ich dachte, ich könnte mit ihr noch mal reden. Irgendwie muß ich geglaubt haben, sie sagt, daß das mit der Heimeinweisung nicht stimmt. Daß sie es mit mir noch mal versuchen will oder so was. Ich wollte ihr jedenfalls eine Menge sagen. Ich hatte mir das immer wieder überlegt, was ich ihr sagen wollte, wenn ich im Park rumgelaufen bin oder wenn ich bei Opa gehockt habe.

Aber dann hat sie mir die Tür aufgemacht und hat mich ganz entsetzt angeguckt. Sie hat nichts weiter gesagt und ich auch nicht. Das war wie immer mit uns. Sprüche höchstens. Ich war rotzig zu ihr und habe gedacht, daß ich vor allem gekommen bin, um zu baden.

Andreas tauchte dann mal plötzlich bei mir auf, als sie ihn schon suchten, weil er ins Heim sollte. Er setzte sich dann in den Sessel, hatte noch Schuhe an und legte die Füße auf den anderen Sessel. Ich habe gesagt: »Nimmst du bitte mal deine Schuhe da runter?« Hat er auch gleich getan. Aber ein paar Minuten später hatte er die Füße wieder auf dem Sessel. So war er eben. Ich habe dann gefragt: »Was willst du?« Und er meinte: »Baden.«

Ich sagte ihm: »Wieso das? Ich denke, du wohnst bei Opa W. Der hat doch auch eine Wanne. Da sagte er nur: »Die ist mir zu dreckig.« Ich sagte: »Der wird doch wohl Ata oder so was haben. Dann schrubb sie aus.« Er nur: »Nee, mag ich nicht.« Dann habe ich ihn also baden lassen. Denn eins muß man sagen, daß er ein unwahrscheinlich sauberer Mensch war. Der hat jeden Tag andere Strümpfe, jeden Tag andere Unterwäsche angezogen. Und dann stand er vor dem Spiegel, hat sich gekämmt und poliert. Also sauber war er bis zum Gehtnichtmehr.

*

Mir kam das so vor, als hätte ich nie in einer anderen Badewanne als in unserer Badewanne gesessen. Meine Mutter hat mir alles gebracht. Badeschaum, Handtuch und so. Ich habe gesungen. Stundenlang habe ich in dieser Badewanne gesessen, glaube ich. Ich wollte wieder mit meiner Alten reden. Ich dachte, daß sie doch wahnsinnig lieb war, wie sie mir das größte Frottierhandtuch gebracht hat.

Dann hat es geklingelt. Ich dachte, Holger oder Carmen kommen aus der Schule, und habe mich gefreut. Dann habe ich eine Männerstimme gehört. Ich bin ganz tief eingetaucht in das Badewasser, bis zum Kinn. Mir war irgendwie kalt. Ich kannte die Stimme, ich hatte irgendwie Schiß. Aber ich konnte die ölige Stimme nicht unterbringen.

Das Rätsel hat sich dann schnell gelöst. Herr V., mein Fürsorger, stand im Flur mit einem Kollegen, der den gleichen Bart hatte wie alle Fürsorger. Und meine Mutter hat irgendwann gesagt: »Andreas, die Herren wollen dich abholen ins Heim.«

Damit komme ich wieder aufs Lachen zurück. Ich habe nämlich gelacht. Das blödeste Lachen, das ich drauf hatte. Alle Sorten von Lachen eigentlich, die ich drauf hatte. Da hatte mich also meine eigene Alte verpfiffen. Die hatte endlich ihren Lieblingsspruch wahrgemacht: Du kommst ins Heim. War doch zum Lachen. Und daß die glaubten, die könnten mich so ohne weiteres aus unserer Badewanne ins Heim verfrachten. War auch zum Lachen. Nur du wußtest eben nicht genau, welche Lache darauf paßte.

FÜRSORGER V.

Nachdem die Mutter von der sozialtherapeutischen Kur zurückkam, hat sie sich wieder an uns gewandt. Sie sprach mir gegenüber zum erstenmal von Heimunterbringung. Andreas Verhalten hatte sich in der Zwischenzeit nicht gebessert. Die Riesenchance, die ihm mit der Lehrstelle bei seinem Onkel in den Schoß gefallen war, hatte er überhaupt nicht genutzt. Er hatte schlechten Umgang. Außerdem trank er nun auffallend viel, was er bisher nicht in dem Maße getan hatte. Jedenfalls wollte ihn die Mutter unter keinen Umständen mehr haben. Wir kamen überein, daß er zunächst noch bei den Großeltern bleiben sollte. Aber dann warf ihn der Großvater ja auch raus, und er hing ganz in der Luft. Deshalb mußte ich den Antrag auf Heimeinweisung unterstützen.

Die Einweisung ließ sich allerdings zunächst nicht vollziehen, weil Andreas untergetaucht war. Dann hat eines Tages die Mutter angerufen: »Andreas ist hier bei mir, kommen sie schnell.« Ich bin mit einem Kollegen hingefahren. Oben in der Wohnung hat er noch gelacht und gesagt: »Okay, ich komme mit ins Heim.« Aber kaum waren wir auf der Straße, ist er ausgekniffen. Er war schneller als wir. Ich habe noch hinter ihm hergerufen: »Sei doch vernünftig. Das ist doch sinnlos, was du machst. Du kannst doch nicht dein Leben lang weglaufen.« Aber er war nicht zu halten.

Von da an ging es bergab. Die Mutter erstattete Vermißtenanzeige bei der Polizei. Aber er war ja nicht zu fassen und nicht zu halten. Ich weiß auch nicht, was in ihn reingefahren ist. So hartnäckig war selten einer. Er muß wohl eine besonders große Angst davor gehabt haben, eingesperrt zu werden.

20

Ein paar Tage später haben sie mich wieder gekriegt, bei Opa. Diesmal waren es schon die Bullen, die mich holten. Erst dachte ich, nun ist es echt aus.

Als wir losfuhren, habe ich mir eigentlich zum erstenmal Dulsberg richtig angesehen. Benno hatte schon auf. Durch die Scheibe von dem Bullenauto war Benno irgendwie tausend Kilometer weit weg. Ein paar Lütte spielten mit Murmeln. Hatten wir früher auch gemacht. Den Park konnte man nur einmal kurz durch die Häuser sehen. Ich mußte daran denken, wie ich mit dem Köter vom Kowalski da spazierengegangen bin. An NDR 4 mußte ich denken. Die war längst unter der Erde. Ich habe gedacht, daß es das Größte ist, in Dulsberg zu leben. Weil du alle kennst da. Keine Hektik. Leute, mit denen du auskommst. Eigentlich habe ich allerdings nur geguckt, ob nicht Anja hinter irgendeiner Straßenecke auftaucht.

Ich dachte, daß ich nie wieder so leben würde wie früher in Dulsberg. Ich war jetzt ein Gesetzloser: »Wanted dead or alive – Andi.« Auf dem »Dom« habe ich mir mal einen eigenen Steckbrief machen lassen. Ich habe mir vorgestellt, daß so einer auch bald bei Benno hängt.

Als wir aus Dulsberg raus waren, habe ich mir schon ausgemalt, wie ich eine Fliege mache aus diesem Jugendheim. Ich wußte ja von Kollegen, daß das ein Klacks ist zuerst, aus so einem Heim abzuhauen. Daß die dich eigentlich erst einsperren, wenn du ein paarmal abgehauen bist.

Das war dann der große Schocker, daß die mich sofort erst mal eingesperrt haben auf meinem Zimmer. Das war echt ein Schock, weil ich schon als ganz lütter Kerl sofort durchgedreht bin, wenn mich jemand eingesperrt hat.

Ich mußte natürlich sofort an Anja denken. Nicht, daß ich dachte, daß ich sie liebte oder so. Ich stellte mir vor, daß sie Scheiß macht. Daß sie zu Opa kommt und die anderen sagen: »Weißt du schon das Neueste? Andi ist ab ins Heim.« Und sie: »Das habe ich ihm immer gesagt, daß er da landet. Mit uns war es sowieso längst aus, weil er doch immer wieder Scheiße baut.«

Ich habe mir vorgestellt, wie sie sich dann bei Holger auf den Schoß setzt und Holger sagt »Muschi« zu ihr, oder mit Frank auf den Flur bei Opa geht und rummacht. Ich habe dann gedacht, daß Opa das nicht erlauben würde. Daß er alle rausschmeißt und mit Anja redet: »So geht das nicht, mein Deern. So einen netten Jungen wie Andi kriegst du nicht wieder. Du weißt ja gar nicht, was du an ihm hast.«

Als ich dachte, daß Opa Anja bestimmt auf den Pott setzen würde, wenn sie Scheiße macht, kam so ein Erzieher rein. Ich war sowieso am Ausflippen und habe gesagt: »Bin ich ein Verbrecher oder was? Wieso werde ich hier überhaupt eingesperrt?« Er hat erst rumgelabert und dann gesagt, daß meine Mutter mich in einer »gesicherten Gruppe« haben wollte. Ich sagte: »Finde ich ja total okay von meiner Mutter. Die will auch nur mein Bestes. Daß ich gut aufgehoben bin. Aber ich hau sowieso nicht ab, weil ich froh bin, daß ich ein Dach über dem Kopf habe.« Ich habe überhaupt gesagt, was man in so einer Lage am besten sagt, und der Erzieher war regelrecht gerührt.

Meine Tür blieb offen, und ich durfte gleich rüber in den Freizeittrakt, mich mit den anderen Jungs bekanntzumachen, wie der Erzieher sagte. Ich habe da aber nicht weiter groß Hallo gesagt. Ich habe gleich die Fenster abgecheckt. Die hatten leider keine Hebel zum Aufmachen. Aber oben an einer Scheibe war so ein kleines Ausstellfenster auf. Klettern konnte ich sowieso wie ein Affe. Und lütt war ich ja auch. Ein bißchen eng wurde es nur beim Kopf und beim Hintern. Aber ich bin so schnell durch, daß ich schon draußen war, als die ersten Geschrei machten. Ich bin wie ein Wahnsinniger zu Anja.

Anja war zu Hause. Echt. Sie hat sich gefreut, obwohl sie gesagt hat: »Das kannst du doch nicht machen, da einfach gleich abhauen.« Ich habe gesagt: »Ich kann nicht da sein in dem Heim, und du bist hier, Muschi.« Ich habe gesagt: »Ich gehe auch zurück ins Heim, wenn sie mich nicht einsperren, und ich kann immer zu dir.« Anja hat gelacht, ganz lieb, glaube ich.

Ich hätte gern gebadet. Aber das ging bei Anja nicht, weil ihre Eltern auch irgendwann von der Arbeit zurückkamen. Ich habe trotzdem einfach gesagt: »Das Größte wäre es, wenn ich jetzt mit dir in die Badewanne könnte, Muschi.«

Anja hat wieder gelacht. Sie hat mir dann die Haare gewaschen. Ich kann es niemandem beschreiben, wie Anja Haare gewaschen hat. Da habe ich gemerkt, daß sie mich gern hatte. Sie hat mir einen Vollbart aus Schaum unter das Kinn geklebt, und ich habe ihr einen Schnurrbart gemacht. Zum Schluß sah ich aus wie ein Schneemann, und Anja hat mich abgetrocknet und mir die Haare gefönt. Ich habe ihr zum erstenmal gesagt, daß ich bald mit ihr schlafen möchte. Sie hat gelacht. Und wir haben noch auf ihrem Bett gelegen, bis die Eltern kamen.

Ich bin wieder zu Opa. Der hat sich echt wahnsinnig gefreut, daß ich wieder da war. Er hat gesagt, daß er mit den Behörden sprechen wollte, daß er mich adoptieren könnte. Und bis dahin wollte er mich verstecken.

Ich habe dann auch mal im Schrank gesessen, wenn die Bullen kamen, und bin mal hinten noch zum Schlafzimmerfenster raus. Aber die kannten natürlich bald alle Tricks. Sie haben mich allerdings immer höchstens für einen Tag gekriegt. Ich war meistens schon vor dem Abendessen wieder bei Anja. Weil ich lieber krepieren wollte, als eingesperrt zu bleiben.

Aus einem Brief des Amts für Jugend, Hamburg

Sehr geehrte Frau Z.!
Ihre Beschwerde über das Jugendheim Wulfsdorf Ihren Sohn betreffend ist an mich weitergeleitet worden, weil mir die Dienstaufsicht über dieses Heim obliegt. Wir gehen davon aus, daß ein gewisser Vertrauensvorschuß ein geeignetes Mittel für den Beginn einer erfolgversprechenden Erziehungsarbeit sein könnte. Daß Andreas dieses ihm entgegengebrachte Vertrauen sofort mißbrauchte, hat auch das Heim sehr betroffen gemacht.

Im einzelnen ist zu sagen:

1. Es trifft zu, daß dem Heim schon anläßlich der ersten Aufnahme Ihres Sohnes am 16. 1. 79 mitgeteilt worden war, daß Sie Ihr Einverständnis zur Unterbringung in einer gesicherten Gruppe gegeben hatten, falls sich dafür die Notwendigkeit ergeben sollte. Obwohl Andreas einigermaßen glaubwürdig versichert hatte, daß er sich den Heimbedingungen anpassen wolle, entwich er noch am gleichen Tage durch das Oberlicht eines Fensters im Freizeitbereich der gesicherten Gruppe.

2. Als Andreas am 19. 1. 79 erneut in das Jugendheim Wulfsdorf zugeführt worden war, wurde er aufgrund seines Verhaltens vom 16. 1. 79 auf seinem Zimmer eingeschlossen. Gegen 19.30 Uhr entwich er durch das Oberlicht des Fensters in seinem Zimmer.

3. Am 19. 2. 79 wurde Andreas bei seiner erneuten Rückführung in das Heim von einem Erzieher in der gesicherten Gruppe in Empfang genommen. Der Erzieher führte mit ihm ein längeres Einzelgespräch. Aufgrund des in dieser Zeit gezeigten Verhaltens glaubte der Erzieher, es verantworten zu können, Andreas zum gemeinsamen Essen außerhalb der gesicherten Gruppe mitnehmen zu können. Dabei entlief Andreas nach Einnahme der Mahlzeit aus dem Speiseraum.

Abschließend ist festzustellen, daß die Möglichkeit, am 19. 2. 79 zu entlaufen, sicher dadurch verstärkt wurde, daß Andreas die gesicherte Gruppe in Begleitung eines Erziehers verlassen durfte. Am 16. und 19. 1. 79 konnte er allerdings nur dadurch entlaufen, daß er sich durch nur 33 cm breite Oberlichte von Fenstern zwängte. Diese Fluchtmöglichkeit ist aus baulichen Gründen nicht zu verhindern, es sei denn, man versieht alle Fenster mit Gittern, so daß aus diesen Gebäuden ein Gefängnis wird. Das aber verträgt sich nicht mit dem Erziehungsauftrag.

Ich bitte also nochmals um Entschuldigung, aber auch etwas Verständnis dafür, daß es zu dem Entlaufen kommen konnte. Ich möchte versichern, daß hier nicht verantwortungslos und unüberlegt von dem Heim gehandelt worden ist.

21

Es gibt einen Tag in meinem Leben, für den hat es sich echt gelohnt. Das war der Tag in dem Frühjahr, dem letzten, an dem es schon ein bißchen warm war. Ich hatte etwas Geld in der Tasche, und mittags habe ich auch noch meine Schwester Carmen getroffen.

Ich hatte total gute Laune. Weil die Sonne schien und vor allem, weil ich Carmen getroffen habe. Ich habe gesagt, daß wir in die Stadt fahren und ihr was Schönes kaufen. Unterwegs haben wir die idiotischsten Spiele gemacht, also Leute verarscht. Auf dem Bahnhof habe ich so getan, als müßte man alle paar Meter über ein Seil oder was steigen. Ganz vorsichtig bin ich immer rüber, über das unsichtbare Seil, als wäre da Strom drin oder was, und habe dann Carmen rübergeholfen.

Die Leute haben wie die Idioten geguckt. Und wenn sie an die Stelle gekommen sind, wo wir unseren Scheiß abgezogen hatten, haben sich manche gar nicht rübergetraut. Sie haben auf den Bahnsteig gestarrt und das Seil oder was gesucht.

Dann habe ich auf taubstumm gemacht, und das war überhaupt das Größte. Wenn uns Leute angemacht haben, wir müßten was auf die Ohren kriegen und so, habe ich komische Zeichen mit den

Händen gemacht und Carmen auch. Und die Leute wurden immer blöder und wütender. Carmen hat dann gesagt: »Entschuldigung, mein Bruder ist taubstumm. Aber er meint, wenn Sie nicht ruhig sind, dann kriegen nämlich Sie was auf die Ohren.« Haben die blöde geguckt.

Wir sind bei Karstadt auf dieselbe Masche durch alle Abteilungen. Wenn Carmen irgend was gefiel, hat sie sich alles genau erklären lassen und mir immer Zeichen gemacht und gesagt: »Mein Bruder ist nämlich taubstumm. Und der will mir das vielleicht ausgeben.« Da waren die Verkäuferinnen immer direkt gerührt und haben noch mehr Zeug rangeschleppt, und ich konnte in aller Seelenruhe was mitgehen lassen. Einen lütten Büstenhalter mit Spitzen und bunte Socken und ein Tagebuch oder was mit Ledereinband habe ich in meinem Parka für Carmen verstaut.

Sie wollte das geklaute Zeug natürlich zuerst gar nicht haben. Sie hat mir Vorwürfe gemacht, und ich hatte sogar ein schlechtes Gewissen, weil ich irgendwie immer alles tierisch ernst genommen habe, was Carmen sagte. Weil sie noch keine Sprüche machte und echt meinte, was sie sagte.

Ich habe dann auch was richtig gekauft. Einen Ring mit einem Stein. Der kostete nur ein paar Mark und sah trotzdem irgendwie geil aus. Carmen hat sich jedenfalls tierisch gefreut. Dann haben wir Bratwürste gegessen.

Die Taubstummen-Tour habe ich durchgezogen, obwohl Carmen schon langsam keine Lust mehr dazu hatte. Ich fand die Tour unheimlich gut. Ich habe mir vorgestellt und echt gewünscht, daß ich wirklich taubstumm wäre. Ich dachte, dann würde es mir nichts mehr ausmachen, wenn einer nicht mit mir spricht. Keiner könnte mich anmachen, und ich könnte auch keinen anmachen. Alle hätten ein bißchen Mitleid mit mir. Mit meiner Mutter gäbe es keinen Ärger. Anja würde die Zeichensprache lernen. Ich würde mich überhaupt nur noch mit Leuten unterhalten, die mich so mögen, daß sie die Zeichensprache lernen.

Irgendwann konnte ich das nicht weiterspinnen, weil wir aus der U-Bahn ausstiegen und Carmen nach Hause mußte. Als wir uns den Ring noch mal ansehen wollten, war der Stein schon weg. Carmen meinte, sie fände den Ring auch ohne Stein schön und würde ihn immer tragen.

Es gibt eben nicht nur die Tage, an denen du von einem Loch ins andere fällst, es gibt auch die anderen, an denen du einmal abhebst und gar nicht wieder runterkommst. Dies war so ein Tag, an dem du schwebst. Das hatte ich sicher im Gefühl. Weil ich abends mit Anja zum Faschingsfest im Haus der Jugend verabredet war. Ich hatte allerdings eigentlich richtig Angst vor diesem Abend. Das gibt es, daß man Schiß hat vor seinem eigenen Glück. Ich hatte so viel Schiß, daß ich mich erst gar nicht hingetraut habe ins Haus der Jugend.

Jedenfalls bin ich viel zu spät gekommen. Ich mußte Anja suchen und glaubte beinahe, daß sie schon wieder abgehauen wäre. Dann habe ich sie entdeckt. Sie war sehr schön. Sie war als ägyptische Königin oder so gekommen. Sie hatte sowieso Ähnlichkeit mit so einer zehntausend Jahre alten ägyptischen Königin. Sie hatte ein neues schwarzes Kleid an, das ziemlich tief ausgeschnitten war. Aber es sah kein bißchen brutal oder so aus, ich meine, überhaupt nicht nach Anmache. Es war total schön.

Ich hatte wieder diese idiotische Angst, daß Anja plötzlich weg sein könnte. Ich habe mich aber nicht an sie gehängt, weil sie das nicht mochte. Es gab eine Bowle, und wir hatten ganz schön was davon reingetan. Ich habe nicht viel geredet, weil ich ziemlich aufgeregt war. Die meiste Zeit haben wir getanzt.

Als um zehn Uhr Schluß war mit dem Fasching, weil im Haus der Jugend immer um zehn Uhr Schluß ist, habe ich Anja gefragt, ob sie Lust hat, noch ein bißchen mit zu Opa zu kommen. Sie ist mitgekommen. Opa hat sich direkt gefreut, als wir bei ihm reinschneiten. Er hatte auch mal gute Laune. Das muß an dem Tag gelegen haben.

Ich habe Anja geküßt und so, aber ich habe mich nicht getraut, ihr was zu sagen. Opa hat es dann gesagt. In seiner trockenen Art. Manchmal sagt er doch genau das Richtige. Er hat gesagt: »Kinnings, ihr seid aber bannig heiß. Ich glaube, ihr müßt mal nach hinten, euch abkühlen.« Da habe ich Anja einfach durch den Vorhang ins Schlafzimmer gebracht. Sie hat nichts weiter gesagt.

Anja

Das Thema vom letzten Fasching war »Tausendundeine Nacht«. Meine Mutter hatte mir extra ein neues Kleid gekauft, bestimmt das schickste, das ich bis dahin hatte. Ich hatte die Haare mit dem Lockenstab nach außen gedreht. Ich war mit Andi verabredet. Aber er kam komischerweise erst sehr spät. Er hat mich erst gar nicht gefunden, weil ich in der Teestube saß und Mokka getrunken habe, obwohl ich eigentlich gar keinen Mokka mag.

Andi war guter Laune eigentlich an dem Abend und sehr süß. Es lief wohl irgendwie alles darauf zu, daß wir mal zusammen schliefen.

Ich war ja schon ziemlich oft mit Jungs reingefallen, deshalb wollte ich auch nicht gleich mit Andi schlafen. Er hat mich auch nicht gedrängt wie andere Jungs. Aber damals hatte er doch schon mal gesagt, daß er mit mir schlafen möchte und solche Scherze. Und wenn ich ihm gesagt habe, daß ich das noch zu früh finde, hat er ja geweint in seiner unheimlich süßen Art.

Ich finde das eben nicht gut, das Topp und Hopp. Ich fand es gut, wie Frank L. und seine Freundin es gemacht haben. Die waren bei ihr in der Wohnung und lagen da auf dem Bett und haben sich unterhalten. Dann dachte Frank – also, er dachte es nur, hat nichts gesagt: Eigentlich möchte ich mal mit ihr schlafen. In dem Moment sagt sie: »Du Frank, ich möchte bald mal mit dir schlafen.« Und Frank hat gesagt: »Okay, dann holst du dir also die Pille.« Dann sind beide ein paar Tage später zu Pro Familia gegangen. Sie haben sich noch von mir die Adresse geben lassen, weil die Pille bei Pro Familia billiger ist.

Also, an dem Fasching habe ich noch ganz schön Bowle getrunken. Ich war nicht direkt besoffen, aber lustig. Andi hat mich mit zu Opa genommen. Dann hat er mich einfach nach hinten gebracht und aufs Bett gelegt, und so fing das da an. Ich wollte es erst dann auch noch nicht so richtig. Aber ich habe gedacht: Ach, was soll's? Wenn du das jetzt nicht mit ihm ausprobierst, dann ist der Zug vielleicht mal abgefahren.

*

Ich weiß nicht genau, wie das war. Aus der Stube kam jedenfalls etwas Licht durch den Vorhang. Vom Bett habe ich Opas Vögel gesehen. Die beiden Wellensittiche schliefen. Den Kanarienvogel haben wir aufgeweckt. Komisch, ich habe nicht Anja angeguckt. Ich habe versucht, die Sachen in Opas Schlafzimmer, also in Opas und meinem Schlafzimmer, auszumachen. So im Unterbewußtsein. Mir war irgendwie gar nicht richtig klar, daß ich zum erstenmal mit Anja schlief. Vielleicht war ich zu aufgeregt. Ich meine, nicht daß ich enttäuscht war. Aber wahrscheinlich hatte ich es mir anders vorgestellt.

VII

HERR H.

Da ist wieder so ein Brief gekommen. Da schreibt man mir: »Ich wünsche Ihnen Kraft und vernünftige Richter.« Ich habe nach dieser Sache bestimmt dreißig bis vierzig Briefe bekommen. Der Inhalt ähnlich, alle positiv. Mit vollem Namen und Adresse. Teilweise war mir das zu scharf, was die Leute so schreiben. Einer hat geschrieben: »Warum nur einer? Warum nicht gleich alle fünf?« Das geht zu weit. Damit will ich nichts zu tun haben. Manchmal kommen hier wildfremde Leute rein und drücken mir die Hand. Sie sagen: »Ich wollte Sie nur mal kennenlernen.« Das tut gut.

Diese Sache da, die steckt man nicht so einfach weg. Das ist das Schlimmste, was mir passiert ist, außer vielleicht das mit meinem Bein. Und mitgemacht hat man ja genug. Als da in Polen alles zusammenbrach, da war ich ja man knapp fünfzehn. Und dann alleine nach Hause durchschlagen. Nichts lief mehr. Da hat man sich in Züge reingequetscht, an denen hingen schon Menschentrauben. Der Zug ist dann mit uns tagelang im Kreis herumgefahren, bis wir wieder da waren, wo es losgegangen war, weil schon alle Gleise kaputtgeschossen waren. Dann hat man es zu Fuß versucht. Von allen Seiten kamen die Trecks. Menschen über Menschen, das gab für die Tiefflieger reichlich Futter.

Man hat dies gesehen, man hat das gesehen. Tote Menschen. Tote Tiere. Man nahm das gar nicht mehr tragisch. Da wurde nicht groß Wesen drumgemacht. Es wurde mehr, immer mehr. Aber schließlich mußte man ja weiter, alle wollten irgendwo hin. Und wir waren ja jahrelang auf so was vorbereitet worden. Man wußte, wie man sich zu verhalten hatte, war gewohnt, selber zu handeln. So wie das Geheul der Tiefflieger losging, zack, da war man schon im Graben oder im Gebüsch. Und im Organisieren, so hieß das ja damals, da waren wir Spezialisten. Wir haben immer mal wieder ein Huhn gefunden oder mit der Schlinge einen Hasen gefangen. Das mußte sein. Und eines möchte ich noch betonen: Zwar hatte keiner was, doch die Kameradschaft, die stimmte.

Hatte einer von uns ein Stück Brot, dann wurde das geteilt. Das hat es nie gegeben, daß sich da einer den Mund alleine vollstopfte. Anders als heute. Da ist so was ganz aus dem Denken von den Menschen raus.

Ich habe es jedenfalls geschafft. Knapp vor Kriegsende war ich wieder in Hamburg. Meine Eltern wohnten in Langenhorn. Ganz bei uns in der Nähe war eine Flakbatterie in Stellung gegangen. Einmal habe ich gesehen, wie die ein englisches Flugzeug erwischten. Die Besatzung ist mit dem Fallschirm runter und hat uns von oben Schokolade und Kaugummi runtergeworfen. Das hat denen nichts genützt. Die SS war sofort da und hat sie an die Wand gestellt. Da hörte man nur noch ratteratt, und dann war Schluß.

Die Engländer haben es auch nicht anders gemacht. Als sie einmarschiert sind, hat bei uns zwei Straßen weiter einer eine Hakenkreuzfahne rausgehängt. Bumm, weg war er.

22

Wir waren wieder im Haus der Jugend ein paar Tage später. Da war Disco. Anja hat mit Uwe oder wem getanzt. Ich mußte aufs Klo. Das verdammte Klo war abgeschlossen. Ich habe gegen die Tür getreten und habe rumgeschrien, der da drinnen soll sofort aufmachen. Aber der hat da wohl seelenruhig weitergekackt oder was. Als die verdammte Klotür dann aufging, habe ich nicht mehr weiter geguckt, wer das war. Ich habe sofort reingehauen. Das war nachher ein ganz Lütter, kaum so groß wie ich und jünger. Zum Glück hat er keine Anzeige gemacht.

Aber bei uns waren sowieso jeden Tag Beulereien angesagt. Wenn du was rauslassen wolltest, hast du jemanden weggeknallt, so ungefähr. Jedenfalls war ich nicht der einzige. Wir haben auch nicht mehr viel anderes geredet, bei Opa oder im Park. Das war wie so eine Krankheit, die alle angesteckt hat.

Vor allem waren wir regelrecht süchtig nach Bruce Lee und den China-Filmen. Da hast du praktisch einiges gelernt. Wenn da ein Film lief, voll geil mit Blut und so, dann mußten wir hin.

Wir hatten auch Bücher von Bruce Lee. Lehrbücher über seinen Kampfstil zum Beispiel. Die gab es im Versandhaus bei »Quelle«. Da hast du mit Bildern und genauen Erklärungen die letzten Tricks gelernt, die du im Straßenkampf brauchst. Du konntest genau lernen, wie du jemanden am besten in die Eier trittst oder mit zwei Fingern in die Augen stichst. Das meiste hat Bruce Lee sowieso mit Tritten gemacht. Seine Devise in den Lehrbüchern war, daß der Gegner nicht wieder aufstehen darf, wenn du ihn mal unten hast. Deswegen hörte fast jede Übung mit dem Stampftritt ins Gesicht auf.

Ich meine, »Quelle« und so verkaufen diese Bücher, um Kohle zu machen. Wenn du die Tricks, die du da lernen sollst, dann mal ausprobierst, bist du gleich wegen schwerer Körperverletzung dran. Ich meine, irgend was ist da link.

Uwe

Als er ins Heim sollte und ständig abhauen mußte, da ist Andi echt aggressiv geworden, jedenfalls im Suff. Ich meine, er war immer ein feiner Kerl. Aber er hat auch Mist gemacht. Er hat keinen Diebstahl oder so was gemacht, aber die Aggressionen rausgelassen, als er praktisch von allen verstoßen war. Ich meine, er war ein kleiner

Schläger. Aber das waren wir ja praktisch alle. Das ist ja ganz normal, hier jedenfalls.

Wenn uns also bei der Disco im Haus der Jugend jemand angemacht hat oder unsere Mädchen dumm angesabbelt hat, dann ist einer von uns hingegangen und hat dem eine reingeknallt. Andi war da oft vorneweg. Manchmal ist das auch ausgeartet.

Aber das Rumbeulen an und für sich ist auch immer härter geworden. Das fängt ja nur noch mit Kopfnuß und Treten an. Man muß heute alle Tricks drauf haben, wenn man nicht weggeknallt werden will, weil Bruce Lees Kampftechniken und so was praktisch alle kennen. Man muß sofort in den Mann reingehen und link sein. Stirn auf die Nase, also Kopfnuß, an den Haaren runterziehen, Pieken reinknallen, in die Eier treten, was weiß ich. Wenn du vor dem Mann stehst, fällt dir schon allerlei ein. Wenn das echt eine ernste Sache ist, und der Mann liegt unten, dann trete ich solange mit den Füßen rein, bis er nicht mehr hochkommt. Wenn du selber schon eine reingekriegt hast, dann wirst du zum Tier.

Kasten Bier und Apfelkorn, dann kennst du dich doch selber nicht mehr. Du denkst ja über nichts mehr nach, wenn du einen in der Mangel hast. Ich habe manchmal schon Dinger gesehen, da habe ich gedacht, der steht nicht mehr auf. Ich habe auch schon selber solche Dinger eingefangen, und ich habe in Typen reingetreten. Und hinterher denkt man, das ist unwahrscheinlich, was so ein Mensch abkann.

Diese ganze Aggressivität hatte bei Andi auch was mit seiner beschissenen Lage zu tun, nehme ich an. Bei uns allen eigentlich. In unserer Clique ist, glaube ich, kein Typ, bei dem die Eltern noch zusammen sind. Ich kenne das von mir selber. Als meine Eltern auseinandergingen, hatte ich meine schlimmste Zeit. Ich habe mir dann auch schon ziemlich früh eine Vorstrafe wegen Köperverletzung eingefangen. Als zu Hause alles wieder ruhiger geworden ist und ich mit meiner Mutter auch ganz gut klar kam, da bin ich auch ruhiger geworden. Schon die letzte Zeit mit Andi bin ich eigentlich allem aus dem Weg gegangen und habe ihn auch manchmal von Sachen abgehalten.

Andi hat ja auch manchmal geheult und war verzweifelt. Dann habe ich ihm immer gesagt, er soll nicht aufgeben. Daß er auch älter wird, daß er sich dann eine eigene Bude nehmen kann und daß er schon alles in den Griff kriegt.

Er war ja eben eigentlich doch alles andere als ein Schlägertyp. Als seine Mutter zur Kur war, bin ich mit ihm mal zu dem Kurheim bei Bremen gereist. Da war ihm kein Weg zu lang. Er hat sich die ganze Fahrt so tierisch gefreut, seine Mutter wiederzusehen. Also, ich weiß nicht, aber für seine Mutter und seine Geschwister hätte er eigentlich alles getan. Nur daß er dann zu oft was getrunken hat und oft diese unheimlichen Aggressionen hatte. Die Schuld für die Scheiße, die er baute, hat er aber vor allem bei sich gesucht. Das muß man sagen.

23

Ich hatte irgendwie immer weniger Durchblick. Bei Opa konnte ich nicht mehr so oft sein, weil die Bullen mich da suchten. Ich bin den ganzen Tag rumgezogen und habe gesehen, daß ich irgendwo eine Schlafstelle ergeiert habe.

Mit Anja war jetzt auch oft Zirkus. Man kann ja gar nicht beschreiben, wie so was immer wieder anfängt. Aber bei uns lag es auch daran, daß wir uns nicht mehr richtig sehen konnten. Weil ich ja immer irgendwie auf der Flucht war. Ich glaube, sie hatte das langsam satt, mit einem zusammen zu sein, der eigentlich ins Heim gehörte. Sie hat sogar schon gesagt, daß ich endlich im Heim bleiben sollte. Sie würde mich da besuchen, ich könnte sie dann vielleicht auch mal besuchen. Ich habe gedacht, daß es garantiert aus wäre mit Anja und mir, wenn sie mich im Heim festhalten würden.

Einen Abend war ich mit dem Typ in der Kneipe verabredet, bei dem ich ein paar Nächte pennen konnte. Jörg hieß der. Als ich da hinkam, war da noch ein Mädchen, das auch bei dem Typen pennen wollte. Patricia hieß die. Sie war schon siebzehn und hatte Dauerknies mit ihrem Verlobten. Der Verlobte hatte sie auf die Augen gehauen, und sie war ausgezogen.

Ich habe mich erst nicht weiter für sie interessiert. Ich habe höchstens gedacht, daß sie mir das Bett oder das Sofa oder was da war wegnehmen würde. Patricia war auch nicht gerade die Frau, die dich auf den ersten Blick anmacht. Sie war ziemlich dick und schlampig damals und hatte ein unwahrscheinlich lautes Organ.

Dann hat sie angefangen, was zu fragen. Ich hatte erst keine große Lust, mit ihr zu quatschen. Aber ich habe gemerkt, daß sie echt fragte. Sie wollte wirklich wissen, was mit mir los ist. Dabei saß sie selber bis zum Hals in der Scheiße wegen ihres Verlobten und so. Wir haben wahnsinnig gut miteinander geredet. Und bei Jörg zu Hause habe ich wieder Mist gemacht.

Patricia

An dem Abend war ich total fertig. Ich hatte gerade vorher noch mit meinem Verlobten telefoniert, und der hatte gemeint: »Wenn du heute nicht nach Hause kommst, bist du für mich gestrichen. Dann kannst du mich an den Füßen packen.« Ich bin nicht zu ihm gefahren und habe mich mit Jörg in der Gaststätte getroffen. Den Jörg kannte ich schon Jahre, der war schon eine Art Aufpasser für mich gewesen, als ich noch klein war.

Jörg sagte gleich: »Es schläft übrigens noch einer bei mir.« Ich habe gefragt: »Wer denn?« – »Ja, der Lütte, der da hinten am Tisch sitzt.« Das war also Andi. Erst war er ein bißchen schüchtern, aber dann kam er zu uns und hat mich gleich angesprochen: »Du bist also die Kleine, die heute bei uns schläft.« Seitdem war ich für ihn »die Kleine«, obwohl ich älter und größer war als er. Pat hat er mich auch mal genannt. Für die anderen war ich damals »die Dicke«.

Ich fand Andi sofort unheimlich süß. Ich habe auch gleich mitgekriegt, daß es ihm irgendwie noch schlechter ging als mir. Obwohl ich schon dicht davor gewesen war, mich vor die U-Bahn zu schmeißen.

Wir sind dann zu Jörg. Da waren nur zwei Betten. Und Jörg fing schon an mit Angrabbeln und so. Da stand ich nun überhaupt nicht drauf, der war für mich nur so ein alter Kollege. Er meinte: »Na, dann wollen wir mal ins Bett gehen.« Ich hatte ja nicht viel Auswahl, weil ich unter keinen Umständen zu meinem Verlobten wollte.

Aber da war Andi plötzlich da. Er hatte auch schon was getrunken und sagte: »Nee, nee, die Kleine schläft bei mir.« Und ich gleich: »Ja, mache ich. Warum auch nicht?« Ich dachte, der Andi hat einen so süßen Charakter, der läßt dich garantiert in Ruhe.

Wir lagen dann da, ich mit dem Rücken zu ihm, da mußte ich mich doch noch mal umdrehen, und er meinte: »Darf ich mich noch ein bißchen ankuscheln?« Da fand ich ihn so total süß. Er hat sich also angekuschelt, aber ich lag so komisch, und ich habe gesagt: »Nee, so ist das unbequem, ich möchte auch kuscheln.« Wir hatten sofort total die gleichen Gefühle irgendwie. Dann lag er ein bißchen oben und legte den Kopf so an meine Schulter und meinte: »Kraul mich doch mal.« Ich weiß das alles noch unheimlich genau. Ich habe ihm also den Rücken gekrault und gesagt: »Kannst mich auch ruhig mal kraulen. Sei nicht so faul.« Hat er auch gemacht. Es war total ruhig und zärtlich.

Wie er mich dann das erstemal geküßt hat, habe ich nur noch gedacht: »O Gott, o Gott.« Daß wir miteinander geschlafen haben, hat sich irgendwie ganz von selber ergeben. Das war so total selbstverständlich alles.

Andi ist danach auch nicht eingeschlafen oder so, obwohl er ja ziemlich viel getrunken hatte. Wir haben geredet. Er war total ehrlich, fand ich. Nur mit seinem Alter, da hat er mich angeschwindelt. Er hat gesagt, daß er sechzehn ist, obwohl er erst fünfzehn war.

So was ist mir noch nie passiert, daß ich sofort mit einem Jungen geschlafen habe. Sonst dauert es bei mir mindestens ein paar Wochen oder auch ein halbes Jahr, bis ich mit einem Jungen schlafe. Andi wäre der Typ meines Lebens gewesen, wenn es nicht noch Anja gegeben hätte. Aber das hat er mir da auch noch nicht erzählt. Ich hatte keinen Schimmer.

Wir haben uns also unheimlich verstanden. Wir hatten auch ähnliche Erlebnisse. Wir haben beide Scheiße gebaut, wenn wir uns total allein gefühlt haben. Ich habe damit schon als ganz kleines Kind angefangen. Ich bin mal nachts aufgewacht, da waren meine Stiefeltern weg. Die waren manchmal in der Kneipe an der Ecke. Da habe ich eine Jacke und Stöckelschuhe von meiner Mutter angezogen und bin durch den Schnee in diese Kneipe. Ich habe wohl gedacht, wenn ich was von meiner Mutter anhabe, lassen die mich in die Kneipe. Ein anderes Mal – nach dem, was erzählt wurde – habe ich meinen Pißpott genommen, bin raus auf die Straße, rauf auf den Pott und habe auf meine Eltern gewartet. Die Leute fanden das wahnsinnig komisch, nur meine Mutter nicht.

Bei mir fing der Mist nur noch früher an als bei Andi. Ich meine, daß ich allein war. Das fing damit an, daß meine Mutter, meine richtige Mutter, nach meiner Geburt im Krankenhaus durchs Fenster abgehauen ist. Meine Pflegeeltern, die mich dann aus dem Heim geholt haben, waren schon sehr alt. Mit denen habe ich mich nachher überhaupt nicht mehr verstanden.

Andi hat mich dann am nächsten Tag gefragt, ob ich nicht mit ihm gehen wollte. Jedenfalls hat er Andeutungen in der Richtung gemacht. Und dann hat er gesagt: »Übrigens, zu deinem Verlobten gehst du nicht zurück. Oder du kriegst was von mir auf die Augen.«

Ich war irgendwie ganz froh, daß er das gesagt hat, auch wenn er mir direkt mit Schlägen gedroht hat. Weil ich mich selber nicht entscheiden konnte. Er ist mit mir dann hin zu meinem Verlobten. Der hat natürlich einen ganz schönen Tanz aufgeführt, als er uns beide sah. Aber Andi hat gesagt, er soll keine Mätzchen machen, sonst dröhnt er ihm eine. Wir haben meine Sachen zusammengepackt und sind wieder zu Jörg.

Daß Andi mich bei dem Verlobten rausgeholt hat, das hat er nicht für sich getan, wie ich erst geglaubt habe. Das hat er für mich gemacht. Er hat sich einfach um mich gekümmert. Ich hatte damals niemanden sonst. Ich war damals nämlich schon ganz schön gesackt. Zuviel Alkohol und viel Pech mit den Jungen. Andi hat mir wieder Mut gemacht.

Am vierten Tag war er plötzlich verschwunden und kam auch abends nicht nach Hause. Ich habe ganz panisch rumtelefoniert nach ihm. Ich habe auch Uwe angerufen, den ich schon kannte. Der hat gesagt: »Andi, ja der ist mit Anja los.« Ich sage: »Wieso Anja?« Und Uwe: »Ja, Andi geht doch mit Anja.« Da war ich nun erst mal geplättet. Andi mit Anja. Ich hätte schon wieder vor die U-Bahn springen können.

Ich kannte nämlich Anja schon von früher, weil wir auf derselben Schule waren. Ich habe sie immer für eine unheimlich eingebildete Natter gehalten mit den feinen Klamotten und so, und sie hat mich geärgert, wo sie nur konnte. Wir haben uns richtig gehaßt.

Am nächsten Tag habe ich Anja einfach angerufen. Die war auch ganz schön baff, als ich ihr von mir und Andi erzählte. Wir haben uns dann verabredet und hatten beide eine Stinkwut. Da haben wir dann einen Racheplan geschmiedet. Anja hat Andi ins Haus der Jugend bestellt. Und als er kam, saßen Anja und ich ganz freundschaftlich nebeneinander und haben erst mal nur »Hallo, Andi« gesagt.

So ein dummes Gesicht habe ich selten gesehen. Andi war total fertig, als er uns da grinsend sitzen sah. Anja war eigentlich noch immer wild vor Wut. Mir tat Andi schon gleich wieder leid, weil er Tränen in den Augen hatte und nur noch rumstotterte. Ich fand es auch wieder gut von ihm, daß er über mich keine dummen Sprüche gemacht hat, um Anja irgendwie zu besänftigen. Also, daß er nicht gesagt hat, er sei völlig besoffen gewesen, als ich mit ihm geschlafen habe, oder was Jungs dann noch für Sprüche auf Lager haben. Ich habe gemerkt, daß er mir nicht weh tun wollte. Gerade in dem Moment habe ich gemerkt, daß er mich mochte und daß er nur Anja liebte.

Ich konnte ihm nicht böse sein. Und die Sache hat dann auch ihr Gutes gehabt. Wir drei, Andi, Anja und ich, sind ganz dicke Freunde geworden. Die beiden haben mich aus meinem Tief rausgeholt. Anja hat mir gezeigt, wie man sich anzieht, wie man sich schminkt und all so was. Andi hat mir das Trinken verboten, und das war gut für mich.

Ich habe Arbeit gekriegt und habe mich um eine Wohnung bemüht. Die hat mir sogar meine Fürsorgerin besorgt. Alles schien fantastisch zu laufen. Andi wohnte heimlich bei mir. Wir haben zwei Matratzen zusammengeschoben und schliefen nebeneinander. Wir haben uns noch oft aneinandergekuschelt wie beim erstenmal. Aber zusammen schlafen, da lief gar nichts mehr. Das war für uns beide tabu. Darüber mußten wir gar nicht weiter reden. Wir waren wie Bruder und Schwester.

Anja war auch oft da. Mit ihr und Andi war erst mal alles wieder okay. Es lief auch besser mit ihnen, weil sie sich jetzt in meiner Wohnung treffen konnten. Die waren bei mir mehr in den Betten als in den Schuhen. Und ich habe auch einen neuen Freund gefunden, den Wolfgang.

24

Wenn ich nicht bei Patricia war, dann bin ich ins Haus der Jugend oder zu Benno gegangen, weil ich mich da noch einigermaßen sicher gefühlt habe. Wenn Anja keine Zeit für mich hatte, war ich oft bei Benno. Ich habe da vor allem Streichhölzer angezündet. Das war noch so eine Meise von mir. Ein Streichholz nach dem anderen anzuzünden, bis eine Schachtel leer war oder auch zwei. Und jede Menge Papier habe ich im Aschenbecher angezündet. Das gab schon manchmal Ärger. Ich mußte immer irgend was anzünden, wenn ich allein war.

Ich hatte gerade bei Benno das Papier einer Roth-Händle-Pakkung im Aschenbecher angezündet, als Holger und Christian reinkamen. Riesenumarmung. Christian war nämlich den ersten Tag aus dem Knast raus. Sie hatten ihn nach acht Monaten auf Bewährung rausgelassen. Christian war auch oft bei Opa gewesen, bis sie ihn wegen ein paar Brüchen verknackt hatten.

Er hatte noch sein Entlassungsgeld, und wir haben uns erst mal was einschenken lassen. Bier, Apfelkorn, Jägermeister. Ich konnte kaum so schnell trinken, wie die Gläser wieder voll waren.

Christian war natürlich erst echt happy. Er hat erzählt, daß sie ihm eine Lehrstelle besorgt haben als Maurer. Er sollte schon am nächsten Morgen um sechs Uhr auf der Arbeit sein. Holger meinte: »Das ist eine verdammt harte Sache, morgen früh um sechs Uhr da anzutanzen, wenn du dir heute die Nase begießt.« Holger hatte auch mal angefangen, Maurer zu lernen.

Christian sagte: »Ich mach' das aber. Das bringe ich noch.« Und Holger: »Das ist tierisch hart, da jeden Morgen um sechs Uhr anzutanzen.« Christian wieder: »Weißt du, daß es tierisch hart ist, jeden Morgen im Knast aufzuwachen.«

Das hat wohl Holger schlecht drauf gebracht. Weil Holger auf Bewährung war und schon wieder reichlich neuen Scheiß gebaut hatte. Aber Holger hat erst mal gar nichts weiter gesagt. Wir haben an der Music-Box Maffay-Scheiben gedrückt, und Holger hat einen idiotischen Marsch dazwischen gedrückt. Wir haben geflippert. Bei Holger lief die Kugel nicht, und er hat dann jedesmal absichtlich getilt.

Benno hat wieder eingeschenkt und sagte: »Nun macht mal halblang, sonst fallt ihr mir noch vom Hocker.«

Holger meinte dann zu Christian: »Weißt du, wo wir uns das nächstemal treffen? Im Knast, in Gamme oder H'sand.« Christian sagte: »Du spinnst.« Und Holger: »Ich geh garantiert rein. Meine Bewährung ist total hin. Die holen mich morgen oder so ab. Garantiert. Die brummen mir ein paar Jahre auf.«

Christian sagte: »Wenn du eine Arbeit hast, lassen sie dir einiges durchgehen. So einen kleinen Bruch oder so lassen sie dir durchgehen. Bei Körperverletzung spielen sie natürlich eher verrückt.« Holger: »Du tanzt da auch nicht morgen früh um sechs Uhr an, garantiert nicht.«

Christian hat erst lange nichts gesagt, dann meinte er: »Spinn dich aus. Das weiß ich sowieso, daß ich da nicht morgen früh um sechs antanze. Ich weiß sowieso, daß ich den Rest noch abreiße im Knast. Ob ich da nun morgen früh um sechs antanze, oder in China knackt 'ne Wurst. Dann bin ich übermorgen nicht um sechs da, oder es passiert sowieso was. Irgend was passiert sowieso, und die Bewährung ist hin, und ich muß den Rest abreißen.«

Wir waren alle total breit. Der Spruch mit der Wurst in China hat mich wieder an Anja erinnert, weil das ja ihr Lieblingsspruch war.

Sonst hatte ich weiter keine Aktien drin in der Sache zwischen Holger und Christian. Der Knast ist für mich noch einige tausend Kilometer weit weg, dachte ich. Ich hatte meine Probleme mit der Heimeinweisung von meiner Mutter, okay. Aber wenn die anderen so über den Knast redeten, kam ich mir echt wieder vor wie der Lütte.

Überhaupt, was zum Beispiel Christian schon hinter sich hatte. Da konnte ich echt nicht mit. Der hatte erst gar keinen Vater gekannt. Seine Mutter hat ihn schon als kleines Kind ins Heim gesteckt, weil sie weiter keine Verwendung für ihn hatte. Die Mutter hat ihn immer mal wieder rausgeholt aus dem Heim, wenn sie Bock hatte oder Zeit für ihn oder was und dann wieder reingesteckt. Nachher war er nur noch im Heim.

Aber mich zog diese Stimmung von den beiden auch runter, und ich habe gesagt: »Könnt ihr nicht mal aufhören vielleicht. Ich denke, dies ist eine Feier, weil Christian wieder draußen ist. Oder was ist los? Wir hauen hier das Entlassungsgeld auf den Kopf, und ihr macht nur eine Scheißstimmung.«

Christian meinte, daß er auch noch nicht wüßte, wo er schlafen kann. Weil er denen bei der Entlassung vorgesponnen hat, daß er zu seiner Mutter kann, damit sie ihn nicht gleich wieder ins Heim stekken. Er wurde sowieso bald achtzehn.

Holger hat dann irgend jemanden weggeschickt, was zu holen. Holger hat sowieso total rumgesponnen. Nachher hatte er zwei Tablettenröhrchen. Er hat da rumgewettet, daß er und Christian die schlucken. Er war total ausgeflippt. Ich dachte, daß er wieder mal groß angibt und irgendeine Show abzieht.

Die haben sich die Tabletten tatsächlich ins Bierglas gekippt. Das hat ziemlich Schaum gegeben. Dann haben sie das getrunken.

Ich habe mir immer noch nicht viel dabei gedacht, weil ich sowieso total besoffen war. Ich habe höchstens gedacht, daß Holger Kopfschmerztabletten oder was ins Bier gekippt hat, um seine Show abzuziehen, und daß die beiden garantiert kotzen würden.

Dann ist Christian aber vom Hocker gerutscht und hatte echt Schaum vor dem Mund. Benno hat nach einem Krankenwagen telefoniert. Als die Typen im weißen Kittel kamen, war Holger noch voll da. Er hat den weißen Typen gesagt, sie kriegten was an die Backen, wenn sie Christian oder ihn anrühren. Er mußte nur was unterschreiben, und die Sanis sind wieder ab.

Holger hat Christian noch zu sich nach Hause geschleppt. Es ist auch nichts weiter passiert. Die beiden haben nur zwei Tage und zwei Nächte herrlich gepennt. Und Christian ist logisch nie zu seiner Arbeitsstelle gekommen.

Ich war wieder allein an dem Nachmittag, und meine Stimmung war wohl auch nicht mehr gerade die beste, obwohl ich voll breit war. Ich bin zum Haus der Jugend gegangen, weil ich dachte, daß Anja vielleicht da hinkommt. In meinem Suffkopf war mir jedenfalls so, als hätten wir uns da verabredet.

Anja war nicht da. Ich dachte, daß sie was weiß ich wo ist. Mit Uwe zusammen oder so. Ich war jedenfalls echt nicht gut drauf. Im Haus der Jugend gab es natürlich nichts zu trinken außer Cola und Limo. Ich habe wohl ein paar Typen aus der Clique, die auch da waren, beschnackt, mit mir Bier zu holen. Aus dem Edeka-Laden bei der Kneipe »Athena« haben wir uns jeder eine Flasche geholt. Dann kam der Typ, der Student mit dem Fahrrad. Er hat mich angefahren. Oder ich habe ihn angerempelt, weil ich besoffen war. Jedenfalls bin ich total ausgerastet. Nur mit der Flasche habe ich nicht geschlagen, glaube ich, weil ich das Bier trinken wollte. Ich habe vielleicht gedacht, daß der Typ mir die Flasche kaputtgemacht hat. Das heißt, wahrscheinlich habe ich überhaupt nichts gedacht. Mir hat dann sowieso niemand geglaubt, daß ich nicht mit der Flasche geschlagen habe.

HAFTBEFEHL

Gegen Z., Andreas wird die Untersuchungshaft angeordnet.

Er ist dringend verdächtig, einen anderen mißhandelt und an der Gesundheit beschädigt zu haben, indem er im angetrunkenen Zustand am Abend des 9. 3. 1979 im Alten Teichweg, Hamburg 70, den Studenten Ernst P., der dort mit seinem Rad fuhr, zum Anhalten zwang, ihn mehrmals mit einer Halbliter-Bierflasche ins Gesicht schlug, die durch die Schläge zersplitterte, sodann den Kopf des Zeugen an den Haaren herunterriß und dabei mit dem Fuß dem Ernst P. ins Gesicht trat, wodurch der Geschädigte blutende Schnittwunden am Kinn und Mund, an der Lippe und der Stirn erlitt, die im Krankenhaus genäht werden mußten; außerdem zerbrach die Brille des Zeugen.

Die Untersuchungshaft wird verhängt, weil Fluchtgefahr besteht. Der Beschuldigte ist seit Januar 1979 mehrfach aus Jugendheimen entwichen.

25

Das Ding stand dann am nächsten Tag in der Zeitung. »Rocker folterte Studenten mit Bierflasche«, stand in der einen Zeitung. Die andere meinte: »Brutaler Schläger wollte Biergeld.« Die von der Zeitung wußten jedenfalls genauer als ich, was passiert war: »Der brutale Überfall geschah wie aus heiterem Himmel. Am Alten Teichweg (Dulsberg) riß ein rotblonder Rocker den 23jährigen Studenten Ernst Heinrich P. urplötzlich vom Fahrrad und hieb mit einer Bierflasche immer wieder auf dessen Kopf ein. – ›Gib mir eine Mark zwanzig für ein neues Bier, dann höre ich auf‹, schrie der Schläger in der dunklen Lederjacke. Da rissen die drei anderen Jugendlichen, die mit dem Schläger unterwegs waren, ihren in Rage geratenen und offenbar angetrunkenen Kumpan zurück.«

Eine dunkle Lederjacke hatte ich jedenfalls nicht. Ein »schmales Gesicht« haben sie mir auch noch angesponnen. Ganz Hamburg sollte mich suchen. »Für Hinweise hat die Kripo absolute Vertraulichkeit zugesichert«, stand in der Zeitung.

Ich meine, ich war ein Arschloch, und ein Glücksvogel war ich auch gerade nicht. Da wird in Hamburg bestimmt jeden Abend irgendwo jemand ohne Grund weggeknallt. Da liest du nie etwas davon. Ausgerechnet mein Ding mußte ganz groß in der Zeitung stehen. Ich kenne Typen, die haben dutzendweise Leute weggeknallt und Brüche gemacht und sind mit Arbeitsauflagen oder Jugendarrest weggekommen. Holger zum Beispiel hatte in der Beziehung einiges Glück gehabt, obwohl er schon zwei Jahre älter war. Nach mir mußten sie gleich in ganz Hamburg fahnden, mit Steckbrief und allem. Dabei war es erst das zweite Mal, daß die hinter mir her waren. Vorher war ja nur die Sache mit den Jungen und den neun Mark fünfzig gewesen.

Gekriegt haben sie mich dann knapp zwei Wochen später, als ich mit Uwe und Torsten zu einem Punk-Konzert in die Markthalle wollte.

Uwe

Das war auf dem Weg zur Markthalle, noch am Hauptbahnhof, als wir mit einer anderen Gruppe Krach gekriegt haben. Ich habe mich als erster mit einem Typen gebeult. Torsten hatte sich einen anderen Kerl vorgenommen. Andi hielt sich zurück, weil er sich nun wirklich nichts mehr leisten konnte. Dann ist Torsten aber in

Schwierigkeiten gekommen, und Andi ist doch kurz mit einer Kopfnuß dazwischen. Hat sich aber gleich wieder zurückgezogen. Plötzlich schreit Torsten los und hält sich den Bauch. Da kam ihm richtig so eine Blase mit Gedärmen und so aus dem Bauch. Der andere Typ hatte ihn angestochen.

Ich bin erst mal wie ein Wahnsinniger hinter den anderen Typen her. Andi hat sich um Torsten gekümmert und hat ihn zur Bahnhofswache geschleppt. Das war eben auch typisch Andi. Er ist rein in die Bullenwache, um seinem Freund zu helfen, obwohl er ja schon durch die Zeitung gesucht wurde. Torsten war in Lebensgefahr, ist aber ganz gut über die Runden gekommen.

Andi hat auch noch groß ausgesagt auf der Wache. Er hat allerdings einen anderen Namen angegeben, den von Frank L. Der wohnte ja im selben Haus wie seine Mutter. Das kam dann auch gleich raus, und sie haben Andi dabehalten.

*

Ich bin erst noch mal nach Hütten gekommen. Da haben sie mir gesagt, daß für mich ein Unterbringungsbefehl vorliegt. Unterbringen, das war so gut wie Gefängnis in Hütten. Die Jungs haben mich da mit Riesenhallo empfangen. Die kannten mich schon von meinen Kurzbesuchen. Einer von den Wärtern oder Erziehern oder was hat mir gesagt, daß jetzt Schluß ist mit Türmen. Ich habe gesagt: »Weiß ich.« Ein anderer hat mich dann kurz zum Füßevertreten auf den Hof gelassen. Da hatte ich schon bei meinem letzten Besuch alles genau abgecheckt.

POLIZEIVERMERK

Das Jugendheim Hütten (Herr B.) teilt telefonisch mit, daß Andreas Z. am Freitag, dem 23. 3. 79, nachmittags aus dem Heim entwichen ist. Z. war zu dem Zeitpunkt der Erlaß des Unterbringungsbefehls bereits bekannt. Er befand sich auf dem Hof und brach mit einer Eisenstange das Tor auf.

Herr B. hält eine erneute Heimaufnahme nach Ergreifung nicht für angebracht.

*

Genau zwei Stunden bin ich diesmal in Hütten geblieben. Das macht mir natürlich so schnell keiner nach. Das war schon dicht beim Weltrekord im Flitzen. Der Weltrekord in Idiotie war es auch noch. Ich hätte mir ja vielleicht ausrechnen können, wie lange so was gut geht. Aber rechnen war eben nie meine starke Seite. Ich habe eben gedacht, ich könnte da nicht bleiben wegen Anja. Ich habe gedacht, ich könnte das nie aushalten in diesem verdammten Heim.

Jetzt ging die Jagd auf mich natürlich erst richtig los. Bei Opa, bei Patricia, überall haben sie Razzia gemacht. Die haben sich alle möglichen Leute aus der Clique gegriffen und vernommen. Aber so schnell haben sie mich nicht gekriegt.

PATRICIA

Es hätte echt gut sein können mit Andi und Anja und mir in mei ner Wohnung. War es ja auch erst. Andi hat mit ein paar anderen tapeziert. Er hat mir Möbel vom Sperrmüll organisiert und alte Klamotten von irgendwelchen Leuten. Es wurde urig gemütlich in der Bude.

Aber nach der Sache mit dem Studenten war die Polizei ja ständig hinter ihm her. Mich haben sie auch gleich vernommen. Er mußte sich also bei mir auch ständig verstecken, weil sie wußten, daß er manchmal bei mir war.

Andi war meistens ziemlich deprimiert. Er hat immer gesagt: »Wenn ich ins Heim komme, ist alles aus. Dann weiß ich nicht mehr, was ich tu, dann gehe ich kaputt.«

Deswegen habe ich ihn auch bei mir versteckt, obwohl mir die Sozialbehörde die Wohnung wieder wegnehmen konnte wegen Andi, wenn das rauskam. Ich bin morgens zur Arbeit gegangen. Er hat die Wohnung gemacht, aufgeräumt, abgewaschen, gewischt. Und wehe, wenn ich abends nicht gleich sagte: »Das ist aber alles gut gemacht.« Dann war er total beleidigt oder eher traurig.

Die anderen kamen auch alle zu mir, sogar Opa. Und wir haben auch einigen Spaß gehabt. Einmal waren nachts fünfzehn Leute bei mir auf der Bude. Wir wollten den nächsten Morgen auf eine Butterfahrt. Das ging schon um sechs Uhr los. Da haben wir verpennt. Um zehn vor sechs kriegte Andi uns hoch. Wir wie die Wilden raus aus den Kissen. In meiner Bude funktionierte mal wieder nur eine rote Birne. Und irgend jemand hatte die ganzen Plünnen vertauscht und versteckt. Gaby suchte ihre Hose, Peter fand nur einen

Strumpf. Das ging nur: »He, das ist meine Hose, gib meine Socke.« Anja kriegte den Lockenstab nicht in gange. Gabys einer Lidschatten hing nachher irgendwo oben. Meine Schuhe hatte jemand zusammengebunden, aber da ist dann erst eine andere rein und fast auf die Schnauze gefallen. Andi hielt immer den Spiegel für Anja und wurde dabei ganz fickerig. Wir haben es dann schließlich noch geschafft.

Daß ich durch Andi und Anja in die Clique reingekommen bin, war ganz gut. Andererseits haben die in meiner Bude gemacht, was sie wollten. Ich kriegte die auch nicht raus. Es war schwer für mich, in der Clique so akzeptiert zu werden wie zum Beispiel Anja. Die Jungs waren manchmal ganz schön brutal. Einmal, da hatte ich einen Rock an, einen ganz neuen, und ein neues T-Shirt. Das sah echt gut aus, sagte Anja jedenfalls. Da haben die mich ja wohl voll in den Osterbek-Kanal geschmissen, in diese Jauche da. Ich habe sie angebrüllt, da haben sie mich noch zweimal reingeschmissen. Ich hatte nachher eine Blutvergiftung von dem Dreckwasser. Da war Andi aber nicht dabei, sonst hätte er bestimmt was gemacht.

Ich hatte immer Pech mit Jungs. Mir ist das oft passiert, daß ich verknallt war, und dann ist der Junge mit meiner Freundin losgezogen. Da ist mir dann auch das Schärfste mit Wolfgang passiert, mit dem ich ja mittlerweile zusammen war. Da sagte der mir doch eines Tages, daß er eigentlich in Anja verknallt wäre. Und daß er mit Anja gehen möchte, wenn sie mal mit Andi Schluß macht.

Da war für mich wirklich mal wieder alles zu Ende. Weil auch noch einiges dazukam, keine Arbeit mehr, aus der Wohnung wollten sie mich rausschmeißen und so.

Das war also bei Opa, als Wolfgang mir das sagte. Ich bin nach Hause. Andi war mit Anja weg. Da habe ich erst mal Rum getrunken und gedacht: »Ich kann nicht mehr. Ich will nicht mehr. Keiner hat dich lieb. Dich hat sowieso nie jemand lieb« und so.

Ich habe alles an Pillen zusammengesucht, was ich gefunden habe. Schlaftabletten, Grippetabletten, alles. Dann habe ich einen Brief an Andi geschrieben, weil der in dem Moment der einzige für mich war, der mir noch was bedeutete: »Ich kann nicht anders, ich muß das machen. Es tut mir leid. Du kannst jetzt leider nicht mehr hier wohnen. Ich habe Dich lieb. Vergiß mich bitte nicht. Du bist bestimmt der einzige, der mich nicht vergißt.«

Ich habe die Tabletten, mehrere Röhrchen, in Wasser aufgelöst und runtergewürgt. Da hörte ich den Schlüssel in der Tür, Andi kam. Ich saß im Sessel und mir war schon kotzig und schummerig. Ich dachte, hoffentlich geht Andi wieder, weil ich es wirklich ernst meinte. Er hat den Brief gesehen und nur kurz draufgeguckt und hat alles in den falschen Hals gekriegt. Er meinte, ich schmeiße ihn aus der Wohnung raus. Er hat nur gesagt: »Ich darf mir aber noch einen Kaffee machen.« Da mußte ich was sagen und sagte: »Andi, versteh mich bitte nicht falsch.« Er: »Ja, ist gut.« Er hat überhaupt nichts kapiert. Ich bin dann ins Schlafzimmer, weil mir so schummerig wurde. Plötzlich kam er da reingestürzt. Er hatte die Tablettenröhrchen gefunden und den Brief noch mal richtig gelesen. Ich habe Andi nur noch ganz knapp gehört: »Bist du verrückt? Das kannst du mir doch nicht antun, meine Kleine. Ich habe dich doch lieb. Das weißt du doch, Kleine.«

Er hat mich aufs Klo geschleppt und mir den Finger in den Hals gesteckt, bis ich alles wieder rausgebrochen habe. Dann ist er die ganze Nacht aufgeblieben und hat mich immer wieder geweckt, weil er sehen wollte, ob auch nichts mit mir war.

Von da an war Andi mein ein und alles. Er war mir mehr wert als meine Stiefeltern, obwohl die auch viel für mich getan haben. Und deswegen war auch das Erlebnis, das ich dann hatte, beinahe das schrecklichste in meinem Leben.

Anja machte Ferien auf einem Reiterhof. Da rief mich Andi bei Opa an und sagte, ich sollte auf eine Fete bei Jörni kommen. Holger wäre auch da. Ich sagte: »Nee, ich will nicht mehr.« Er: »Hast du was getrunken?« Er hat ja immer aufgepaßt, daß ich nicht wieder mit dem Trinken anfing. Ich: »Habe ich nicht.« Er: »Wie hörst du dich denn an? Komm her, ich will das sehen.«

Da mußte ich ja hingehen. Er und Holger waren schon ganz schön besoffen, und deshalb wollte ich sofort wieder weg. Andi hat aber gesagt: »Du bleibst, sonst kriegst du einen Backs.« Er war irgendwie ganz verändert.

Andi, Holger und ich waren allein in einem Zimmer, und Holger hat angefangen, den Tisch abzuräumen. Ich kriegte Angst und habe zu Andi gesagt: »Laß mich mal bitte durch.« Er: »Nein, hast du nicht gehört, oder was?« Ich habe versucht, bei Holger durchzukommen, da hatte ich schon eine sitzen. Dann haben sie das Licht ausgemacht, und Holger war an meinem Pullover zugange und Andi an meiner Hose. Ich habe geheult, ich war so fertig. Da hat Andi plötzlich gesagt: »Laß sie gehen.« Ich bin rausgerannt.

Ich bin zur U-Bahn und habe eine paar Züge vorbeirauschen lassen. Ich war einfach zu feige, mich auf die Schienen zu schmeißen. Ich war mit allen fertig. Nur Anja habe ich noch einen Brief geschrieben. Den hat sie aufgehoben.

»Liebe Anja! Ich freue mich, daß es Dir gut geht. Es ist nämlich etwas passiert, was ich nicht verkraften kann. Auch wird sich Andi eine neue Wohnung suchen müssen. Ich will mit ihm und Holger und einigen anderen nichts mehr zu tun haben. Aber eins weiß ich. Holger will wieder mit Dir gehen. Nur Andi tut ihm leid. Holger hat eine sehr hohe Meinung von Dir, und ich habe gesagt, wie süß und nett Du bist. Ich habe aber wegen ihm und Andi nun die Scheiße, die mich so fertigmacht. Ich glaube nicht, daß ich es Dir mal erzählen kann. Ich war zu feige, vor die U-Bahn zu springen. Aber jetzt Schluß damit! Ich hoffe, Du amüsierst Dich und hast Spaß beim Reiten. Entschuldige meine krickelige Schrift, ich habe noch einen großen Tatter in der Hand. Tschau Mäuschen, Deine Muschi.«

26

Es gibt Sachen, dazu fällt einem nun absolut nichts mehr ein. Zu der Sache mit Patricia fällt mir nichts ein. Außer daß ich mir selber hinterher total leid getan habe. Wenn ich ehrlich sein soll, habe ich nicht eine Minute an Patricia gedacht, was für ein Schock das für sie gewesen sein muß. Ich habe mal wieder gedacht, daß ich nun niemanden mehr hatte. Ich habe vor allem gedacht, daß Patricia alles brühwarm Anja schreiben würde und daß Anja mir dann nur noch sagen würde, was für eine total perverse Sau ich bin.

Zu Patricia in die Wohnung habe ich mich natürlich nicht mehr getraut. Die erste Nacht war ich auf dem Hauptbahnhof. Ich wollte irgendwohin abhauen. Ich habe auf dem Bahnsteig gesessen und habe auf den Schildern gelesen, wo die Züge hinfuhren. Ich wußte nur nicht, was ich da sollte, wo die Züge hinfuhren.

Eine alte Illustrierte habe ich noch gefunden. Mir war übel vom Suff und von allem. Die Illustrierte brachte mich auch nicht gerade besser drauf. Da stand was von einem schwulen Typ drin, der in Kalifornien oder so mindestens dreißig Jungen abgestochen hatte. Dabei wurde man auf dem Hauptbahnhof sowieso ständig von Schwulen angequatscht. Ich wäre vielleicht sogar mit einem mitgegangen. Ich meine, es war sowieso alles egal. Dann hätte ich irgendwo hinfahren können und hätte wenigstens etwas Kohle gehabt.

Wenn ich nicht die Sache von dem schwulen Killer in Kalifornien gelesen hätte.

Jede Menge geile Weiber waren natürlich in dieser Illustrierten. Und was über einen BMW, der mehr als hunderttausend Mark kostet. Und über Krebs stand da noch was drin. Wie die Lunge aussieht, wenn man täglich zwanzig qualmt. Ich hatte bestimmt schon sechzig Roth-Händle gequalmt an dem Tag und war nur noch am Husten. Ich kriegte den Husten gar nicht mehr unter Kontrolle und dachte, ich müßte kotzen und hätte sowieso schon Lungenkrebs. Ich habe wirklich auf dieser Bank gesessen und geglaubt, daß ich Lungenkrebs habe. Das Gefühl hat mich irgendwie ganz happy gemacht, weil ich auch nicht mehr an den ganzen anderen Scheiß denken mußte.

Dann stand da noch was über einen Film in der Illustrierten. Den Titel fand ich irgendwie geil: »Jeder für sich und Gott gegen alle.« Ich hatte eben ein seltsames Feeling drauf in der Nacht. Der Film handelte von einem Jungen, den man eines Tages in einer Stadt gefunden hat. Der konnte kaum laufen und nicht sprechen. Kaspar Hauser hieß der Typ. Dieser Kaspar war seine ganze Kindheit in einem Keller eingesperrt gewesen, und niemand hatte mit ihm geredet, weil er der uneheliche Sohn von einem König oder so war. Als Kaspar freigekommen ist, haben die Leute nur über ihn gelacht und ihn behandelt wie ein Stück Vieh. Er hatte aber mehr Durchblick als alle anderen Idioten. Obwohl er sich nicht richtig ausdrücken konnte, hatte er immer den richtigen Spruch drauf. Das hat die idiotischen Leute so angemacht, daß sie ihn erschlagen haben. Und dann haben sie ihm das Gehirn aus dem Schädel geholt und festgestellt, daß es viel großer war als das Gehirn von gewöhnlichen Menschen.

Auf die Story bin ich total abgefahren. Ich bin aufgestanden von der Bank, und mir knickten sowieso die Beine weg. Ich dachte, ich wäre dieser Kaspar Hauser. Daß meine Eltern auch nicht meine Eltern sind und so. Ich habe mein letztes Geld zusammengekramt. Ein Kiosk war noch auf. Da habe ich mir dann einen Flachmann und eine Schachtel Roth-Händle gekauft.

PATRICIA

Ich habe mich nach der Sache mit Andi und Holger erst mal verkrochen. Dann habe ich gehört, daß Andi sich auch nirgends blikken ließ, und da bin ich mal wieder zu Opa gegangen.

Opa wußte ja nun von nichts und brachte mir gleich Jeans von Andi und meinte: »Guck mal, die habe ich ihm gerade erst gekauft.« Das waren Jeans mit weitem Schlag. Andi wollte aber lieber Röhrenhosen. Da hatte er selber an den Jeans rumgenäht, und das sah auch dementsprechend aus.

Ich weiß nicht, wieso, aber ich habe mich gleich hingesetzt und diese Hosen ordentlich genäht. Ich war gerade fertig, da kommt Andi rein. Er hat ganz komisch geguckt, und ich fing sofort an, am ganzen Körper zu zittern. Ich hatte irgendwie tierische Angst. Ich glaubte, jetzt knallt er mir gleich eine, weil ich das Anja geschrieben habe.

Erst stand Andi so da. Dann kam er zu mir. Ich gezittert, daß der Sessel wackelte. Andi setzte sich einfach bei mir auf den Schoß und fing an zu weinen und sagte immer nur: »Kleine, entschuldige, bitte entschuldige.«

Da konnte ich sowieso nicht mehr. Ich habe noch gesagt: »Nein, hau ab. Nein, ich will nicht mehr.« Dann habe ich auch geheult und bin nach hinten ins Schlafzimmer gerannt.

Er kam hinterher, stand so vor mir und meinte: »Ab heute werde ich dir nur noch helfen. Ich werde immer für dich da sein. Ich beschütze dich immer. Wenn irgendwas ist, bin ich für dich da.«

Da habe ich dann einfach gefragt: »Wieso hast du denn schon wieder deine alten gammeligen Jeans an. Warum ziehst du nicht die neuen von Opa an?« Er hat rumgedruckst. Und ich habe gesagt: »Ich weiß sowieso, daß du daran rumgekatscht hast, daß die Hosen vollkommen verkatscht waren.« Er: »Wieso waren?« Und ich: »Weil ich sie dir eben ordentlich genäht habe.« Da hat Andi mich in den Arm genommen und wieder geweint. Da war er wieder total glücklich. Und ich auch. Ich kann mit keinem Menschen im Bösen sein, auch wenn ich den hasse.

Daß Andi mich mal in den Arm nahm, das habe ich direkt gebraucht. Weil ich das mit niemandem anders so hatte. Ich hätte mich auch gern von meiner Mutter, also meiner Pflegemutter, in den Arm nehmen lassen. Aber das letzte Mal, als ich das versucht habe, hat sie mich regelrecht weggestoßen. Da ging es mir schlecht, und ich wollte mich bei ihr auf den Schoß setzten und habe direkt gesagt: »Nimm mich doch mal in den Arm.« Da meinte sie ganz entgeistert: »Mann, du bist doch bald achtzehn.« Ich meine, sie hat sehr viel für mich getan. Aber ich verstehe nicht, daß eine Mutter nicht versteht, daß man auch noch mit achtzehn noch mal von ihr in den Arm genommen werden will.

Andi ist dann wieder zu mir gezogen. Aber es wurde alles immer chaotischer in meiner Bude. Bis zu dem Tag, wo dann alles auf einmal passiert ist. Das war ein echter Schicksalstag. Für mich, aber vor allem für Andi.

Der Tag fing damit an, daß Andi wohl seine Mutter getroffen hatte. Ich weiß nicht, ob er hingegangen ist, oder was war, Ich habe das gleich gemerkt, weil er total fertig war, als er wiederkam. Er hat die Peter-Maffay-Scheibe »So bist du« aufgelegt. Peter Maffay und Marianne Rosenberg waren seine Lieblingssänger. Da hatten wir auch total den gleichen Geschmack.

Ich habe Andi gefragt, was mit seiner Mutter war. Und er meinte: »Die hat ›Guten Tag‹ gesagt.« Er hat schon längst nicht mehr über seine Mutter geredet. Er hat über alles mit mir gesprochen, nur über seine Mutter wollte er nicht mehr reden. Ich habe mal zu Opa gesagt: »Wenn ich die Alte auf der Straße treffe, dann haue ich ihr was an die Backen.« Opa hatte auch einen Haß auf sie. Und ich habe eben mitgekriegt, wie Andi ihretwegen kaputtging. Andi hat sich dann von meinem Geld gleich was zu trinken geholt. Er hat sich immer sinnlos besoffen, wenn er seine Mutter getroffen hatte.

PETER

Ich wollte an dem Abend ins Haus der Jugend, Filmvorführung. Das war nach der Butterfahrt. Ich hatte mir schon mächtig einen reingeknallt. Captain Morgan, dreiundsiebzigprozentig, von der Butterfahrt. Ich hatte Ärger mit meiner Freundin. Von den anderen wollte auch keiner mit mir ins Haus der Jugend.

Am Alten Teichweg habe ich Andi getroffen. Der war auch allein. Auch Ärger mit seiner Freundin oder so. Er hatte eine Buddel Bier in der Hand. Der lief kaum noch ohne Bier durch die Gegend. Er hatte auch schon wieder einen sitzen. Wir waren wohl ganz froh, daß wir uns getroffen haben, weil wir beide allein waren. Wir waren auch ungefähr in der gleichen Stimmung.

Wir sind dann nur so durch die Gegend gelaufen. Da hat uns gleich der erste Hans und Franz angemacht. Der war noch einen Kopf größer als ich und dachte wohl, er könnte uns wegmachen. Erst hat Andi mit ihm gekämpft. Ich habe gemerkt, daß Andi das wohl nicht ganz schafft. Da habe ich von der Seite so einen Tritt reingesetzt in den Typen. Dann kam auch sein Hund, der hat auch noch eine Pieke gekriegt, und beide sind abgehauen.

Wir sind weiter rumgelaufen wie Falschgeld beim Haus der Jugend. Kam ein Junge mit Moped. Hält und starrt mich an. Ich kenne das schon. Mein Vater ist nämlich Schwarz-Afrikaner. Mich starren oft Leute an. Ich kann mich aber nicht daran gewöhnen. Ich kann das nicht ab. Jedenfalls nicht, wenn ich in so einer Stimmung bin wie an dem Abend. Der Typ hat nachher gesagt, er hat gedacht, daß er mich kennt. Deshalb hat er so geglotzt. Ich kenne das.

Also ich zu dem Typen hin und gefragt: »Ist was?« Dann zwei, drei Kombinationen reingesetzt. Der ist umgefallen mit seinem Ofen. Ich noch zwei-, dreimal reingetreten. Andi hat auch noch zwei, drei Pieken hinterhergesetzt. Der Typ gebrüllt wie am Spieß, und wir sind weiter.

Im Suff ist man eben voll aggressiv. Wenn man in so einer Stimmung ist, heizt man sich auch noch gegenseitig an. Der Alkohol spielt da erst mal die Rolle. Ich will mich echt heute aus allem raushalten. Ich gehe zum Gymnasium und will das Abitur machen. Aber wenn ich Alkohol getrunken habe, ist mir alles egal. Da können fünfzehn Typen stehen. Ich würde reinspringen und mich beulen.

Es liegt aber auch an der Zeit. Alles wird immer brutaler. Nehmen wir mal das Treten. Früher, als ich klein war, da galt das Treten als link und fies. Dann sind diese ganzen Filme gekommen, Bruce Lee und so, da haben die Guten nur so rumgetreten. Dann kamen die Bücher dazu, da hast du das noch draus gelernt. Auf einmal war das Treten ganz normal, also eine Kampfsportart.

Jetzt mußt du doch treten, wenn der andere dich nicht weghauen soll. Und wenn er am Boden ist, mußt du weitertreten, sonst steht er wieder auf und macht das mit dir.

Es wird wirklich alles immer brutaler. Diese China-Filme. In einem werden hundert oder mehr Typen massakriert. Bauch aufgeschlitzt, Arme abgehauen, in der Mitte durchgehauen, die Därme spritzen, alles voll geil in Großaufnahme. Jeder hat was im Unterbewußtsein, wenn er aus so einem Film kommt. Da geht die Beulerei in der U-Bahn oder so schon wieder los.

Ich finde die Filme auch voll geil. Aber den Staat verstehe ich nicht, daß er das zuläßt. Da rennen schon die ganz Lütten rein in die Filme. Die »Warriors« zum Beispiel, da lernst du alles. Als der amerikanische Schinken lief, da haben sich schon die ganz Lütten zu Banden zusammengeschlossen, haben sich Warriors genannt und haben rumgebeult.

Auch die Waffen, die wir haben, kommen aus diesen China-Filmen Die Tschackos zum Beispiel. Das sind zwei achtkantige

Holzstäbe, die mit einer Kette verbunden sind. Die wirbelt man rum. Muß man üben. Das geht dann Masse mal Beschleunigung. Nur ein ganz kleiner Punkt, die Kante, trifft auf das Ziel. Da sitzt was hinter. Von einem Treffer kann jemand hin sein. Ich benutze das Ding nur in Notwehr. Sowieso. Das wird wirklich immer härter alles. Alle haben eine Wut im Bauch. Vielleicht brauchen wir einen Krieg.

Gegen die Kommunisten sind wir. Auch gegen Drogen. Mit Drogen wollen wir nichts zu tun haben. Wir lassen den Frust lieber raus. Das heißt, zwei Alt-Rocker, Amando und Holger, die kannte ich noch, die sind nachher mit Heroin angefangen, und dann Goldener Schuß.

Bei uns wird dafür reichlich gesoffen eben. Ich passe da jetzt schon ein bißchen auf, weil ich mir nicht gleich meine Zukunft kaputtmachen will. Diese Beulerei zusammen mit Andi an dem Abend war auch bisher mein dickstes Ding, für das ich geradestehen mußte.

Daß die mich gekriegt haben, kam so. Nachdem wir den Typ weggemacht haben, sind Andi und ich ins Haus der Jugend. Plötzlich kam ein Sozialarbeiter zu mir und sagte, daß mich da zwei Männer sprechen wollen. Wußte ich natürlich Bescheid. Mich finden sie immer raus, weil ich so auffällig aussehe. Andi und ich, wir sind sofort geflitzt. Hinter mir sind die zwei Typen her. Müssen so Nahkampf-Heinis von der Bundeswehr gewesen sein. Jedenfalls haben sie mich festgehalten, bis die Bullen kamen.

Andi war über alle Berge erst mal. Er hat ja wohl noch einen ziemlich bunten Abend gehabt. Jedenfalls habe ich ihn dann erst vier Monate später wiedergesehen, in Handschellen, auf der Verhandlung.

PATRICIA

So gegen acht kam Andi wieder bei mir an. Uwe war noch da, Torsten und Anja. Torsten war gerade wieder aus dem Krankenhaus raus, wo sie den Messerstich zusammengeflickt hatten. Mit Uwe war ich gerade zusammen, weil es mit Wolfgang zwischendurch mal aus war.

Erst mal kriegte ich mit Uwe Streit an diesem Abend. Er haute mir sofort auf die Augen. Wenn Andi nicht dazwischengegangen wäre, hätte er mich halbtot geschlagen. Ich kriegte aber auch so die Augen kaum noch auf, so dick waren die Veilchen. Uwe ist noch vor Wut mit der Faust in die Scheibe von der Wohnzimmertür. Das Blut tropfte nur so von seiner Hand, und ich bin mit dem Lappen hinterher, weil er Teppiche, Möbel, alles einsaute.

Dann haben wir Uwe endlich verbunden, da wollte er sich unbedingt die Haare waschen, weil er in die Haare auch Blut geschmiert hat. Haare waschen konnte er ja nun nicht mit der Hand, und da hat Anja gesagt, sie macht das.

Ich habe sofort in Andis Gesicht gesehen, was los war. Da war er total eifersüchtig. Gesagt hat Andi dann aber erst gar nichts und dann nur: » Aber fönen kann Uwe sich allein.«

Als Anja fertig war mit Waschen, meinte Uwe: »Ach, nun fön mich bitte schnell noch.« Andi wurde schon tierisch wütend und meinte: »Nur waschen habe ich gesagt. Fönen kannst du allein.« Und Uwe: »Spinn doch hier nicht rum.«

Anja holte tatsächlich den Fön. Und Andi: »Ich gehe jetzt wieder ins Haus der Jugend.« Und Anja: »Wenn du das tust, kannst du mich in den Wind schieben. Dann brauchst du gar nicht erst wiederzukommen.«

Andi ist dann tatsächlich los. Und wir hörten nur noch »klirr, klirr, klirr.« Da hatte er im Treppenhaus drei von den großen Scheiben eingetreten. Ich wohnte im dritten Stock. Im zweiten, im ersten und im Parterre hat er die Scheiben eingetreten. Dreitausend Mark sollte ich nachher dafür bezahlen. Ich mußte am nächsten Tag sowieso aus der Wohnung.

Also, Andi war weg. Und dann waren alle weg. Und plötzlich standen zwei Bullen bei mir in der Bude. Die anderen hatten die Wohnungstür nicht zugeschlagen. Der eine Bulle fragte: »Was ist denn hier los? Sind Sie geschlagen worden?« Ich habe gesagt: »Nein, ich bin gegen die Wand gelaufen.« Dann wollten die wissen, wer das mit den Scheiben war. Ich habe irgend was rumgesponnen, weil ich Andi in keinem Fall verpetzen wollte. Dann habe ich mich noch tierisch mit denen auseinandergesetzt: »Was wollen Sie denn hier? Sie können doch hier nicht einfach reinkommen, nur weil die Tür offen ist. Nur weil Sie Polizei sind oder was.« Dann gingen sie auch wieder, und Andi kam irgendwann zurück. Wir sind gleich ins Bett, weil wir beide total fertig waren. Wir haben uns aneinandergekuschelt. Das war wie beim erstenmal. Wir wollten auch miteinander schlafen, glaube ich. Wir hatten das inzwischen nicht ein einziges Mal gemacht. Aber an dem Abend brauchten wir es echt. Wir waren beide total am Ende.

Wir haben da gelegen und uns gestreichelt, da haut jemand wie wahnsinnig gegen die Wohnungstür. Uwe war wieder da mit Torsten und sagte: »Komm, los Andi. Wir machen noch was. Wir trinken noch was.«

Andi war sowieso total ausgeflippt an dem Abend. Er hat sich wieder angezogen und ist mitgegangen. Das waren die Sachen, die er immer machte. Ich habe noch aus dem Fenster geguckt. Andi und Torsten haben total besoffen erst an dem Schloß von dem Edeka-Laden gegenüber rumgemacht und dann an einem Autofenster. Dann kamen auch schon die Bullen und haben sie mitgenommen. Auf der Wache hat Andi einen falschen Namen angegeben, wie Uwe erzählt hat, und sie haben ihn auch gleich wieder rausgelassen. Der Idiot hat aber vor der Wache auf Uwe gewartet. Und die hatten das wohl inzwischen überprüft und haben ihn wieder reingeholt. Da ist er dann direkt in den Knast gegangen.

VIII

Herr H.

In so einem Laden, da kann man schon was erleben. Vor allem die Menschen, die lernt man kennen, nicht nur von ihrer Schokoladenseite. Was man da so alles mitkriegt, da kann man nur staunen. Da gibt es welche, die sind so dreist und holen sich ihre Getränke im Supermarkt. Das Pfand wollen sie dann bei uns kassieren. Und ausgerechnet die sagen dann noch, Herr H., was wollen Sie denn. Sie haben doch eine Goldgrube. Sie verdienen sich doch dumm und dämlich. Bei so was kann einem schon die Galle übergehen.

Aber ich will mich nicht beklagen. Es ist ja auch ganz schön, sein eigener Herr zu sein. Die Kundschaft, die muß man sich eben erziehen. Wir fangen schon mit den Kindern an. Onkel und Tante gibt es nicht bei uns. Wir sind für jeden Herr H. und Frau H. Darauf legen wir Wert. Distanz ist wichtig. Wenn man selber mal Leuten vorgestanden hat, dann weiß man das. Man darf sich nie zu weit hineinziehen lassen. Sonst kommt man nachher nicht wieder raus.

Anders hat es heutzutage keinen Sinn. Was früher unter Gemeinschaft verstanden wurde, gibt es sowieso nicht mehr. Alle denken nur noch an sich selber und sind einander spinnefeind. Es gab mal Zeiten, da war das anders. Das sind die Zeiten, die heute nur noch schlecht gemacht werden. Eines kann ich sagen: In erster Linie liegt das am Wohlstand. Das ist unser Ruin.

Wenn man Tag für Tag hier im Laden steht, dann bekommt man das ganz deutlich mit. Hier kommen viele Mütter mit ihren kleinen Kindern rein. Kaum sind die drin, dann geht das auch schon los. Lolli, Lolli, schreien die, und die Mütter kaufen ihnen das Zeug, nur damit sie ihre Ruhe haben. Das ist doch keine Erziehung. Die Leute haben einfach zuviel Geld.

Wie ist es denn meistens? Der Mann arbeitet, und die Frau muß auch noch zuverdienen. Die Kinder sind die Dummen. Sie kriegen den Schlüssel um den Hals gehängt. Da bekommt man ein Elend mit. Und warum? Es muß ein großes Auto da sein. Es wird dauernd neu angeschafft. Das Alte fliegt auf den Müll. Urlaub ist natürlich in Spanien. Sonst sind die Kinder sich selbst überlassen. Jeden Tag fünf Mark für das Essen, die kriegen sie in die Hand gedrückt. Das Geld vernaschen die dann. Sie glauben gar nicht, was die Kinder heutzutage an Geld zur Verfügung haben. Wir sehen das ja tagtäglich. Die langen in die Tasche rein, da staunt man nur.

Wenn die Naschkram für fünfundvierzig Pfennig kaufen, dann knallen sie glatt fünfzig Pfennig auf den Ladentisch und sagen: »Lassen Sie mal, Herr H., das stimmt schon so.« Da muß man manchmal ganz schön schlucken, wenn man bedenkt, was man selber noch für schlechte Zeiten erlebt hat. Die Kinder können ja nichts dafür, Sie kennen es ja nicht anders. Und wie oft kommen sie und wollen einen Ratschlag. Mit der Zeit ist man hier in der Gegend so eine Art Beichtvater geworden. Sonst hat ja niemand Zeit. Und der Herr H. ist ja immer da. Da war mal einer, der hatte so Flausen im Kopf und wollte den Kriegsdienst verweigern. Da hab ich ihm gesagt: »Laß doch den Quatsch, Soldat sein hat noch keinem geschadet. Geh man bloß dahin.« Ich hatte das schon fast vergessen, aber neulich war er mal wieder im Laden, richtig erwachsen geworden. Ich hab ihn gefragt, was soll ich denn jetzt sagen: Du oder Sie. Er dann: »Mach keine Sachen, Herr H. Für Sie bleib ich immer Du. Gut, daß Sie mir damals den Kopf gewaschen haben, das war Klasse beim Bund.«

Ja, ich glaube, ich kann sagen, so manchen hat man auf die richtige Bahn gebracht.

27

Einen ganzen Bus haben sie gebraucht, um mich nach Neuengamme zu bringen. Den grünen mit den ganz kleinen Fenstern. Ich mußte an meine Oma denken. Die hat mal gesagt, als ich noch klein war: »Guck mal da, der grüne Bus. Da sind die bösen Räuber drin. Die werden jetzt hinter Schloß und Riegel gebracht.« Eine Grüne Minna ganz für mich allein wie ein richtiger Knacki. Ich meine, das war schon eine Nummer größer als der Peterwagen, der mich sonst immer im Heim abgeliefert hatte. Aber ziemlich allein war ich doch in dem Bus. Wenn wenigstens einer von den anderen mitgewesen wäre. Holger hätte sicher seine Jokes gemacht: Wir sind die größten Killer und so. Und dann wäre Patricias Schnack gekommen: »Ja, ihr seid Tittenkiller.« Was die jetzt wohl machten? Ob Anja schon wußte, was gelaufen war? Ich habe versucht, nicht an Anja zu denken. Ich meine, ich habe mich nicht gerade wie ein Held gefühlt in dem Bus.

Dann haben sie noch einen reingebracht. Der hatte vielleicht Klöpse drauf. Den Beamten hat er verscheißert: »Ich bin bereit. Sie können jetzt anspannen lassen, Johann.« Mich hat er auch gleich angemacht: »Mensch, Kleiner, du bist falsch eingestiegen. Das ist hier der Schnellbus nach Gamme. Zum Kinderhort mußt du den 36er nehmen. Der kommt in fünf Minuten.« So ging das bei dem in einer Tour. Der hat nicht wieder aufgehört zu sabbeln. »Ich hatte heute meine große Live-Show. Drei Jahre, bar auf die Hand. Alle Richter wollten Autogramme. Du hast wohl Premiere. Weißt du schon, was eine Bello-Taufe ist? Nein? Lernst du alles noch kennen. Im Knast waschen sie dir erst mal deine Haare in der Scheißhausschüssel. Da muß jeder Neue durch. Seitdem habe ich so schöne Locken, schäfchenweich. Nun piß dich mal nicht gleich in die Hose, Kleiner. Genieß deinen Urlaub. Willst du mal ein Gedicht hören? Kennst du das Haus, wo nie die Sonne lacht, wo man aus Menschen Tiere macht, wo der Mensch aus einem Blechnapf säuft, wie ein Tier im Kreise läuft, wo ich verlor Moral und Tugend, Neuengamme, du Grab meiner Jugend.«

Der Typ nervte ganz schön, aber er war astrein gepeikert. Auf dem Arm hatte er einen schwarzen Panther. Genau den Panther, den ich auch immer haben wollte. Der Typ sagte: »Ist direkt von Schweden-Hans auf der Davidstraße. Hundertfünfzig Mark. Geh bloß nicht zu Hoffmann hin. Das ist 'ne Apotheke, und der piekt wie Sau.«

Der Bus hat dann dreimal gehupt. Wir sind in eine Art Tunnel gefahren. Jedenfalls wurde es draußen dunkel. Durchs Rückfenster habe ich gesehen, wie ein Gitter wieder zuging. Wir sind weitergefahren. Dann ging noch ein zweites Gitter hinter uns zu und dann noch ein drittes. Menschen hast du nicht gesehen. In so einem Hof haben sie uns rausgelassen. Der Typ hat gleich wieder losgelabert: »Hallo Page. Die drei Schweinslederkoffer sind meine«, und so was. Ich habe mich erst mal umgesehen. Totale Betonmauern mit reichlich Stacheldraht obendrauf. Und richtige Wachttürme mit Posten. Wie im Fernsehen, wie in Sing-Sing oder so. Auf der Mauer saßen dicke fette Krähen, die dämlich zu uns runterglotzten.

Sie haben uns in so einen kleinen Raum gebracht. Der sah fast aus wie die Kleiderabgabe vom Dulsberg-Schwimmbad. Ein kleiner Mann mit Schnurrbart und Glatze sagte richtig nett »Guten Tag«. Der Typ legte sofort wieder los: »Hallo, Herr Hase. Da bin ich mal wieder. Bitte mein altes Zimmer. Zweiter Stock, Südseite. Bad bitte mit Bidet. Am Wochenende kommt mein Fräulein Braut.« Und zu mir: »Das ist der Hase, der Kleiderbulle. Zu dem mußt du besonders nett sein, dann kriegst du immer die elegantesten Sachen.« Der nette kleine Mann blieb ganz cool. Er sagte: »Nun mach mal halblang. Wieviel hast du dir denn diesmal eingefangen, du Witzbold. Nimm den Kleinen mit zum Duschen. Du kennst dich ja aus.«

Unter der Dusche habe ich angefangen, mich direkt wohl zu fühlen. Aber als ich mich gerade eingeseift hatte, da ging das schon automatisch auf kalt.

Meine paar Klamotten ließ Herr Hase in einem Plastiksack verschwinden. Dafür bekam ich reichlich zurück: Wolldecken, Bettwäsche, Handtücher, drei Paar Strümpfe, Turnzeug, Unterwäsche, Blauzeug und sogar Taschentücher und Pantoffeln. Allerdings mußte der Meister ganz schön rumkramen für mich. Er kam richtig in Streß und maulte rum: »Auf so Zwerge wie dich sind wir hier nicht eingerichtet.« Ich habe dann ein T-Shirt und die Anstalts-Jeans angezogen. Der Typ, mit dem ich gekommen war, kriegte einen Lachkrampf. Die Jeans, die waren echt Strafverschärfung. Die flatterten am Hintern wie eine Kosakenhose, und an den Beinen mußte ich sie einen halben Meter umkrempeln. Nur gut, daß die anderen mich so nicht sehen konnten, die hätten sich bepißt vor Lachen.

Der andere Typ hatte seinen ganzen Kram in einer Wolldecke zu einem riesigen Sack verknotet. Ich habe das einfach nachgemacht.

Der Kleiderbulle hat telefoniert: »Komm mal einer runter. Da sitzen zwei zum Durchschließen.« Wir sind dann mit unseren Sachen wie die Weihnachtsmänner hinter dem Beamten hergedackelt. So ein Knast hat ja reichlich Gänge mit Gittertüren. Und der Beamte hat allerlei Gitter hinter uns zugeschlossen. Zum Schluß hat er die Tür von meiner Zelle zugeschlossen. Ich habe mich aufs Bett gesetzt. Da habe ich erst mal nur gedacht: »Feierabend. Das hältst du jedenfalls nicht aus.« Nachmittags hat mir der Schließer was zum Schreiben gebracht. Ich habe in den nächsten Monaten ungefähr hundert Briefe geschrieben.

Axel und Ralf in der Strafanstalt Neuengamme

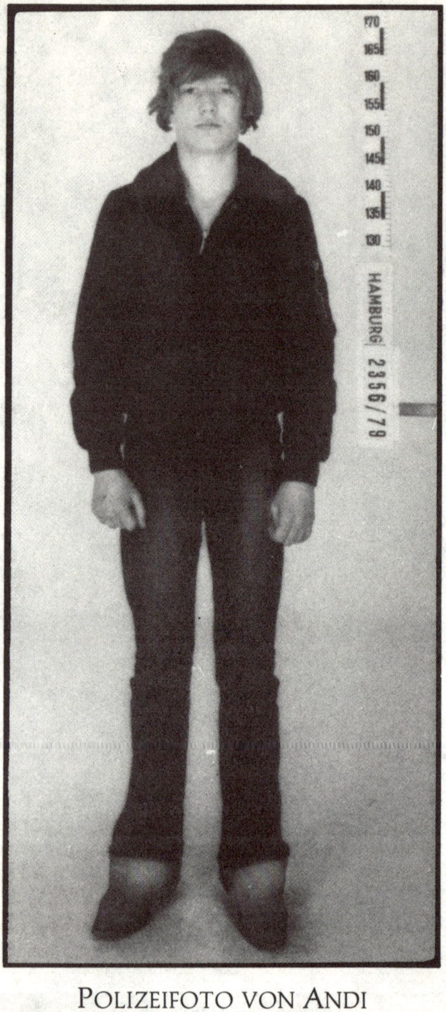

Polizeifoto von Andi

Jugendheim Hütten

Jugendstrafanstalt Neuengamme

Anja zu Hause

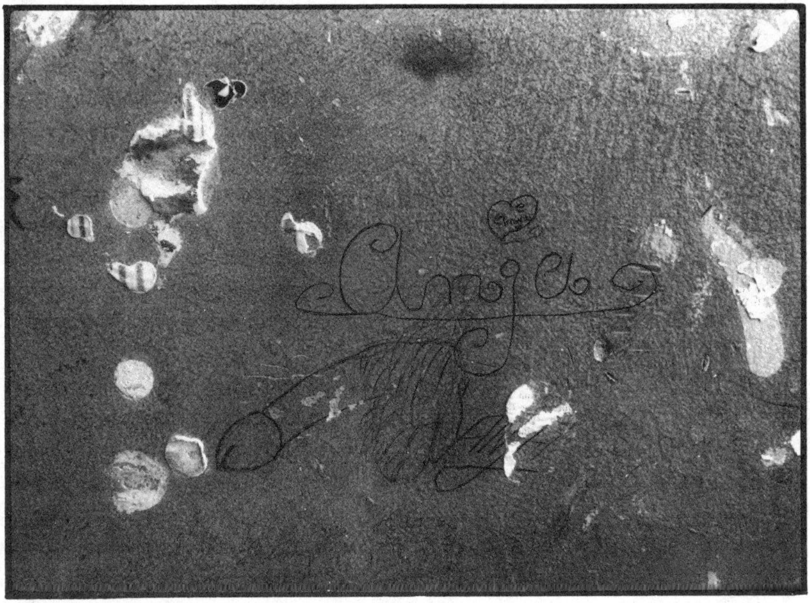

INSCHRIFT IN ANDIS ZELLE

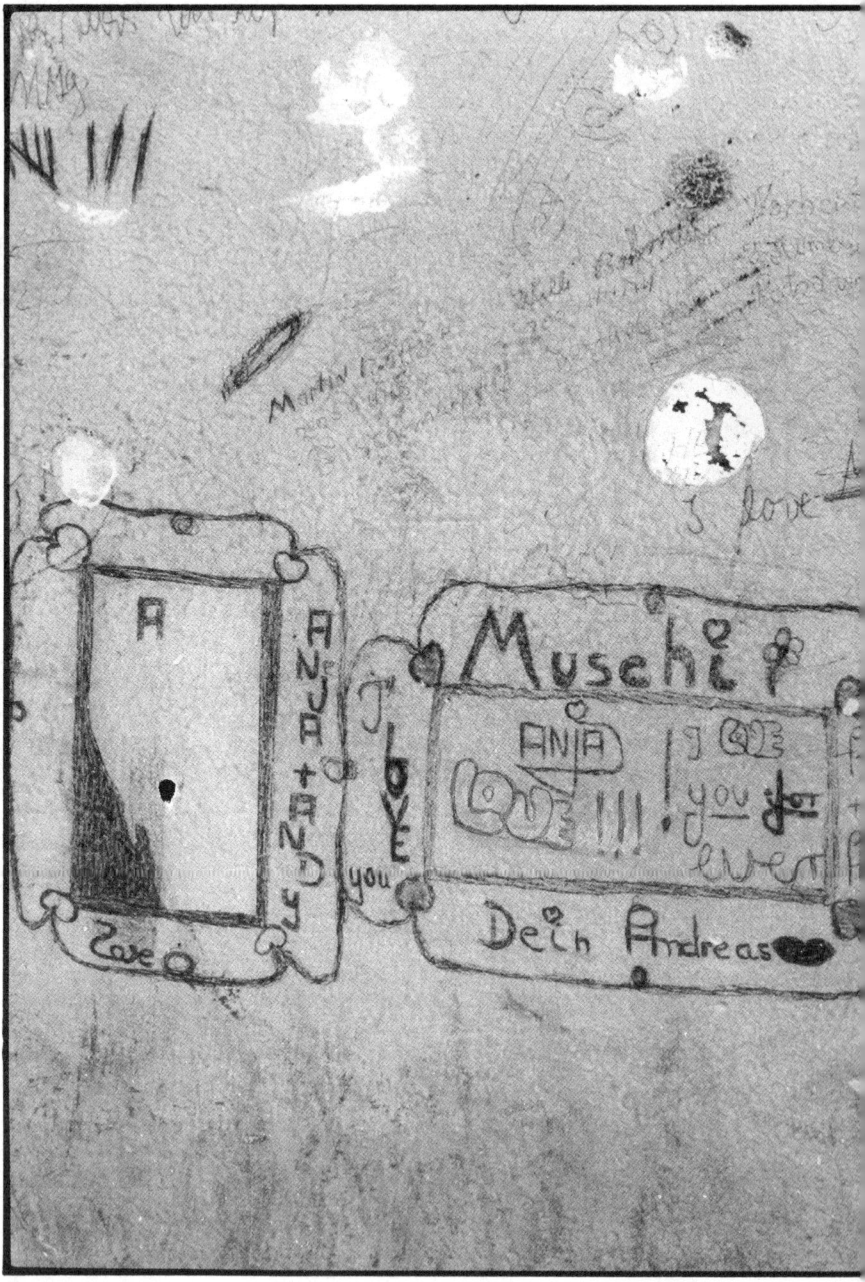
A
ANJA + ANDY
Love
I love you
Muschi
ANJA
LOVE !!!
I love you for ever
Dein Andreas
I love

INSCHRIFT IN ANDIS ZELLE

ANDI UND ANJA BEI WOLFGANGS SCHWESTER

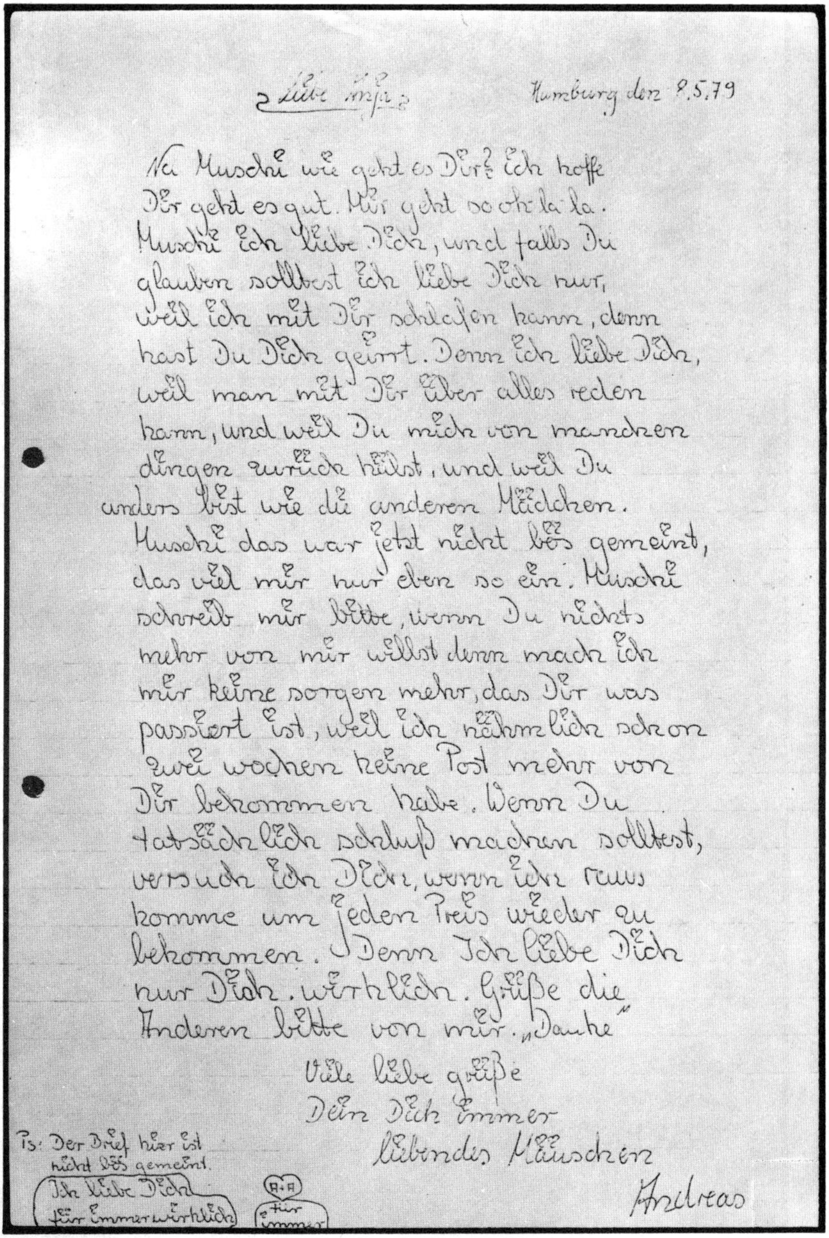

Liebe Anja Hamburg den 8.5.79

Na Muschi wie geht es Dir? Ich hoffe Dir geht es gut. Mir geht so oh-la-la. Muschi ich liebe Dich, und falls Du glauben solltest ich liebe Dich nur, weil ich mit Dir schlafen kann, denn hast Du Dich geirrt. Denn ich liebe Dich, weil man mit Dir über alles reden kann, und weil Du mich von manchen dingen zurück hälst, und weil Du anders bist wie die anderen Mädchen. Muschi das war jetzt nicht bös gemeint, das viel mir nur eben so ein. Muschi schreib mir bitte, wenn Du nichts mehr von mir willst denn mach ich mir keine sorgen mehr, das Dir was passiert ist, weil ich nähmlich schon zwei wochen keine Post mehr von Dir bekommen habe. Wenn Du tatsächlich schluß machen solltest, versuch ich Dich, wenn ich raus komme um jeden Preis wieder zu bekommen. Denn Ich liebe Dich nur Dich. wirklich. Grüße die Anderen bitte von mir. „Danke"

Viele liebe grüße
Dein Dich immer
liebendes Mäuschen

Andreas

Ps: Der Brief hier ist nicht bös gemeint.

Ich liebe Dich für immer wirklich

A+A für immer

BRIEF AUS DEM GEFÄNGNIS

Andis Zellennachbarn

28

Liebe Anja,*
es tut mir leid, daß ich Dir nicht mehr Tschüs sagen konnte, aber die Polizei hat uns ja Sonntagnacht geschnappt, wie Du sicherlich schon von Uwe erfahren hast. Ich hoffe, Dir geht es gut. Mir geht es schlecht, denn ich bin in Neuengamme. Das ist ein Jugendgefängnis. Ich muß immer weinen, wenn ich an Dich denke, weil ich nicht bei Dir sein kann, und weil ich Dich liebe und ich Dich immer lieben werde. Muschi, bitte bleib mir treu und vergiß mich nicht. Warte bitte solange auf mich, bis ich wieder draußen bin. Grüße die anderen von mir. Ich freue mich ganz besonders auf unser nächstes Wiedersehen.
Dein Dich immer liebendes Mäuschen Andreas.
P. S.: Schreib mir bitte mal und schick mir ein Bild von Dir und ein paar Briefmarken. Danke. Sage den anderen, sie sollen auch mal schreiben. Muschi, schreib mir bitte schnell.

ANJA

Patricia und ich sind gleich nach Neuengamme, also zur Jugendstrafanstalt Vierlande, wie es offiziell heißt. Andi hatte nämlich noch Patricias Schlüssel in der Tasche gehabt. Und die Schlüssel sollte sie zurückgeben, weil sie ja aus der Wohnung raus mußte. Ich weiß nicht, ob ich Andi da vielleicht hätte sehen können. Aber ich wollte so schnell wie möglich wieder raus. Die ganze Atmosphäre, ich kam mir so bedrängt vor, als wenn ich da nicht mehr rauskommen würde. Dieses Gebäude, schon von weitem, da sieht es richtig bedrohlich aus. Das liegt ganz frei in den Wiesen und paßt überhaupt nicht in die Landschaft. Das sieht aus, als wenn es gleich wegfliegt. Es ist so hell, als ob es nur für ein paar Minuten dasteht, und auf einmal ist es weg. Wir sind jedenfalls ganz schnell wieder raus.

*

Liebe Anja,
wie geht es Dir? Ich hoffe, Dir geht es gut. Mir geht es nicht so gut, weil ich nicht bei Dir sein kann. Denn ich liebe Dich und brauche Dich. Du warst nämlich immer so gut zu mir. Ich hoffe, das bleibt auch so. Wenn ich Dich nämlich nicht mehr habe, ist keiner mehr da, dem ich alles erzählen, schreiben kann, und weil ich Dich liebe.

*Die zitierten Briefe Andis sind Auszüge aus Originalbriefen.

Ich werde jetzt Haftprüfung beim Richter einlegen, und wenn ich großes Glück habe, komme ich vielleicht zurück nach Hütten ins Heim. Da kannst Du mich dann öfters besuchen, aber Du kannst mich ja hier auch mal besuchen kommen. Und ich verspreche Dir, wenn ich das Glück haben sollte, daß ich nach Hütten komme, mache ich nicht noch mal so einen Scheiß und breche da aus. Und Muschi, bitte, bleib mir treu, denn ich liebe Dich wirklich über alles. Und ich freue mich schon ganz besonders auf unser nächstes Wiedersehen, und wenn es nur beim Besuch ist. Grüße die anderen schön von mir. Ich liebe Dich, ich liebe Dich für immer, ich liebe Dich für immer und ewig, bitte glaube mir,
Dein Mäuschen Andreas.

Liebe Anja,
ich mußte meinen Geburtstag ohne Dich im Gefängnis feiern, na ja, was heißt feiern, das war hier drinnen ein Tag wie jeder andere. Denn keiner hatte was davon gewußt, und ich habe keinem was davon erzählt. Ein Geburtstag ohne Dich ist für mich so oder so kein Geburtstag. Muschi, Du fehlst mir wirklich, denn ich liebe Dich ganz, ganz, ganz doll und das für immer. Muschi, ich hoffe, Du besuchst mich hier mal. Muschi, bitte versprich mir eins, mach es nicht wieder mit Uwe oder Holger???? Danke. Und noch was, mache bitte nicht Schluß. Na ja, was heißt Schluß, wir sind ja gar nicht richtig zusammen. Sagen wir das so, verlaß mich bitte nicht, solange ich hier drinnen bin, sonst gehe ich kaputt. Denn ich liebe Dich, nur Dich und keine andere. Grüße Patricia mal von mir und schreibe mir bitte, wer ihr das blaue Auge gehauen hat. Grüße auch die anderen von mir und sage ihnen, sie könnten ruhig auch mal schreiben oder mich besuchen, aber höchstens mit drei Mann, also mit Dir und noch zwei anderen. Ich liebe Dich.
Dein Dich immer liebendes Mäuschen Andreas
P.S.: Muschi, besuchst Du mich bitte mal? Danke. Besuchszeiten Mittwochs von 16–19 Uhr. Danke.

Axel und Ralf, Häftlinge der Jugendstrafanstalt Vierlande

Ralf: Als ich den Lütten zuerst gesehen habe, da dachte ich, was macht der denn hier, jetzt stecken sie also schon Kinder in den Knast.

Axel: Ja, im Fernsehraum war das, als wir ihn zuerst gesehen haben. Er hatte sofort den Spitznamen »Lütter« weg, den ist er auch nicht mehr losgeworden. So ein Neuer wird hier erst mal abgecheckt, was das für einer ist. Ein bißchen verarscht und so. Der Lütte hat sich nichts gefallen lassen. Der hatte sofort die richtigen Sprüche drauf.

Ralf: Er sollte wohl noch von jemandem die Zelle saubermachen, da hat er gesagt, ich bin doch nicht euer Wischlappen oder so was. Ein lustiger Typ von Anfang an. Die Bello-Taufe, also Kopf ins Klobecken und aufziehen, die hat er, glaube ich, gar nicht mehr gekriegt. Da haben welche mit ihm gerungen, aber den konnte man gar nicht fassen, so gewandt war der.

Axel: Der Lütte stand auch gleich unter unserem Schutz. Er war fast immer lustig. Und gesungen hat er abends immer. Vor allem »So bist du« von Peter Maffay. Wir waren Zellennachbarn. Und weil er kein Radio und nichts hatte, habe ich ihm einen von meinen beiden Lautsprechern rüber in seine Zelle gelegt. Da mußte ich ihm dann jeden Abend ein paar mal »So bist du« rüberspielen. Dann hat er wohl an seine Freundin geschrieben.

Ralf: Die Abende hier sind ja nicht einfach. Vor allem im Anfang nicht. Da ist man dann ja ganz allein. Um halb sieben wird hier schon eingeschlossen. Da liegst du dann auf deiner Pritsche und heulst vielleicht die Kissen naß. Es gibt wohl niemanden, der da nicht immer wieder das heulende Elend kriegt. Erst versucht man noch zu lesen oder hört Musik, aber nachher kotzt einen alles an.

Früher konnte man hier abends noch mal fernsehen oder in den Freizeitraum. Aber jetzt haben sie den Schließern das Überstundengeld gestrichen. Und da bleibt natürlich keiner, damit wir mal abends fernsehen können oder Tischtennis spielen oder so was.

Ralf: Es ist ja alles gar nicht so schlimm hier. Das Schlimmste ist, wenn du denkst, daß du draußen niemanden mehr hast. Daß niemand mehr zu dir hält. Hier drinnen merkt man nämlich erst, ob man draußen überhaupt Freunde gehabt hat. Ob einer schreibt, ob er dich vor allem mal besucht, ist wichtig. Wenn er dich hier vergißt, dann kannst du ihn draußen auch vergessen.

*

Liebe Anja,
ich habe mich sehr über den Brief von Dir gefreut. Aber ich konnte ihn noch nicht lesen, weil der Brief noch nicht vom Richter gelesen wurde. Darum mußte ich den Brief noch einmal zurückgeben. Nun muß ich noch bis zum 17. 4. 79, das sind fünf Tage, warten. Aber

das macht nichts. Ich weiß ja jetzt, daß Du mir geschrieben hast. Danke. Ich liege jetzt gerade im Bett und warte sehnsüchtig auf den Brief von Dir. Ich bin manchmal richtig traurig, denn hier hat einer ein Lied, was Du immer bei Patricia gehört hast, und zwar den Babysitter-Song. Muschi, ich wollte Dir und den anderen eigentlich nur ein frohes Osterfest wünschen. Muschi, und tu mir einen Gefallen, trink nicht so viel, ja? Sonst kommst Du wieder auf dumme Gedanken. Du weißt schon, was ich meine. Muschi, ich liebe Dich, bitte bleib bei mir. Bitte schreib mir noch mal. Danke.
Dein Dich immer liebendes Mäuschen Andreas.

Liebe Anja,
ich hatte mich so auf den heutigen Tag gefreut, denn ich habe gedacht, daß du mich heute besuchst. Wie die Besuchszeit vorbei war, da war ich richtig traurig, weil Du nicht gekommen bist. Anja, Du glaubst gar nicht, wie ich Dich vermisse, denn ich liebe Dich und ich brauche Deine Liebe. Das hört sich bestimmt doof an, aber es stimmt. Nun habe ich schon bald drei Wochen keine Nachricht von Dir. Ich bin Dir deswegen nicht böse und kann Dir deswegen nicht böse sein. Aber ich habe Angst, daß ich Dich verliere. Muschi, ich hab schon zweimal Post von meiner Mutter bekommen. Wenn ich wieder rauskomme, kann ich wieder bei meiner Mutter wohnen. Ich hab mich sehr gefreut, wie ich das gehört habe. Ich kann jetzt nur noch hoffen, daß der Richter mir noch eine Chance gibt und ja dazu sagt, daß ich wieder bei meiner Mutter wohnen kann. Muschi, und ich verspreche Dir, meiner Mutter, dem Richter, und jedem, der das hören will, ich mache keine Scheiße mehr, und ich werde es jedem beweisen. Muschi, ich hoffe, Du wartest auf mich, denn ich liebe Dich, und ich hoffe, Du mich auch.
Dein Dich immer liebendes Mäuschen Andreas.

Anja

Ich habe keinen Besuchsantrag gestellt. Ich weiß nicht. Ich habe mal einen Barry in der Jugendstrafanstalt Hahnöfersand besucht. Da hatte ich einen Besucherschein gekriegt. Aber ich fand das doof da. Und die Atmosphäre in Neuengamme ist irgendwie noch bedrückender als in Hahnöfersand. Im Jugendheim, in Hütten, da hätte ich ihn besucht. Da ist die Atmosphäre nicht so bedrückend.

*

Liebe Anja,
ich war gestern auf Haftprüfung, und der Richter hat aufgrund meiner Flucht aus Wulfsdorf und Hütten entschieden, daß ich bis zu meinem Haupttermin in Neuengamme bleiben muß. Das dauert ungefähr noch sechs bis acht Wochen, wenn nicht noch länger. Muschi, ich werde Dir jeden zweiten oder dritten Tag schreiben, und ich hoffe, Du bleibst mir treu und wartest auf mich, wie Du es mir geschrieben hast. Muschi, wenn Du das machst, werde ich Dich nie laufen lassen. Du hattest gefragt, ob ich meinen Pfennig noch habe. Ja, den habe ich noch. Daß ich wieder bei meiner Mutter wohnen kann, ist genauso schnell unklar geworden, wie es klar geworden ist. Wie ich das gehört habe, standen mir die Tränen in den Augen, und wie ich abends an Dich gedacht habe, mußte ich weinen. Ach ja, es ist schon schwer ohne Dich, Muschi. Muschi, laß Dir bitte nichts von der Dicken erzählen, von wegen Schluß machen. Wenn Holger da Deinen Ring noch hat, sag ihm, er soll den Ring mir geben, und ich gebe Dir den Ring, wenn Du mich mal besuchst, ja? Ich wollte mich noch für Deinen lieben Brief und für die Briefmarken von Opa und Dir bedanken. Danke. Muschi, besuch mich bitte mal, ja? Danke. Ich liebe Dich.
Dein Dich immer liebendes Mäuschen Andreas.
P.S.: Schick mir bitte noch ein paar Bilder von Dir und schreibe mir, was es mit dem Hühnchenrupfen auf sich hat.

Liebe Anja,
na, Muschi, wie geht es Dir? Mir besch... Muschi, ich habe Deine drei Briefe bekommen. Weißt Du was, Muschi, meine Mutter nimmt mich doch auf, wenn ich nach meinem Hafttermin rauskomme. Darüber bin ich wirklich glücklich, und weißt Du, worüber ich noch glücklich bin, daß ich Dich habe, und daß Du auf mich wartest. Ich höre gerade das Lied »Darling« und bin traurig darüber, daß ich jetzt nicht bei Dir sein kann. Muschi, hier ist ein Tag wie der andere, öde und eintönig. Ich warte sehnsüchtig auf unser erstes Wiedersehen, und wenn es nur auf Besuch ist. Muschi, weißt Du, was es heißt, wenn die Briefmarke auf dem Kopf ist? Ich liebe Dich. Muschi, ich weiß nicht mehr, was ich schreiben soll, nur eins weiß ich ganz genau, ich liebe Dich für immer, und das ganz bestimmt.
Dein Dich immer liebendes Mäuschen Andreas.

Ich war bei Lutz auf einer Fete. Nachher sind nur noch ich, Nicole, Klaus und Holger übriggeblieben. Holger sagte dann: »Also, wollen wir ins Bett gehen.« Nicole sagte: »Anja, ich schlafe aber mit dir.« Da sagte ich: »Ja, natürlich.« Meint Holger: »Nee, ich schlafe mit Anja zusammen.« Da haben sich die beiden erst mal dick gestritten, wer mit mir in einem Bett schläft, weil Nicole Angst hatte, daß sie mit diesem Klaus in ein Bett mußte, und den fand sie doof.

Sie wollte schon nach Hause fahren, da meinte Holger: »Nicole, ich weiß, wo du schlafen kannst, sogar ein Bett für dich allein.« Da mußte ich noch so lachen, denn Holger ist mit ihr in die Küche gegangen und hat ihr die Küchenbank gezeigt.

Die haben also weiter dick rumgestritten, bis ich gesagt habe: »Komm, Nicole, wir gehen nach Hause.« Da ist dann schließlich Holger mit Lutz in ein Bett gegangen, und Nicole und ich ins andere Zimmer. Wir wollten schon schlafen, da brachte Klaus mir noch einen Brief. Da stand dann drin: »Wenn Nicole eingeschlafen ist, kommst du dann bitte rüber. Bitte, bitte, bitte, Holger.« Ich dachte, die sind nicht ganz dicht, und habe den Brief zerrissen.

Dann wollte Nicole aber noch eine rauchen, und wir hatten keine Zigaretten mehr, und ich mußte zu den Jungs rüber, um welche zu holen. Da ziehen mich Holger und Lutz aufs Bett wie die Wilden. Völlig beknackt. Wir haben da rumgetobt und so, und dann bin ich auch da im Bett geblieben und von dem Getobe gleich eingeschlafen.

Nachher hat Lutz, der Spinner, der ist sowieso nicht ganz dicht, was vom Pferd erzählt. In der Kneipe »Lord von Barmbek« hat er rumerzählt, r hätte mit mir geschlafen, und was weiß ich noch. Wie stolz er sei, hat er erzählt. Das war so peinlich. Im »Lord von Barmbek« konnte ich mich gar nicht mehr blicken lassen. Dabei stimmte das nun wirklich alles nicht.

*

Liebe Anja,
na, Muschi, wie geht es Dir? Mir wie immer besch... Ich denke Tag für Tag an unser erstes Wiedersehen und an Dich. Ich schildere Dir mal den Tagesablauf hier. Morgens ist um sechs Uhr wecken. Sechs Uhr dreißig gibt es Frühstück. Um sieben Uhr ist Arbeitsbeginn bis elf Uhr. Um zwölf Uhr ist Mittag, um dreizehn Uhr ist wieder Arbeitsbeginn, bis um 16 Uhr. 16 Uhr 15 ist Abendbrot bis

17 Uhr, von 17 bis 19 Uhr ist Freizeit, meistens gucken wir in die Flimmerkiste oder hören Musik. Danach geht es ab in die Heia. Wenn ich dann so alleine im Bett liege, muß ich immer an Dich denken und wie schön es mit Dir im Bett war. Muschi, ich hoffe, der Richter gibt mir eine Chance und sagt, ist gut, Andreas, Du kriegst Bewährung, und dann wollen wir mal weitersehen. Wenn der Richter das sagt, werde ich dem Richter, also nicht nur dem Richter, allen würde ich beweisen, daß ich mich bewähre. Muschi, ich bin glücklich, daß Du, obwohl ich hier sitze, so zu mir hältst. Das werde ich Dir nie vergessen. Muschi, ich bin geboren, um zu leben und zu lieben, und ich schenke Dir, nur Dir, meine Liebe.
Dein Dich immer liebendes Mäuschen Andreas.

Liebe Anja,
na, Muschi, wie geht es Dir? Mir ganz gut. Du wolltest mir in Deinem dritten Brief Bilder von Dir schicken, aber da waren keine bei. Na ja, macht nichts. Vielleicht sind ja im nächsten Brief ein paar Bilder bei. Ich habe gerade Fußball auf unserem Platz hier gespielt. Wir haben drei zu eins gewonnen. Ich habe auch ein Tor geschossen. Toll, nee, ha ha! Ich warte sehnsüchtig auf einen Besuch von Dir, denn wir haben uns heute genau einen Monat nicht gesehen. Es ist eigentlich schon viel zu lange, wenn man sich liebt, oder? Muschi, ich liebe Dich, und ich muß Dich unbedingt sehen. Ich habe einen Brief von Pat bekommen, und da steht drin, daß sie sich darum bemühen will, daß ich wieder bei ihr wohnen kann. Du kannst ihr sagen, daß sie das nicht soll, denn ich kann wieder bei meiner Mutter wohnen. Muschi, ich weiß im Moment nichts mehr was ich schreiben soll, bis dann. Ich liebe Dich. Wirklich.
Dein Dich immer liebendes Mäuschen Andreas.

Axel, Ralf

Axel: Der Lütte hat hier auch Spaß gehabt. In der Gesprächsgruppe war er gerne. Da konnte man sich so richtig ausquatschen. Daran hat ihm viel gelegen. Dann hatten wir eine Freizeitgruppe. Das haben zwei Studentinnen gemacht. Die waren in Ordnung. Die hatten viel Verständnis. Da haben wir gemalt, Tonarbeiten gemacht, Nitrodrucke und Kuchen gebacken. Kuchenbacken war total gemütlich. Bei den Sachen war Andi dabei.

Er hat auch von sich aus viel erzählt. Über den Scheiß, den er gemacht hatte, und daß er keinen Scheiß mehr machen wollte, wenn er rauskommt. Die sind da ja in Dulsberg immer voll wie Hacke losgezogen und haben Leute zusammengeschlagen. Da kannten die gar nichts, nur aus Bock, weil sie zuviel getrunken hatten. Und über seine Schwierigkeiten zu Hause hat Andi ein bißchen erzählt.

Ralf: Es war nichts Besonderes mit ihm, nur daß er noch ziemlich klein war für hier. Irgendwie ist es bei allen gleich hier. Meine Mutter, die ist auch geschieden gewesen. Die Probleme fingen für mich auch an, als dann mein Stiefvater kam. Vorher habe ich noch über alles mit meiner Mutter gesprochen. Und wie der Stiefvater kam, mußte ich natürlich zugucken, wie sie sich mit ihm unterhalten hat. Ich kam dann sozusagen aufs Abstellgleis. Jedenfalls habe ich das so empfunden. Meine Mutter mußte auch arbeiten, da habe ich sie sowieso nur noch zum Abendbrot gesehen.

Meine erste Straftat war dann auch Körperverletzung. Wir waren zu dritt, da hat uns einer angemacht wegen unserer Haare. Der eine von uns hat ihm eine reingehauen, da lag er am Boden, und der andere hat ihm so richtig schön einen Elfmeter verpaßt, also auf deutsch einen Tritt an den Kopf. Das ist nicht schön, aber es sah echt zum Lachen aus. Der hat dann auch gleich Gute Nacht gesagt. Der war ganz gut bedient. Und auf mich warten noch anteilig sechstausend Mark Arztkosten, Schmerzensgeld und so. Das kann ich aber in Raten abmachen, wenn ich wieder draußen bin. Da bin ich noch gut weggekommen und habe nur vier Wochen Jugendarrest gekriegt.

Aber ich bin aus der Lehre geflogen damals und hatte eben immer mehr getrunken. Ich war schon Alkoholiker so ungefähr. Ich war auch bei einem Alkoholberater vom Sozialamt. Zu dem hatte ich Vertrauen, das war der einzige, dem ich alles erzählt habe. Aber ich hatte wieder einen Rückfall, und dann kam die andere Sache.

Da habe ich einen umgebracht, einen Schwulen, der mich mit auf die Bude genommen hatte. Ich hatte da 2,1 Promille und weiß echt nicht, was gelaufen ist. Das hat mir der Gutachter aber nicht geglaubt, und ich habe nun sieben Jahre.

Axel: Zu Hause fängt die Scheiße irgendwie immer an. Meine Eltern haben sich scheiden lassen, als ich sechzehn war. Erst war ich bei meiner Mutter. Aber die hatte ein ziemlich komisches Privatleben, war immer weg und wollte mich nachher ins Heim abschieben. Die Zeit habe ich schon immer Schule geschwänzt und bin in der dritten Klasse schon backen geblieben.

Dann hat mein Vater mich zu sich geholt. Da ging es besser, und ich habe sogar wieder eine Klasse übersprungen. Aber mein Alter hatte ein Geschäft und auch nicht viel Zeit für mich. Nachher hatte ich auch Terz mit ihm, und wir hatten sogar eine Keilerei.

Na ja, dann findet man automatisch die Kollegen, denen es ähnlich geht. Hier eine Körperverletzung, da ein kleiner Bruch, und dann haben wir auch zweimal eine Nutte vergewaltigt. Also erst das Geld bezahlt und dann wieder abgenommen. Aber angeblich war die Frau vom Autostrich am Fischmarkt keine Nutte, sondern eine Bäckersfrau, stand in der Zeitung. Hat sich aber bezahlen lassen. Und uns haben sie eine Vergewaltigung angehängt. Zweieinhalb Jahre habe ich für alles zusammen.

Das geht noch, aber ich würde seelisch kaputtgehen, wenn ich keine Familie hätte. Mein Vater und mein Bruder halten wirklich zu mir. Meine Freundin kommt jede Woche. Sonst würde ich das nie verkraften hier.

Ralf: Das ist das Schlimmste hier, wenn Postausgabe ist oder Besuchstag, und du gehst leer aus.

*

Liebe Anja,
hallo Muschi, na, wie geht es Dir denn so? Mir ganz gut. Aber wenn ich daran denke, wie schön es mit Dir draußen ist, geht es mir schlecht. Ich habe hier eine neue Arbeit bekommen, und zwar unten in der Kammer. Da muß ich Brot für die ganzen Gefangenen schneiden und für die Beamten Essen austeilen. Das ist ganz gut, daß ich da bin, da gibt es auch ab und zu mal was zu lachen. Muschi, gestern war Mittwoch, und ich habe gedacht, vielleicht kommt meine Muschi mich ja besuchen, aber es kam keiner. Da habe ich mir eingeredet, ist nicht so schlimm, vielleicht kommt sie, also Du, ja das nächste Mal. Muschi, ich liebe Dich für immer und ewig, wirklich. Muschi, bis dann, träum' immer schön von mir. Dein Dich immer liebendes Mäuschen Andreas.

Liebe Anja,
na Muschi, wie geht es Dir? Mir nicht so gut. Denn ich bin sehr traurig, weil ich schon anderthalb Wochen keine Nachricht von Dir habe. Ich habe große Angst, daß Du mich verläßt, weil ich eben schon so lange keine Post von Dir bekommen habe.
Muschi, ich brauche Deine Post, weil ich Dich liebe, wirklich. Muschi, und ich muß Dir schreiben, weil ich Dir alles erzählen kann.

Hunderttausend Grüße und Küsse für Dich, und grüße die anderen auch von mir.
Dein Dich immer liebendes Mäuschen Andreas.

ERZIEHER M., JUGENDSTRAFANSTALT VIERLANDE

Andreas Z., an den kann ich mich genau erinnern. Das war so ein kleiner Blonder, Drahtiger, war ein patenter, lieber Kerl. Das kann man nicht ableugnen. Ist ein bißchen jung hier reingeraten. Der muß ja wohl draußen schon ziemlich massiv in Erscheinung getreten sein. Seine Arbeit bei uns hat er gut gemacht. Der Bericht, den ich für das Gericht angefertigt habe, war positiv. Ich hatte den Eindruck, daß er nun endlich Nägel mit Köppen machen und ordentlich werden wollte. Aber guten Willen zeigen hier fast alle. Es ist immer die große Frage, was draußen wird. Oft ist einfach die Stabilität nicht da. Wir können denen hier ja auch keine Korsettstangen einziehen. Das ist höchst unerquicklich. Schlimm, wie es mit dem Z. gelaufen ist, schlimm.

*

Liebe Anja,
na Muschi, wie geht es Dir? Ich hoffe, Dir geht es gut. Mir geht es so la-la. Muschi, ich liebe Dich, und falls Du glauben solltest, ich liebe Dich nur, weil ich mit Dir schlafen kann, dann hast Du Dich geirrt. Denn ich liebe Dich, weil man mit Dir über alles reden kann und weil Du mich von manchen Dingen zurückhältst und weil Du anders bist als die anderen Mädchen. Muschi, das war jetzt nicht böse gemeint, das fiel mir nur eben so ein. Muschi, schreib mir bitte, wenn Du nichts mehr von mir willst, dann mache ich mir keine Sorgen mehr, daß Dir was passiert ist, weil ich nämlich schon zwei Wochen keine Post mehr von Dir bekommen habe. Wenn Du tatsächlich Schluß machen solltest, versuche ich Dich, wenn ich rauskomme, um jeden Preis wiederzubekommen. Denn ich liebe Dich, nur Dich, wirklich. Grüße die anderen bitte von mir. Danke.
Viele liebe Grüße Dein Dich immer liebendes Mäuschen Andreas.
P.S.: Der Brief hier ist wirklich nicht bös' gemeint. Ich liebe Dich für immer, wirklich. A + A für immer.

Liebe Anja,
Muschi, nimm den letzten Brief, den ich Dir geschrieben habe, nicht ernst. Ich habe den Brief geschrieben, weil ich eben zwei

Wochen keine Post von Dir bekommen hatte. Muschi, verzeih mir bitte noch mal, ja? Danke! Ich liebe Dich doch so sehr, ich würde alles für Dich tun, wirklich. Muschi, weißt Du, worüber ich mich sehr freuen würde, wenn Du, Wolfgang und noch irgendeiner mich mal besuchen kommen, denn ich muß Dich unbedingt mal wiedersehen. Bitte, bitte kommt mich doch mal besuchen, ja?
Ach ja!
Dein Dich immer liebendes Mäuschen Andreas.

Anja

Holger spinnt einen ja immer voll. Aber er macht es eben auf eine Art, daß man drauf reinfallen kann.

Das war, glaube ich, mal bei Jörni. Holgers Schwester Biggi war auch da. Holger saß dicht neben mir und hat rumgesponnen, daß er krank sei, daß er was mit den Nieren hat. Und Biggi meinte zu mir: »Halt ihn doch mal fest.« Da hat Holger meine Hand genommen und ganz fest gedrückt.

Nachher lag er plötzlich auf dem Boden. Da habe ich gesagt: »Leg dich doch ein bißchen hin.« Er: »Ja, bringst du mich denn zum Bett?« Da habe ich ihm ins Bett geholfen, Schuhe ausgezogen und zugedeckt und so. Nach fünf Minuten kam er wieder raus. »Ich kann nicht schlafen.« Da meint Biggi zu mir: »Dann bleib doch mal einen Moment bei ihm.« Die beiden machen immer abgekartertes Spiel.

Also wieder alles von vorn. Ich habe ihn zugedeckt und so und gesagt: »So, ich gehe jetzt.« Sagt er: »Warte doch mal.« Ich sage: »Was denn?« Und er dick flüstert und gibt mir einen Kuß.

Ich dachte ja erst, ihm geht es echt schlecht. Was anderes habe ich gar nicht so gedacht. Das kam dann eben so, daß er mich rumgekriegt hat. Aber es war nur von ihm. Das war irgendwo etwas brutal und link. Aber so eng habe ich es auch wieder nicht gesehen, obwohl ich ziemlich baff war. Irgendwo habe ich auf Holgers Art gestanden.

*

Liebe Anja,
na, Muschi, wie geht's. Mir gut, denn ich denke jede Stunde an Dich. Ich bin gerade dabei, mein Kreuz, das ich auf dem linken Arm habe, rauszumachen, denn ich habe keine Lust mehr auf solchen

Quatsch, und weil ich ein ordentlicher Junge werden will. Das ist mein völliger Ernst. Ich habe meiner Mutter geschrieben, ob sie mich nicht schon vor meinem Termin aufnehmen will. Dann könnte ich mir nämlich eine neue Lehrstelle suchen, weil das einen besseren Eindruck beim Termin macht. Und wenn sie ›ja‹ sagt, würde ich eine neue Haftprüfung beantragen und vielleicht rauskommen. Ich würde dem Richter dann auch alles erklären. Muschi, und wenn ich dann rauskommen würde, würde ich hundertprozentig keinen Scheiß mehr machen. Na ja, Muschi, hoffen wir, daß meine Mutter mich schon vor meinem Termin aufnimmt! Ich liebe Dich! Muschi, ich weiß nicht mehr, was ich schreiben soll, nur das ich Dich Sekunde für Sekunde lieben werde. Und grüß alle schön von mir. Besuch mich bitte mal. Was Du da tun mußt, habe ich Dir schon mal geschrieben, und wann Besuchszeit ist, auch.
Dein Dich immer liebendes Mäuschen Andreas.

Liebe Anja,
hallo Muschi, na, wie geht es Dir? Ich hoffe gut, denn mir geht es auch gut, weil ich immer an Dich denke. Ich hoffe immer, wenn ich an Dich denke, daß wir uns bald wiedersehen, und wenn es erst nur beim Besuch ist. Ich habe mir Deine beiden Bilder direkt neben meinem Bett an die Wand geklebt, damit Du immer bei mir in der Nähe bist! Ich liebe Dich! Sage Uwe bitte mal, daß ich ihm für die vielen Briefe danke und daß er ein ganz linker Vogel ist. Warum? Weil wir draußen gute Kumpel waren, und seitdem ich im Knast bin, läßt er nichts mehr von sich hören. Er hat doch ein Krad, damit kann er doch mal mit Dir zum Gericht fahren. Dann holt Ihr Euch einen Besucherschein und besucht mich mal. Du, Muschi, versteh den letzten Satz nicht falsch. Das soll nicht heißen, daß ich auch böse auf Dich bin. Es war nur ein Beispiel. Ich habe immer Angst um Dich. Außerdem kann ich Dir gar nicht böse sein, weil ich Dich so lieb habe. Ich verzeihe Dir alles. Bis dann, grüß die anderen von mir. Ich liebe Dich! Anja und Andreas, Liebe für immer!
Dein Dich immer liebendes Mäuschen Andreas.
P. S.: Ich habe Sehnsucht nach Dir und möchte ein Bild von Dir.
Anja + Andi + Love.

Ich habe Andreas nicht besucht, weil ich Angst kriege, wenn ich mit der Bahn fahre.

Ich wollte ihn ja auch nicht wiederhaben, weil ich genau wußte, daß sich das doch alles wiederholt mit ihm. Als ich ihm das auch ziemlich deutlich mitgeteilt habe, da hat er mir von einem auf den anderen Tag nicht mehr geschrieben einfach.

*

Liebe Anja,
wie geht es Dir? Mir ganz gut. Muschi, ich muß Dich unbedingt sehen, ich halt' es sonst nicht mehr aus, auch wenn der Abschied nach dem Besuch schwerfällt, ich muß Dich sehen, wirklich. Das ist jetzt kein Spruch, das ist wirklich wahr. Du kannst ja mit Wolfgang kommen, denn er wollte mich auch mal besuchen. Du weißt ja, wie Du das machen mußt, wenn Du mich besuchen kommst. Ich liebe Dich für immer, wirklich.
Dein Dich immer liebendes Mäuschen Andreas.

Liebe Anja,
na Muschi, wie geht's? Ich hoffe, Dir geht es gut. Mir geht es ganz gut. Am Sonntag den 20. 5. 79 war ich genau 50 Tage in Haft, ohne Dich einmal zu sehen, ohne Dich einmal gehört zu haben, und ohne Deine Liebe auch nur einmal zu spüren. Muschi, wenn das so weitergeht, gehe ich kaputt, denn ich liebe Dich, und ich brauche Dich und Deine Liebe. Von meiner Mutter habe ich bis jetzt auch noch keine Nachricht bekommen. Du weißt schon, was ich meine. (Daß ich wieder bei ihr wohnen kann.) Das macht mich ganz fickerig, weil ich nicht weiß, was mit meiner Mutter los ist. Aber ich habe schon was von meinem Vater gehört, und er hat geschrieben, daß er mich diesen Sonnabend besuchen kommt. Wenn Du willst, kannst Du ja das nächste Mal mitkommen, also mit meinem Vater. Schreibe mir, ob Du Lust hast. Ich mache dann das mit meinem Vater klar, daß er Dich dann bei Opa abholt. Aber nur, wenn Du willst. Bis bald und grüß alle schön.
Dein Dich immer liebendes Mäuschen Andreas.
P. S.: Ich liebe Dich für immer, wirklich. Anja + Andi Love forever.

Ich hatte ja keine Ahnung, bis ein Brief aus Neuengamme kam: »Vati, die haben mich eingesperrt. Besuch mich doch mal.« Da guckt man ja erst mal ein bißchen doof. Ganz schön durcheinander war ich. Der eigene Sohn im Gefängnis. Was hat man da falsch gemacht? Wo hätte man die Weichen vielleicht doch noch anders stellen können?

Das hat erst mal gedauert, bis der Besuchsantrag durch war. Dann bin ich hin nach Neuengamme. Insgesamt habe ich ihn dreimal besucht. Er hat sich unheimlich gefreut, wenn ich kam. Wir waren in einem Aufenthaltsraum, da war sonst nur noch ein Schließer dabei. Wir haben über den Blödsinn geredet, den er gemacht hat. Er hat erzählt, daß er gleich für die Wärter in der Kantine arbeiten durfte, weil die Schließer da meinten, daß er ordentlich und sauber sei. Er hat in der Küche gearbeitet und die Wärter bedient.

Er fand den Job soweit auch ganz in Ordnung. Aber wie er mir sagte, gab es da auch eine Abteilung, wo die Gefangenen Kupferbilder herstellten. Da hätte er lieber gearbeitet. Er war richtig ein bißchen traurig, daß man ihn nicht gefragt hat, ob er da nicht arbeiten will. Er hat ja auch immer viel gezeichnet und gemalt. Ich habe ihn noch getröstet und zu ihm gesagt: »Du bist doch nur kurz hier. Und dann haben sie dir gerade die Grundbegriffe gezeigt, und dann kommst du wieder nach Hause.«

Das letzte Mal war noch seine Schwester Carmen mit. Und da war ich ja abgemeldet, da hatte ich nichts mehr zu sagen. Ich sagte: »Da gehe ich wohl lieber so lange raus.« Aber er: »Nee, bleib man hier, Papa. Das kannst du ruhig mithören, was wir uns zu erzählen haben.«

Dann meinte er, daß er das Scheiße findet, was er gemacht hat. Und die Carmen wieder: »Du bist ja auch doof, daß du überhaupt so was gemacht hast. Nun werd' doch mal vernünftig. Dann kannst du auch wieder bei uns zu Hause wohnen.« Und er: »Ja, mache ich, klar.« Zum Schluß hat ihm die Carmen noch einen von ihren Ohrringen geschenkt. Den soll er ja bis zu seinem Tod getragen haben. Beim Abschied war ihm alles nicht so geheuer. Er hat sehr bedrückt geguckt. Er wollte wohl vor dem Schließer und seinen Kumpels, die da auch Besuch hatten, keine Tränen lassen. Aber ich hatte den Eindruck, daß er in seiner Zelle gleich losgeheult hat, so wie er geguckt hat. Carmen hat sofort losgeheult, und mir war auch komisch zumute.

Liebe Anja,
na Muschi, wie geht's? Mir gut. Ich bin zwar schon 65 Tage weg von Dir, aber ich liebe Dich immer noch so sehr, als wenn Du jeden Tag bei mir bist. Eine der ersten Sachen, die ich mache, wenn ich draußen bin, ist, mir Arbeit zu suchen. Ich habe gerade meiner Oma geschrieben, mal sehen, ob sie zurück schreibt. Sage bitte Nicole herzlichen Dank für den Brief. Ich schreibe ihr auch bald. Ach ja, was ich noch sagen wollte, ich kann nicht bei meiner Mutter wohnen. Wie ich das gehört habe, war ich sehr enttäuscht, und meine gute Laune war auch weg. Na ja, bis bald, und grüß alle von mir.
Dein Dich immer liebendes Mäuschen Andreas.

Liebe Anja,
Erst mal eine Frage: Wieso schreibst Du mir sooo wenig? Ich hoffe, Du liebst mich noch, oder? Denn ich habe schon wieder Angst um Dich, weil ich Dich doch so doll liebe, wie keine(n) andere(n). Na Muschi, wie geht's. Mir besch..., denn ich höre ja so wenig von Dir. Letztens war Lütten hier und hat seine Sachen abgeholt, da hat er mir erzählt, daß er Dich und Nicole am Bahnhof Alter Teichweg getroffen hat. Vielen Dank für die Grüße, die er mir von Dir bestellen sollte. Danke. Mir kommen manchmal die Tränen, wenn ich über das nachdenke, was ich getan habe, denn ich bereue es wirklich, was ich getan habe. Ich hoffe, Du verstehst mich nicht falsch und denkst, der spinnt. Nein, es stimmt. Bitte bleib bei mir.
Dein Dich immer liebendes Mäuschen Andreas.

Axel

Also, an Andreas habe ich schon ganz schön gehangen. Mit ihm konnte ich mich am besten unterhalten. Am meisten hat er von seiner Lütten, seiner Freundin geredet. Ich habe ihm auch so ein A aus Eisen gefeilt. Das war der Anfangsbuchstabe vom Namen seiner Freundin.

Hier peikern sich ja alle gegenseitig, also tätowieren sich. Andi wollte erst nicht. Aber dann hat er sich ein Spinnennetz auf den Rücken machen lassen. Nachher wollte er es am liebsten wieder weghaben. Ich glaube, wegen seiner Süßen, weil die auf so was überhaupt nicht stand.

Der Abschied von ihm ist mir auch richtig schwergefallen. Das war an dem Abend, bevor er Termin hatte. Da haben wir beide noch lange am Fenster gehangen und haben uns so durch die Gitter von Zelle zu Zelle unterhalten. Er hat zu mir gesagt: »Ich schreib' dir.« Und ich sagte: »Gib mir mal deine Adresse, daß ich dir auch gleich schreiben kann.« Aber er meinte: »Ich weiß ja überhaupt noch nicht, wo ich hinkomme, Zu meiner Mutter, zu meiner Oma, oder wo sonst.«

Er war überhaupt fix nervös. Er wußte ja nicht, ob er wirklich auf Bewährung rauskam. Er fragte immerzu: »Meinst du wirklich, die lassen mich gehen?« Ich habe ihm Mut gemacht, weil er nach seinem Alter und nach dem, was er gemacht hatte, ja eigentlich noch gar nicht in den Knast gehörte. Ich meine, wir waren da schon andere Kaliber.

Und er hat gesagt, wenn er rauskommt, dann rennt er erst mal sofort zu seiner Lütten. Und gleich Arbeit suchen wollte er sich. Dann mußte ich für ihn noch ein paarmal die Platte »So bist du« abfahren.

Und morgens hat er mir seine ganzen Sachen gegeben. Sogar Zigaretten, Gardinen und all solche Scherze. Er hat gesagt: »Heb die ja auf bis heute abend. Wenn ich wiederkomme, will ich alles zurück. Wenn ich heute abend bei meiner Lütten bin, kannst du alles behalten.« Ich habe gesagt: »Wenn du hier noch mal aufkreuzt, weil du wieder Scheiße gebaut hast, kriegst du von mir persönlich was hinter die Backen, daß du erst mal nicht mehr aufstehst.« Da hat er mir einen Kuß auf die Wange gegeben und ist gegangen und hat sich überhaupt nicht mehr umgeguckt.

Liebe Anja,
hallo Muschi, na, wie geht's? Ich hoffe gut. Mir geht es jedenfalls ganz gut. Gestern hätte ich abhauen können, aber ich habe es nicht getan, denn ich will dem Richter beweisen, daß ich mich auch zur Bewährung eigne. Ich habe ja jetzt Termin, hoffentlich bekomme ich Bewährung, ne? Wenn ich rauskomme, mache ich 100 % keine Scheiße mehr. Ich hatte hier sehr viel Zeit, über meine Straftaten nachzudenken, und ich bin immer ganz traurig, wenn ich an den Studenten und auch an die anderen denk', wie sie da ahnungslos durch die Straße gehen, und dann kommt da so ein blöder Hund wie ich und verprügelt sie einfach. Muschi, du denkst jetzt vielleicht, was erzählt der mir denn da für einen Quatsch, das interessiert mich gar nicht. Es ist vielleicht richtig, wenn du das denkst,

aber das ist es, was mich jeden Abend so quält. Nun wollte ich mir das mal von der Seele schreiben und werde allen beweisen, daß ich mich verändere. Bis bald Muschi und grüß alle schön von mir. Dein Dich immer liebendes und treu bleibendes Mäuschen Andreas.

Der Vater

Der Termin war dann am 3. Juli. Morgens um neun Uhr fing das an und mit Unterbrechung ging das bis nachmittags um drei Uhr. Meine jetzige Frau war auch mit. Seine Mutter, meine Geschiedene, hielt es ja nicht für nötig, da hinzugehen.

Ich habe Andreas dann auf dem Flur wiedergesehen. Wie einen Schwerverbrecher haben sie ihn vorgeführt. Mit Handschellen war er an den Schließer gekettet. Dabei war er ja nur halb so groß wie ich, ein Kind. Und der Fürst in der schwarzen Robe hat ihn dann runtergeputzt.

Ich habe erst mal versucht rauszufinden, wieso er überhaupt schon im Gefängnis war. Verurteilt hatten sie ihn bis dahin ja nur zu ein paar Arbeitsauflagen. Aber darauf habe ich keine richtige Antwort gekriegt erst mal. Das war wohl nur, weil meine geschiedene Frau bei den Behörden auf einer sicheren Unterbringung bestanden hat und ihn selber nicht mehr nehmen wollte.

In der Pause habe ich mit ihm gesprochen. »Ja, Papa«, sagte er, »was soll ich denn machen? Zu Mutti kann ich nicht, zu Oma und Opa auch nicht mehr.« Ich sage: »Ja, wenn du noch mal mit deiner Mutter sprichst.« Aber da war ja kein Sinn drin. Ich sagte dann: »Ich habe dir immer angeboten, wenn du unter Druck bist, komm zu uns. Ich habe fünf Kinder zu Hause. Aber für ein paar Tage ist da auch immer Quartier für dich.«

Ich habe auch noch mit seinem Fürsorger, dem Herrn V., gesprochen und mal so gefragt, wie das wäre, wenn ich den Jungen ganz nehmen würde. Der meinte: »Das geht nicht so einfach. Sie sind ja nicht mehr der Erziehungsberechtigte. Da müßten Sie erst mal einen Antrag stellen. Das dauert mindestens fünf Monate, bis der bearbeitet ist. Und ob Sie dann den Jungen überhaupt kriegen, das kann ich Ihnen auch nicht zusagen.« Na ja, ich bin der Meinung, der Staat ist manchmal auf den Hinterkopf geschlagen. Und ziemlich doll sogar.

Oma und Opa hätten den Jungen auch wieder genommen. Das habe ich noch dem Fürsorger gesagt. Aber die vom Gericht haben dann alles unter sich verhackstückt, nehme ich an. Und als sie geschlossen wieder reinmarschierten, war alles entschieden. Verurteilt worden ist Andreas, weil er mal einem Schüler neun Mark fünfzig abgenommen hat. Räuberische Erpressung war das, weil er gesagt haben soll: »Kohle raus.« Und wegen der Sache, die er mit dem Peter gemacht hat. Dieser Peter hat dafür nur Arbeitsauflagen gekriegt. Und vor allem haben sie ihm natürlich angekreidet, daß er den Studenten vom Fahrrad gehauen hat. Das war bestimmt nicht schön, was Andreas da gemacht hat. Aber sogar der Sachverständige hat gesagt, daß Andreas da so viel Alkohol getrunken hat, daß er nicht mehr wußte, was er tat. Daß also seine Steuerungsfähigkeit ganz ausgeschaltet oder stark beeinträchtigt war. Das haben auch alle Zeugen so bestätigt.

Ich weiß nun nicht, ob man einen gerade Sechzehnjährigen wegen dieser bestimmt unschönen Straftaten zu Mördern und anderen Kriminellen ins Gefängnis stecken muß. Im Gefängnis lernt er doch nicht gerade, wie man sich in einer Gemeinschaft benehmen muß.

Acht Monate hat er gekriegt. Zwar mit Bewährung jetzt, aber er sollte unbedingt ins Heim. Als ob das Heim schon mal einen Jugendlichen gebessert hätte.

Na, ich habe ihn noch persönlich hingefahren ins Heim Hütten. Er sollte auch nach einer Übergangszeit in ein offenes Heim. Aber mein Herr Sohn hat es ja nicht einen Tag aushalten können in dem Heim. Der mußte unbedingt sofort wieder zu seinen Kollegen und seiner Freundin.

29

Das war also der Tag, auf den ich ungefähr hundert Tage gewartet habe. Ich weiß nicht, wie ich mir den Tag vorgestellt hatte. Ich habe mir wahrscheinlich nur vorgestellt, daß ich Anja umarme. Aber dann habe ich mir erst mal nur die Menschen und die Autos auf der Straße angeguckt. Das war eine unheimliche Hektik überall. Ich meine hundert Tage sind ja nicht gerade eine Ewigkeit. Aber du glotzt erst mal, als hättest du noch nie Menschen und Autos auf der Straße gesehen.

Und dann wollten sie mich also wieder wegschließen. Anja und die anderen könnten mich ja in Hütten besuchen, meinte mein Vater. Ich war noch nie so schnell wieder raus aus Hütten wie an dem Tag. Und dann war ich schon am U-Bahnhof Alter Teichweg. Ich bin die Treppen hoch wie ein Blöder. Das waren nur einhundertfünfzig Meter zu Anjas Wohnung. Aber ich bin nicht weitergerannt. Ich weiß nicht, was das war. Schiß wahrscheinlich: Ich dachte, daß Anja vielleicht nicht zu Hause ist. Ich habe mir vorgestellt, daß Anja mir nur so die Hand gibt und sagt: »Du Andi, ich muß mit dir reden. Die Sache ist nämlich die.« Daß sie also irgendeinen eingeübten Spruch aufsagt, um mir was beizubiegen.

Ich habe erst mal eine Runde durch Dulsberg gedreht. Das war ganz gut. Ich konnte mir nicht vorstellen, mal woanders zu leben als in Dulsberg.

Vorm Getränkegroßmarkt, wo wir uns immer unseren Sprit besorgten, waren draußen die Bierkästen fast zweimal so hoch gestapelt wie ich. So war das immer im Sommer. Da war ein Plakat rausgehängt, auf dem stand, daß man ruhig reichlich einkaufen sollte für seine Parties. Den Rest würden sie jederzeit zurücknehmen. Ich bin rein in den Laden und hab mir eine kleine Flasche Reiter-Korn gekauft. Die kostete DM 4,99. Ich habe dem Typen fünf Mark gegeben und kriegte einen Pfennig zurück. Ich habe gedacht, daß es gut ist, daß ich gleich einen Glückspfennig kriege. Den sollte Anja haben, weil sie ihren bestimmt längst verbaselt hatte.

Ich bin an unserer Straße vorbeigekommen. Die Tür vom Pfaueneck stand weit auf. Tante Friedel war hinter der Theke, und ihr Mann war gerade mal mit dem Pudel spazierengegangen. Sie wußte schon vom Knast und so. Ich habe mit ihr rumgealbert. Ich habe gesagt: »Wir sind jetzt Kollegen, Tante Friedel. Drinnen war ich Kalfaktor in der Beamtenkantine. Wenn du willst, übernehme ich deinen Laden.« Da hat sie gelacht. Sie hat mir eine Packung Ültje-Kerne geschenkt. Das hatte sie früher auch immer gemacht, wenn ich mit meinem Alten sonntags nach dem Fußballspiel bei ihr war. Vom Pfaueneck bin ich in den Park an der Adlerstraße rein. Ich hab mich auf eine Bank am Spielplatz gesetzt, die Ültjes gegessen und einen Schluck Reiter-Korn genommen. Neben der Sandkiste hatten sie ein neues Holzrad montiert. Wenn die Kinder darauf liefen, drehte sich das Rad wie ein Karussell. Irgendwie erinnerte mich das an das Laufrad von meinem Hamster. Den hatte ich hier im Park begraben.

Die Sonne schien mir auf den Pelz, und ich fühlte mich ganz

wohl. Ich dachte, daß ich eigentlich keine schlechten Aktien hatte. Mein Alter wollte sich ja auf dem Bau umhören, ob da was drin war für mich. Und Onkel Gerd hatte auch gesagt, daß ich vielleicht wieder anfangen könnte in seiner Lackiererei. Als Arbeiter, und da kriegst du gleich viermal so viel wie als Lehrling. Ich war mir ganz sicher, daß ich diesmal tierisch ranklotzen würde, schon wegen Anja. Es hat mich krank gemacht, daß ich nicht wußte, was sie machte jetzt.

Ich bin dann bei Auto-Schröpfer vorbei. Der hieß echt so. Bei Schröpfer bin ich nie so einfach vorbeigegangen. Ich mußte immer abchecken, ob er BMW's hatte. Aber bei Schröpfer war Sommerflaute. Da standen nur gammelige Opels und Fords rum. Das war was für die Alis, die es ja auch reichlich gab bei uns in der Gegend. Nur ein Ford Mustang, der war stark, mit Sportfelgen, Stahlschiebedach und Stereoanlage. Sechstausendneunhundertachtzig Mark. Bei Schröpfer konntest du ohne Anzahlung kaufen und auf sechzig Monate abstottern. Der Mustang war wirklich astrein. Vor allem im Lack noch Klasse. Aber er hatte Automatik. Ich wollte einen Wagen, den ich selber durchschalten konnte.

Ich bin dann rüber zum »Schluckspecht« und wollte noch einen trinken. Da fiel mir ein, daß ich Lokalverbot hatte, weil da noch eine Rechnung ausstand. Ich hab mir noch einen Reiter-Korn reingekippt. Der war zu warm und schmeckte wie Ochsenpisse.

Dann stand ich vor Anjas Haus. Ich hab bei ihr auf die Klingel gedrückt. Sie stand oben in der Tür und hat mich umarmt und geküßt.

Anja, Patricia

Anja: Ich habe mich natürlich tierisch gefreut, als Andi wieder draußen war. Aber es war doch nicht wie vorher. Die Sache mit Holger hat er gleich geahnt.

Wir waren dann auf einer Party, bei Marina, Wolfgangs Schwester. Wir kamen irgendwie auf das Thema. Ich habe Andi schon so Andeutungen gemacht und habe gesagt: »Okay, ich habe es dir jetzt erzählt.« Er hätte das sowieso erfahren. Da sagte er: »Wer weiß, mit wem du sonst noch zusammen warst.« Sage ich: »Ja, toll. Spinn man rum.« Meint er: »Ich war ja auch mit einem Mädchen zusammen, früher. Davon weißt du ja auch nichts.« Sag ich: »Ja, mit wem denn? Aber nicht mit Gabi.« Und er: »Nö, ich habe nichts Besonderes mit ihr gemacht. Aber mit Biggi und Roswitha.«

Im ersten Moment dachte ich, ist ja toll. Da sind mir beinahe die Tränen gekommen. Aber ich habe nicht losgeheult. Ich bin auf die Toilette gegangen und habe eine geraucht. Er stand vor der Tür und meinte immerzu: »Bitte, bitte, ich will mit dir reden.« Ich bin aus dem Klo rausgeschossen und habe gesagt: »Laß mich in Ruhe. Es ist Schluß. Verstehst du? Du kannst abdampfen. Schluß! Tschüs.« Ich war dermaßen wütend.

Und er fing an, tierisch zu heulen. Er hat ja schon immer geheult, wenn ich mal mehr aus Quatsch gesagt habe, ich hätte keinen Bock mehr auf ihn.

Patricia: Ich habe das gar nicht so schnell mitgekriegt, wie Andi und Anja sich gestritten haben. Jedenfalls lief Andi plötzlich an mir vorbei und sagte: »Ich halte das nicht aus. Wenn sie wirklich Schluß macht, springe ich aus dem Fenster.«

Dabei stimmte das gar nicht, daß Andi mit Biggi und Roswitha geschlafen hat, während er mit Anja ging. Das hat er nur gesagt, weil Anja was mit Holger gemacht hat und weil er testen wollte, ob Anja ihn noch wirklich liebt.

Ich habe dann vor der Balkontür gestanden und Andi nicht rausgelassen. Ich habe versucht, ihn zu trösten: »Setz dich mal wieder hin. Was sollen wir denn ohne dich machen? Ich habe dich doch auch lieb. Nicht nur Anja.« Das hat ihm, glaube ich, im Moment ein bißchen geholfen. Er meinte es nämlich bestimmt ernst mit dem Springen. Er hatte schon ziemlich getrunken und war wahnsinnig verzweifelt. Das sah man.

Wolfgang, mein Freund, hat inzwischen mit Anja geredet. Ich denk, der will das irgendwie wieder ins Lot bringen. Dann kam er aber zu mir und meinte, er hätte von mir auch die Schnauze voll. Er witterte wohl eine Gelegenheit, an Anja ranzukommen, weil er dachte, daß es zwischen ihr und Andi endgültig aus ist. Ich sagte erst noch: »Geh doch.« Und er: »Du kannst mich sowieso nicht an dich binden.« Da ist mir so ein Spruch rausgerutscht: »So ein dickes Tau gibt es auch gar nicht.« Und er: »Leck mich doch am Arsch. Für dich kommt auch noch mal der Richtige.«

Das hat mich total umgehauen, daß er gesagt hat: »Für dich kommt auch noch mal der Richtige.« Ich habe nur noch zu Andi gesagt: »Ich springe mit dir.« Ich war mal wieder mit allem fertig.

Dann standen wir auf dem Balkon. Andi ist noch auf einen Tisch gestiegen. Es hat wirklich nicht viel gefehlt, und wir wären gesprungen. Zum Glück ist Wolfgang zu uns rausgekommen. Er hat gesagt: »Dicke, komm, nun mach doch keinen Scheiß. Ich liebe dich doch. Das war nicht so gemeint.« Er hat mich vom Balkon gezogen, und ich Andi.

Anja: Als Andi da auf dem Balkon auf einem Tisch stand, habe ich zu ihm gesagt: »Du bist doch nicht ganz dicht. In meinen Augen hast du einen Knacks.«

Als er nachher wieder vom Balkon runtergekommen ist, hat er geheult und hat gesagt: »Das mache ich nie wieder.« Da meinte ich: »War es denn wenigstens gut mit den anderen Weibern.« Er: »Nee, überhaupt nicht.« Ich: »Warum hast du es denn überhaupt gemacht!« Er: »Du warst ja auch mit Holger zusammen.« Meine ich: »Toll. Echt ein tolles Argument. Wirklich toll.« Ich war immer noch tierisch wütend. Ich habe gesagt: »Dann geh doch mit Biggi und Roswitha.« Er: »Nee, will ich ja gar nicht. Ich liebe doch nur dich, Muschi. Ich kann nie ein anderes Mädchen lieben.« Da haben wir noch eine Weile so rumgequatscht, und nachher waren wir eben wieder zusammen.

Also, ich war nie jemand, der sich an einen Jungen geklammert hat. Ich hätte zu Andi auch nie gesagt: »Bitte, bleib bei mir« und solche Scherze. So was würde ich nie sagen. Ich habe Andi auch immer gesagt: »Du brauchst nicht an mir zu kleben. Da sind noch andere Mädchen, die genauso gut aussehen.« Ob einer nicht mit mir zusammen sein will, oder in China knackt 'ne Wurst. Ich habe immer gesagt: Was ich jetzt habe, das habe ich, was ich später nicht mehr habe, das habe ich eben nicht mehr. Ich hätte Andi nicht nachgeheult. Ein bißchen getroffen wäre ich gewesen, wenn er mit einer anderen gegangen wäre. Aber nicht doll. Außerdem steht für mich sowieso fest: Wenn einer Schluß macht, dann bin immer ich das. Das wäre also bestimmt ich gewesen, der Schluß gemacht hätte.

Ich war auch irgendwie die Bestimmende bei uns beiden. Also, er hat getan, was ich gesagt habe. Wenn ich meinte, du arbeitest jetzt, dann hat er sich auch um Arbeit bemüht. Auch mit den Schlägereien und so. Ich habe ihm gleich gesagt, als er aus dem Gefängnis kam: »Wenn du jetzt noch mal Scheiße machst, dann kannst du mich in den Wind schieben.« Er immer: »Ja, ja.« Es ist dann ja auch sehr viel besser geworden mit ihm. Er hat mich wirklich gern gehabt.

Patricia, die träumt auch viel rein in ihre Beziehungen mit Andi. Die erzählt schon so, als wenn sie mit ihm gegangen wäre. Andi hier, Andi da. Ich komme mir dabei schon richtig doof vor. Als wenn ich nur so eine entfernte Freundin für Andi gewesen bin oder so. Patricia, die träumt und träumt und merkt gar nicht, was Sache ist. Als sie keinen Freund hatte, da hat sie immer gesagt: »Ach, ich möchte so gern, daß Andi mich auch mal in den Arm nimmt.« Da habe ich dann zu ihr gesagt: »Warum denn nicht? Macht es doch. Ist doch nichts dabei.« Deshalb hat Andi sie auch mal in den Arm genommen. Und sie dachte sich dann gleich Unheimliches dabei.

Patricia: Jedenfalls war den Abend auf der Party bei Wolfgangs Schwester noch volle Aussöhnung. Wir sind zu viert, also ich mit Wolfgang, Anja mit Andi, zu Opa gezogen und in die Betten. Opa mußte auf die Couch. Hat er aber gern für uns getan. Andi war so voll, der ist sofort eingepennt.

Ich war dann mit Wolfgang gerade so schön dabei, da fängt Anja an, voll laut rumzumeckern, weil sie Andi wohl nicht mehr wachkriegte: »Du Scheißkerl« und so. Und Wolfgang fängt mittendrin tierisch an zu lachen. Ich war so wütend. Und dann kommt auch noch Anja an und setzt sich zu uns auf die Bettkante.

Ich hatte mich zur Wand gedreht, weil ich so wütend war. Und als ich mal nach hinten pliere, da sag ich zu Wolfgang nur noch: »Sag mal, grabbelst du anderen Weibern immer an den Titten rum?« Dann meinte Anja: »So, jetzt hole ich eine Kanne Wasser und kipp sie ihm ins Ohr. Nichts anzufangen mit dem Scheißtyp.« Hat sie auch tatsächlich gemacht. Aber sie hat ihn nicht mehr in die Gänge gekriegt.

Anja: Die Patricia war so wütend, die hat geheult, als Wolfgang anfing zu lachen und ich mich zu denen aufs Bett gesetzt habe. So, als ob ich dick was von Wolfgang wollte. Das war aber nur Spaß. Ich wollte nachher auch Andi gar nicht mehr wach kriegen. Ich hatte schon wieder die Schnauze voll. Er hat immer nur rumfantasiert in der Nacht: »Oh, Muschimann, oh, Muschimann.« »Was denn«, frage ich, und er dick weitergeschlafen. Keine Antwort. Und dann nur wieder: »Oh Muschimann, oh, Muschimann.«

Am nächsten Tag oder so gab es noch reichlich Ärger wegen Roswitha, der Natter. Da bin ich bei Opa, und Nicole ruft an und sagt zu mir: »Gib mal Andi, Roswitha will ihn sprechen.« Ich: »Andi ist nicht da.« Da höre ich aus dem Hintergrund Roswitha, die geile Natter: »Ich schnapp ihn dir schon nicht weg.« Dafür hätte ich ihr schon eine donnern können. Kurz danach habe ich sie draußen getroffen. Ich habe sie am Kragen genommen und ihr eine gedröhnt.

Für mich hat die sowieso ein Rad ab. Die alte Natter hat Andi sowieso nur verscheißert, bevor er mit mir zusammen war. Damals wollte ich noch nicht mit Andi gehen, und da habe ich ihm gesagt:

»Geh doch mit Roswitha.« Dann ist er mit ihr in die Disco, und sie dann mit Holger ins Bett. Andi saß da wie ein Beknackter. Und Holger hat dann wieder Roswitha verscheißert. Das Ding im Park, wo er gesagt hat, er will mit ihr schlafen, und als er sie ausgezogen hat, ist er mit ihren Plünnen abgehauen.

IX

Herr H.

Wir hatten heute Ärger mit unserem Sohn. Also, da hat ihn ein Mädchen auf der Straße geärgert, und mein Herr Sohn hat zu ihr »du Hure« gesagt. Er wußte natürlich gar nicht, was das ist. Woher soll er das mit zwölf auch schon wissen. Ich habe ihm das aber jetzt erklärt. Ich habe gesagt: »Eine Hure, das ist eine, die für Sex Geld nimmt. Eine Verkommene. Merk dir das.« Man muß immer mit den Kindern reden. Das ist wichtig.

Ich habe immer darauf geachtet, daß meine Kinder in einem geordneten Haushalt groß werden. Sie kennen nicht den Schlendrian wie andere. Pünktlichkeit, Sauberkeit und Ordnung. Das steht im Vordergrund. Essen und Trinken regelmäßig. Das ist längst nicht überall der Fall. Und es ist bei uns nicht so, daß die Kinder auf sich allein angewiesen sind.

Mit dem Geld schmeißen wir auch nicht rum bei ihnen. Die Tochter kriegt 35 Mark Taschengeld im Monat, der Sohn 15 Mark. Dafür müssen sie aber ihren Kräften entsprechend helfen. Die Tochter macht den Flur, den Abwasch und die Botengänge. Der Junge ist für den Müll zuständig.

Jetzt habe ich eine Zeitlang jeden Monat fünf Mark einbehalten, weil sie mit ihren Fahrrädern so schluderig umgehen. Das kostet ja ganz schön Geld, die Reparaturen. Da habe ich gesagt: Schluß jetzt, das kommt in eine Kasse für die Instandsetzung. Wenn ich noch daran denke, mein Fahrrad, das war mein Heiligtum. Das wurde jeden Tag geputzt. Die lassen es nächtelang draußen rumstehen und schließen es nicht mal ab. Und wenn man was sagt, dann hört man auch noch von denen, wenn es geklaut wird, zahlt es doch sowieso die Versicherung. Da habe ich ihnen aber den Marsch geblasen. Ich habe ihnen gesagt: Solange ihr die Füße unter meinen Tisch stellt, hört ihr auf mein Kommando.

Der Klaus-Dieter, der marschiert ja. Da gibt's nichts. Unsere Große, die Karin, die ist jetzt in einem schwierigen Alter. Wir haben sie ja in der Tanzschule angemeldet und im Reitverein, damit sie nicht soviel Umgang hat hier im Viertel. Da lernt sie ja doch ganz andere Leute kennen. Aber mit meinem Fräulein Tochter rassel ich schon öfter mal zusammen. Ich gebe ihr nämlich nur bis neun Uhr abends Ausgang. Meine Einstellung ist, wer abends nicht reinfindet, findet morgens auch nicht raus. Und dann geht der Schmus los: Die anderen dürfen auch länger. Schließlich bin ich doch schon siebzehn. Aber da bin ich stur. Was ich gesagt habe, habe ich gesagt. Da will sie manchmal mit dem Kopf durch die Wand, packt ihre Koffer und will ausziehen und all solche Scherze. Das kenne ich schon, aber das zieht nicht bei mir. Es dauert auch meistens nicht lange, bis sie begreift, daß ihr Vater recht hat. Und dann ist wieder Ruhe.

30

Wer sich echt am meisten gefreut hat, daß ich wieder aus dem Knast draußen war, das war Opa. Und ich habe mich auch irgendwie gefreut, daß ich wieder bei Opa war. Ich meine, er hat mich auch gleich wieder genervt, weil wir uns oft nicht richtig verstanden haben. Das war ja manchmal, als ob der eine chinesisch und der andere grönländisch spricht. Aber dann haben wir uns auch wieder total verstanden, ohne daß wir viel gequatscht haben. Opa wollte auch aufpassen, daß ich keinen Scheiß mehr mache. Er hat gesagt, daß ich vor allem von Holger wegbleiben soll.

Ich wollte auch nicht mehr soviel mit Holger zusammen sein, weil wir immer zusammen soviel Scheiß gebaut haben. Aber als ich ihn dann mal besucht habe, hat es mir gutgetan. Er war noch immer nicht im Knast gewesen. Holger hatte das drauf irgendwie. Er war eben ein starker Typ.

Er war auch so ziemlich der einzige, der mich im Knast besucht hat. Auf die meisten anderen hatte ich gar keinen Bock, auf Uwe und so, weil die das nicht mal für nötig gehalten haben, mir eine Zeile zu schreiben.

Holger hat mich natürlich gleich wieder dick vollgesponnen. Ich hatte ihn so lange nicht gesehen, daß ich ihm zuerst direkt noch einiges geglaubt habe. Daß er jetzt eine Alte auf St. Pauli an der Mauer stehen hat, sagte. er. Daß Roswithas ältere Schwester da auch auf den Strich geht, hat er mir noch erzählt. Ich habe wieder gedacht, daß es Holger irgendwie raus hat. Ob das nun stimmte mit der Alten an der Mauer oder nicht. Er konnte jedenfalls mit Weibern umgehen. Er kam nie so tief in die Scheiße wie ich. Dachte ich.

Ich habe noch nicht gewußt, daß Sabine mit Holger Schluß gemacht hatte. Und daß Holger ungefähr so verknallt in Sabine war wie ich in Anja. Darüber hat er nicht so geredet. Das hat mir dann erst Biggi mal erzählt. Daß Holger überhaupt keinen Boden mehr unter die Füße gekriegt hat, seit Sabine abgehauen ist. Daß er seitdem auch nur noch am Saufen war.

Ich habe bei Anja nicht mehr durchgeblickt. Das heißt, ich hatte den Durchblick bei mir selber nicht mehr. Ich habe mir drei Monate im Knast nur vorgestellt, wie sie mit einem anderen was gemacht hat und habe die Decken naßgeheult. Das war schon direkt pervers gewesen. Und jetzt, wo ich draußen war, da war ich happy, wenn ich sie mal vergessen habe. Wenn ich mit Holger zusammen war, konnte ich Anja vergessen. Holger machte den Tag jedenfalls den total Gutgelaunten. Er war auch irgendwie echt froh, daß er mich getroffen hat. Darüber war ich wieder happy. Holger hatte auch ein paar Scheine in der Tasche. Und ich hatte noch vom Entlassungsgeld, und Opa hatte mir auch noch was gegeben. Wir haben zusammengelegt. Holger hat gesagt, er zeigt mir mal den Kiez, also St. Pauli. Das hat mich auch gut drauf gebracht. Weil ich sofort allen Scheiß vergessen habe und nur noch an den Kiez gedacht habe. Ich war geil darauf, mal den Kiez richtig kennenzulernen.

HOLGER

Andi ist dann einen Mittag bei mir aufgekreuzt, in der Wohnung von meiner Mutter. Das muß ein paar Tage nach seiner Entlassung gewesen sein. Er hat erst mal gebadet, wie das so seine Art war. Dann was gegessen und dann geheult.

Er war ja auch früher oft zu mir gekommen. Als ich noch eine eigene Wohnung hatte. Er kam auch mitten in der Nacht. Das hat sogar Ärger mit meiner damaligen Freundin gegeben, daß er mitten in der Nacht klingelte. Ich habe ihm dann mal einen Schlüssel gegeben, damit er uns nicht immer rausklingeln mußte.

Manchmal hatte ich den Eindruck, daß er nur zu mir kam, um zu heulen. Vielleicht, weil er bei Opa oder auf der Straße nicht weinen wollte. Er mußte dann auch immer irgend was loswerden. Und er sagte, mit Opa könne er über so was nicht reden, und mit Anja könne man auch nicht über alles sprechen.

So genau kam es bei ihm auch nie raus. Er war zu empfindlich. Ich meine, das bin ich auch. Aber er hatte das Problem mit seiner Mutter. An dem Tag weinte er aber wohl hauptsächlich wegen Anja. Er hat nichts direkt gesagt. Vielleicht war es wegen dem Scheiß, den ich mit Anja gemacht habe.

Ich meinte dann zu ihm: »Weißt du was, wir machen uns einen ganz lockeren Tag und fahren auf den Kiez.« Er war sofort dabei. Er kannte St. Pauli noch gar nicht richtig. Und er hatte noch das meiste von seinem Entlassungsgeld, weil er die ersten Tage echt sparsam gewesen war.

Andi war jedenfalls wie ausgewechselt, als wir loszogen. Wir sind erst ins Kino, ins Aladin, und haben einen Kung-Fu-Film gesehen, der nicht gerade geil war. Aber dann ging es los. Wir haben in ein paar Diskotheken und Kneipen reingesehen und reichlich Bier und Apfelkorn geschluckt. Andi war total begeistert von St. Pauli.

Er wollte alles kennenlernen und war nur am Quatschmachen und Lachen.

Er wollte natürlich auch gleich in eine Live-Show. Ich sagte noch, da müssen wir aber tierisch aufpassen, daß die uns nicht linken, frag bloß nach den Preisen. Da war er schon drin. Er hat auch gefragt, und die Frau sagte: »Jedes Getränk zehn Mark.« Wir bestellten zwei Bier, und die Frau fragte, ob sie uns ein bißchen Gesellschaft leisten dürfte. Wir: »Warum denn nicht?« Dann wollte sie auch was zu trinken, und ich dachte, jetzt kommt Sekt oder so was. Aber sie wollte nur Orangensaft. Den haben wir ausgegeben. und dann kam sie auch gleich mit der Rechnung: 106 Mark. Ich sagte noch ganz cool: »Wir zahlen zwei Bier und einen Orangensaft, drei Getränke, macht immer noch 30 Mark bei mir.« Sie: »Mein Orangensaft kostet 86 Mark.« Das hat sie mir auch noch auf der Karte gezeigt. Ich sage: »Den bezahl mal alleine. Davon hast du nichts gesagt.« Und sie: »Wenn ihr die Preise hier nicht kennt, dann müßt ihr auch nicht herkommen.«

Dann kam auch gleich ein Typ und meinte: »Die jungen Herren wollen nicht zahlen, da müssen wir wohl andere Saiten aufziehen.« Da wurde Andi hellwach und sagte: »Was meinen Sie denn damit?« Da standen aber schon wieder zwei so Zuhälter hinter uns. Andi wurde nicht gerade motzig. Er meinte nur: »Was haben Sie davon, wenn sie uns jetzt auf die Ohren hauen. Das Geld kriegen Sie sowieso nicht, wir gehen zur Wache.« Der eine Typ: »Das glaube ich nicht gerade, daß ihr das machen werdet, Lütter.« Ich dachte schon, jetzt geht es los. Jetzt haut Andi ihm eine Nuß oder was, und wir kriegen zum erstenmal richtig was auf die Fresse. Denn Andi konnte nicht gerade gut auf dieses »Lütter«.

Aber Andi hat astrein geschaltet. Er meinte total ruhig: »Vielleicht hätten Sie mich mal fragen sollen vorher, ob ich schon achtzehn bin. Oder sehe ich vielleicht aus wie achtzehn. Vielleicht fragen Sie mich ja auf der Wache, wie alt ich bin.«

Andi war ja sechzehn und sah eher aus wie fünfzehn. Man hat richtig gesehen, wie die Typen Muffensausen kriegten. Wir haben unsere zwanzig Mark geblecht und sind seelenruhig raus.

Danach haben wir echt nur noch gelacht. Andi war total obenauf. Wir sind in eine Kneipe, »Goldenes Faß« hieß die. Da kam eine unwahrscheinlich eigenartige, eine unwahrscheinlich komische Frau rein. Andi geht zu ihr hin, sieht ihr so ins Gesicht und fängt an zu lachen. Andi hatte sowieso eine Lache, daß ich immer mitlachen mußte. Ich leg also auch los, und dann hat echt alles im Lokal mitgelacht. Auch die komische Frau. Plötzlich war eine Bombenstimmung in dem Laden, wo sonst nur abgewrackte Nutten und Zuhälter im Rentenalter sich anöden.

Der Wirt mochte Andi auch gleich gern. Er hat mit ihm geflippert und gewettet. Wenn Andi verliert beim Flippern, sollte er auf dem Tisch tanzen und einen Strip machen. Der Wirt war natürlich Profi an seinem eigenen Apparat, und Andi war nur am Lachen und hat jede Runde haushoch verloren. Er ist dann auf einen Tisch gesprungen und hat erst mal einen Cha-Cha-Cha hingelegt, und dann hat er gestrippt. Genauso, wie wir das vorher in der Live-Show gesehen hatten. Also, er hat sich nicht richtig ausgezogen. Er hat das nur so nachgemacht. Aber alle kugelten sich vor Lachen, und wir kriegten reichlich Freirunden. Andi mochten sie eben fast überall.

Er hat es nicht lange ausgehalten an einem Fleck. Er war so in Stimmung, daß es jetzt unbedingt ein Puff sein mußte. Ich sage noch: »Paß auf, da werden wir garantiert unsere ganze Kohle los.« Aber er hat sich schon von einem Mädchen auf der Straße anschnacken lassen. Mich machte auch gleich eine an. Dreißig Mark wollten die. Andi: »Okay, let's go.« Ich ziehe ihn zur Seite und sage: »Bleib bei dem Preis, laß dich nicht beschnacken.« Er: »Nee, das läuft doch bei mir gar nicht.«

Sein Mädchen war nicht schlecht, aber meine Frau war nun echt eine geile Tante. Andi hat schon ganz neidisch geguckt. Als wir dann raufgehen, sagt meine: »Momentchen, Schätzchen.« Und oben in dieser Art Pension stand dann plötzlich eine ganz andere Frau vor mir. Auf den ersten Blick sah die auch nicht so übel aus. Aber als ich näher hingesehen habe, da war die echt von hinten Schneewittchen und von vorne Mensch-ärgere-Dich-nicht. Ich sage: »Mit mir nicht.« »Ich habe Andi zugerufen, daß wir uns unten im »Faß« wiedertreffen. Andi hat ganz fröhlich gewinkt, und ich habe gemacht, daß ich wegkam.

Ich hatte kaum ein Bier weg, da war Andi schon wieder da. »Na, wie war es?« frage ich. Andi: »Astrein. Ich habe stundenlang geduscht. Total sauberer Laden da.« Typisch Andi. Ich frage: »Und sonst so?« Er: »Ja, das Geld ist weg.« Ich meine: »Habe ich dir doch genau vorher gesagt.« 150 Mark waren weg, und Andi hatte astrein geduscht. Er: »Macht aber nichts. Das war das Geld wert, daß ich das mal so mitgekriegt habe.« Er war eben immer auf Abenteuer aus, und was dabei rauskam, war ihm halb so wichtig.

Wir sind noch ins »For Two«, so ein Zuhälterladen. Und Andi hat gemeint, das wäre eigentlich was Geiles, auf dem Kiez den großen Boß zu spielen. Wenn man zum Beispiel so ein Lokal hätte oder sogar einen Sauna-Club oder so was. Das wäre eigentlich eine schöne Arbeit, und du verdienst gutes Geld. So haben wir rumgesponnen. Andi meinte: »Ja, wenn ich mal die Chance dazu hätte, würde ich das machen. Wenn ich mal im Lotto gewinnen würde, dann könnte man sich so was kaufen.«

Aber er hat auch mal von Anja geredet. Und daß er vielleicht wieder als Autolackierer gehen würde oder in eine Maurerlehre.

Ich sagte: »Du redest in einer Tour von Anja und haust dein Geld im Puff auf den Kopf.« Er: »Das hat doch überhaupt nichts miteinander zu tun. Das hier, das muß man doch mal erleben. Das kann ich Anja sogar später mal erzählen.« Er hat auch gesagt, daß er keinen Scheiß mehr macht und so, weil ihn keiner in den Knast zurückkriegt. Und daß ihm das Leben Spaß macht, seitdem er aus dem Knast wieder raus ist.

*

Im »For Two« saßen echt die dicken Zuhälter. Ich meine, nicht die ganz großen Bosse, wie Holger mir das erklärt hat, aber immerhin. Total in Schale, breites Kreuz, und geredet haben sie nur ganz selten. Aber wenn sie den Mund aufmachten, kam ein starker Spruch. Manchmal tauchte ein Mädchen auf. Ihr Loddel ist kurz mit ihr in eine Ecke von dem Laden, hat was gesagt, und dann ist sie wieder raus. Uns haben sie gar nicht weiter beachtet. Meistens haben sie bestellt oder mit dem Wirt ein paar Sprüche ausgetauscht. Das Essen kriegten die gebracht aus irgendwelchen Restaurants.

Nachher haben sie ein Spiel gemacht. Einer hat einen Hundertmarkschein hochgehalten, und der andere mußte raten, ob die letzte Zahl auf dem Schein gerade oder ungerade ist. Wer richtig geraten hatte, kriegte den Schein.

Wir hatten nur noch ein bißchen Klimpergeld, als wir rausgingen. Wir haben das Spiel draußen mit Markstücken und Groschen nachgemacht. Holger hat noch eine Handvoll Groschen auf einen Amischlitten von so einem Zuhälter geschmissen.

Wir gingen in eine Automatenhalle, steckten das letzte Klimpergeld in einen von diesen Scheißapparaten. Man konnte auf Panzer, Jeeps oder Motorräder schießen, die auf der Mattscheibe vorbeirauschten. Jeder Treffer gab Punkte, die Motorräder am meisten. Wenn man die Sanitäter erwischte, gab es 150 Minuspunkte. Wir haben nur auf die Sanitäter geschossen. Ich habe zu Holger gesagt: »Was ist denn nun mit deiner Braut an der Mauer?« Ich wußte natürlich, daß es die nur in Holgers Märchenstunden gab. Aber ich wollte noch nicht zurück zu Opa. Er sagte: »Ich weiß was Besseres. Wir gehen ins ›Keese‹.«

Der Türsteher vor dem Keese sah aus wie eine Kreuzung von Harems-Eunuch und russischem General. Wir sagten »N'-Abend« und latschten schnurgerade an ihm vorbei. Aber der natürlich: »Moment mal, die jungen Herren.« Holger: »Ist was?« Der Eunuch: »Haben Sie reserviert? Wir sind nämlich ausgebucht.« Holger: »Dann holen Sie mal Herrn Soundso.« Natürlich hatte er den Soundso nie gesehen. Aber er hatte den Namen mal irgendwo aufgeschnappt. Und der Onkel gleich: »Na, wenden Sie sich mal an den Ober, ob er noch zwei Plätzchen für Sie hat.«

Das war so ungefähr das Feinste an Puff, das ich je gesehen habe. Echte Kapelle, Polsterstühle und eine große Hochzeitskutsche im Glaskasten. Der Laden war halbleer. Es gab immerhin eine ganze Menge Tanten zwischen dreißig und scheintot und Opas mit Schmierbäuchen und rausgeputzte Kanacken.

Holger bestellte eine Flasche Sekt. Das wurde jetzt echt seine Show. Wir hatten ja nicht mal einen Heiermann, um nach Hause zu kommen. Es war fast immer Damenwahl. Holger hatte schon zwei Tanten im Visier. Er peilte sie über den Sektkübel an. Holger konnte Weiber auch über eine leere Coca-Cola-Flasche anpeilen, und die wurden feucht.

Die beiden Tanten, eine Dicke mit Busen und eine Dünne mit Brille, saßen uns gegenüber. Bei der nächsten Damenwahl war die Dicke sofort hoch und kam zu Holger. Bei dem dritten Tanz gab ihr Holger einen Tüscher aufs Ohr, und man sah, wie sie gickerte und ihn ein bißchen wegschob.

Holger ging dann auch gleich zu den Tanten an den Tisch und winkte mir mit seinem großmäuligsten Grinsen im Face. Ich mochte dieses Grinsen nicht besonders, aber ich versuchte immer, es nachzumachen. Ich klemmte den Sektkübel unter den Arm und goß mir dabei noch die Schuhe voll Eiswasser.

Die Tanten waren schon leicht angeschickert. Die Dicke gickerte und redete. Sie hatte die meisten Knöpfe von ihrer Bluse schon aufgeknöpft. Sie hatte total tierische Titten, das mußte ich zugeben. Sie waren nur in einem von diesen fleischfarbenen durchsichtigen Tittenhaltern, die mich schon im Quelle-Katalog unheimlich angetörnt hatten.

Die Dünne hatte einen grauen Pullover an mit Ausschnitt. Es war klar, daß sie nur für diesen Abend keine zugeknöpfte Bluse drunter hatte. Es war auch klar, daß sie nichts als gepolsterte Körbchen unter dem Pullover hatte. Sie sagte kaum was.

Die Dicke gickerte und sagte, wir seien doch noch viel zu jung für die sündigste Meile der Welt. Sie fragte, wie alt ich bin, und ich sagte: »Zwölf, aber in drei Monaten werde ich dreizehn.«

Sie gickerte. Sie war eine besonders dämliche Kuh und versuchte sich vor der anderen über uns lustig zu machen. Aber Holger war voll auf die Euter abgefahren und merkte nichts. Die Alte begrabbelte seine Tätowierungen und sagte: »Wie süß.«

Holger machte auch noch das Hemd unter der Krawatte auf und zeigte ihr mehr davon. Das heißt, eigentlich machte er das Hemd nur auf, um sich selber über die Brust zu streicheln. Das machte er immer so. Und wenn der Laden nicht so piekfein gewesen wäre, hätte er sich auch noch an den Schwanz gefaßt.

Er erzählte natürlich, daß wir Seeleute wären, Offiziersanwärter natürlich, weil wir Kapitän werden wollten wie unsere Väter. Und wo er sich überall zwischen Hamburg und Tahiti seine Tätowierungen geholt hatte.

Die Dicke gickerte, und die Dünne sagte manchmal: »Ist ja toll.« Ich bin dann auch eingestiegen und habe erzählt, wie wir uns in Brasilien mal für drei Tage einen ganzen Puff gemietet hätten. Nur wir beide, allein mit wenigstens fünfundzwanzig Weibern. Die Dicke fragte ein bißchen hinterhältig: »Welche Stadt war denn das nun wieder?« Ich sagte: »Cocalumbu.« Alle drei guckten mich wie bescheuert an.

Holger tanzte wieder mit der Dicken, und sie drückte ihn immer noch weg. Ich mußte mit der anderen tanzen. Sie hielt mich unheimlich fest und drehte mich im Kreis rum, bis mir der verdammte Sekt wieder zu den Ohren rauskam. Sie hatte total verschwitzte Hände und rote Flecken im Gesicht. Aber man konnte mit ihr quatschen, wenn man mit ihr allein war. Sie war jedenfalls keine Spur von arrogant mehr. Ich kriegte raus, daß die beiden Sekretärinnen bei einer Versicherung waren. Die Dünne war jedenfalls total ehrlich, wenn man mit ihr allein quatschte. Ich habe ihr dann auch gesagt, daß sie nicht alles tierisch ernst nehmen muß, was Holger und ich so laberten.

Sie sagte, sie nähme nichts tierisch ernst. Aber es sei echt lustig mit mir. Sie hätte nicht gedacht, daß der Abend so lustig werden würde. Sie sagte das echt nicht arrogant, sondern ziemlich ehrlich.

Als wir an den Tisch zurückkamen, sagte Holger gerade zu seiner Tante, daß sie so ungefähr die geilsten Grübchen hätte, die er je bei einer Frau gesehen hat. Man merkte der an, daß sie das glaubte. Dabei hatte sie nur einen ziemlich ekelhaften Leberfleck auf der Backe, aus dem sie sich bestimmt ständig mit einer Pinzette ekelhafte Haare rausrupfen mußte.

Aber plötzlich sagte die Alte: »Mal ehrlich, ihr wart doch schon im Gefängnis. Ich meine Jugendgefängnis oder so wegen der Tätowierungen.« Holger hatte sofort sein ganz starkes Grinsen im Face. Er konnte eben mit Weibern, das gab es gar nicht. Er sagte: »Das finde ich aber nun total toll, daß du das sofort gecheckt hast. Man sieht das eben auf zwei Meilen gegen den Wind. Mit uns will keine Frau was zu tun haben. Ehrlich. Wir sind nämlich nur auf Urlaub. Seit einem Jahr zum erstenmal zwei Tage raus aus dem Knast.«

Da hat es die Dicke kaum noch auf dem Stuhl gehalten, so scharf war die. Und Holger: »Aber der Sekt geht auf unsere Rechnung. Wir haben nämlich das ganze Jahr für diesen Abend gespart.«

Die Dicke natürlich: »Laßt mal stecken« und so. Und: »Wir gehen noch zu mir in die Wohnung einen trinken.« Das war echt Holgers Abend.

Ich war auch ganz gut drauf und dachte, daß ich so eine kleine Orgie noch bringen würde. Ich kam aber wieder schlecht drauf, als wir im Taxi saßen. Das Taxi war mies. Ein total asthmatischer Diesel. Und es stank nach Plastik und Schweiß und Rauch und vor allem nach Kotze. In das Scheißtaxi hatte an diesem Abend bestimmt schon irgendeiner reingekotzt. Außerdem kriegte ich irgendwie wieder das Scheißparfum von der Nutte in die Nase. Den vollen Geruch von dem Scheißpuffzimmer hatte ich wieder in der Nase. Vielleicht kam aber auch der ganze Gestank von der Dikken, die zwischen Holger und mir hinten saß. Die Dünne saß vorn.

Das Schlimmste war der Taxifahrer. Haare bis zum Arsch, Student oder so was, der die ganze Zeit beweisen wollte, daß er Student oder so was war und wir die letzten Penner. Und das auf die total kumpelhafte Tour, als wären wir Kollegen: »Na, was liegt denn heute noch an? Ihr wollt doch nicht schon auf die Matratze?« Jedesmal, wenn er irgendwelche Scheiße redete, drehte er sich um und wäre dabei beinahe gegen eine idiotische Verkehrsinsel gefahren. Der frustrierte Arsch wollte natürlich nur sehen, wie Holger der Dicken an die Titten ging.

Holger sagte dann: »Willst du ein paar auf die Ohren, oder was ist?« Da war sofort Funkstille. Holger ging der Dicken voll unter die

Bluse und erzählte dabei die idiotischsten Märchen. Das war auch seine Art, dabei idiotische Märchen zu erzählen, die mit der Sache nichts zu tun hatten.

In der Wohnung von der Dicken war jedenfalls reichlich Bett. Das eine Zimmer war fast nur Bett. Mit zwei Kopfkissen. Du konntest dir echt vorstellen, wie die Dicke immer allein in dem wahnsinnigen Bett lag und nur ein Kopfkissen brauchte und vom Froschkönig träumte. Und wie sie ins Café Keese ging, weil sie keinen Froschkönig fand.

Wir nahmen erst noch einen Drink im Wohnzimmer. Da gab es jede Menge zu trinken. Auf einem silbernen Tablett standen bald ein Dutzend Flaschen. Und ein Stapel mit Briefen und Postkarten lag auch drauf. Damit jeder gleich sehen konnte, daß die Dicke jede Menge Post kriegte von Leuten, die sie mögen. Sie sammelte wahrscheinlich schon seit Jahren Briefe auf dem Tablett und las jeden Abend dieselben Ansichtskarten.

Ich habe gekippt wie ein Weltmeister, irgendein süßes Zeug. Die anderen haben sich auch die Gläser ein paarmal vollgemacht. Keiner hat mehr viel gesagt. Dann sind wir in das Schlafzimmer. Die Dicke zündete Kerzen an, die da schon standen. Sie versuchte mal zu gickern, war aber auch gleich wieder still. Holger hatte sofort das Hemd aus und ließ sich von ihr die Muskeln befühlen. Er ließ sich immer erst die Muskeln befühlen. Dann sagte Holger »auf los geht's los« und knöpfte der Dicken die Bluse ganz auf. Die beiden waren unheimlich schnell aus den Plünnen und unter der großen Bettdecke.

Ich hockte mit der Dünnen wie beknackt auf der Bettkante. Ich habe mein Hemd aufgeknöpft. Die Dünne hat mich mal angeguckt, dann aber wieder auf die Wand gestarrt. An der Wand waren alle möglichen Liebesbilder. Zwei Nackte aus Stein oder so, die sich küßten, eine andere Nackte, die gerade von einem Engel angemacht wird.

Ich bin dann an den Pullover von der Dünnen. Sie hat die Brille abgesetzt und die Arme nach oben gehalten. Ich hatte echt keinen Bock, aber ich habe ihr den Pullover über den Kopf gezogen. Da waren wirklich nur Körbchen, nichts drunter zu erkennen. Ich habe mein Hemd ausgezogen. Sie hat mir mit zwei Fingern über die Brust gestreichelt. Die Dicke hat noch gesagt: »Ist ja toll mit euch beiden.« Dann hat sie total tierisch mit Holger rumgemacht. Ich habe zu der Dünnen gesagt: »Wir können auch rübergehen.« Sie hat gemeint: »Ja, laß die mal allein.«

Sie hatte in der einen Hand den Pullover, in der anderen die Brille, und wir sind ins Wohnzimmer zurück. Ich habe uns was eingeschenkt. Sie hat dann wieder meine Brust gestreichelt, so mit zwei Fingern. Ich habe ihr unter ein Körbchen gefaßt. Eigentlich eher, weil ich neugierig war und genau wissen wollte, wieviel darunter war. Bei uns hatte ein Mädchen nicht viel Wert, wenn es keine Titten hatte, obwohl ich eigentlich gar nicht auf große Brüste stand.

Ich habe ihr den Gürtel von der Hose noch aufgemacht. Sie ließ sich alles gefallen. Aber sie war irgendwie ziemlich steif. Und ich kriegte auch einfach keinen Bock. Das war nicht nur, weil ich vorher in dem Scheißpuff war. Sie war einfach nicht die Frau, auf die du mal so eben raufspringen möchtest.

Ich habe dann gesagt: »Ich meine, um eine Frau kennenzulernen, muß man nicht unbedingt mit ihr schlafen.« Ein blöderer Spruch fiel mir nicht ein. Wir haben beide noch was getrunken, und sie hat gesagt: »Du bist süß, wirklich, ich mag dich.«

Normalerweise wäre ich ausgerastet bei so einem Spruch. Aber bei ihr klang das eben echt ehrlich. Wir haben angefangen zu quatschen. Nichts Besonderes. Aber man konnte gut quatschen mit ihr. Ich habe ihr sogar was von Anja erzählt. Und sie hat gemeint, daß sie eigentlich niemanden hätte. Zum Schluß habe ich gesagt, daß ich sie mal anrufen würde.

HOLGER

Morgens waren wir noch auf dem Fischmarkt. Die Alte von Keese hatte mir noch Geld gegeben. Andi hat sich einen lebenden Aal gekauft und an einem Band hinter sich hergezogen. Andi war ja eigentlich ein wahnsinniger Tierfreund. Tiere waren sein ein und alles. Und das mit dem Aal war ja nun echt Tierquälerei. Aber Andi machte manchmal so komische Sachen.

Wir sind in eine Kneipe, die hieß »Fick«. Die kennt bald jeder, weil die eben »Fick« heißt. Da haben wir noch ein paar Bier getrunken, weil wir schon wieder durstig waren, und uns gegenüber saß so ein altes Pennerpaar. Sie hat ihm unter dem Tisch einen runtergeholt. Nachher hat er den Tisch umgeschmissen, und die haben vor allen Leuten einen losgemacht. Das hat nun Andi wieder gefallen. Er hat sich immer gefreut, wenn was los war. Irgendwann morgens habe ich dann Andi wieder bei Opa abgeliefert. Opa war sauer, weil Andi die ganze Nacht weg war.

X

Herr H.

Ich habe ja so ziemlich alle Zeitungen bei mir im Laden. *Bild* und *Morgenpost* täglich. Das kriegt man schon als Laie mit, wer die tollste Schlagzeile hat, davon geht auch gleich mehr weg. So was wie »Mord im Hinterhaus«, das geht nur so über den Tisch weg. Und dann natürlich sämtliche Illustrierte, die führe ich auch, und diese Sachen wie *Frau und Herz*, in denen alles steht über die Königshäuser und Fürstentümer. Das kommt besonders gut an bei den alten Leuten, und davon haben wir ja hier 'ne Menge. Einer holt sich sogar dieses *Titanic*. Ein ganz eigenartiger, den kann ich nicht durchschauen. Aber was ich sagen wollte, das war schon komisch, auf einmal war man selber in den Schlagzeilen. Da hat man denn die Zeitungen verkauft, wo man selber groß abgehandelt wurde. Und dann in den ersten Tagen nach dieser Sache, die ganzen Reporter vor dem Laden. Die haben mich regelrecht gejagt.

Und das alles nur wegen diesem bewußten Tag da, dem 15. August. Dabei ging der Tag los wie immer, nichts Besonderes. Zuerst kommen die Arbeiter. Möglichst kein Wort. Das Geld abgezählt auf den Tisch. Du mußt gleich wissen, was die haben wollen. Und dann ab, schnell, schnell zur U-Bahn oder zum Bus. Danach kommt der zweite Schub, die Schulkinder und die Bürokräfte. Dann wird es etwas ruhiger. Die Handwerker, die in der Gegend zu tun haben, kaufen ihr Frühstück ein, Vertreterbesuch und Hausfrauen. Die bringen meistens mehr Zeit mit. Ehe man sich versieht, ist auch schon Mittag. Und die Schulkinder sind wieder drin.

Da muß man ein Auge drauf haben. Wenn ich die Herrschaften beim Klauen erwische, mache ich kurzen Prozeß: Beim ersten Mal gibt es eine Verwarnung und beim zweiten Mal dann einen Backs. Aber einen ordentlichen. Das ist schon überall bekannt, daß der Herr H. da nicht lange fackelt. Übrigens ist denen das lieber, als wenn ich die Polizei rufe, und die Eltern erfahren, was der Herr Sohn oder das Fräulein Tochter da wieder ausgefressen haben. Das ist natürlich nicht das Kaliber wie die, mit denen ich es dann zu tun gekriegt habe. Bei denen ist alles negativ, nur negativ, durch die Bank. In der Schule versagt. Keine anständige Lehre. Hilfsarbeiter. Ein ellenlanges Strafregister.

Ehe ich es vergessse. Wir hatten an diesem Tag auch noch die Handwerker. Bei uns im Haus war ein Wasserrohrbruch gewesen.

Die Leute haben die Rohre bei uns in der Wohnung und im Laden neu verlegt. Da mußte ich schon ein paarmal hin und her und nach dem Rechten sehen. Und am Nachmittag habe ich dann mit dem Klempner noch eine Buddel Bier getrunken. Das tut aber nichts zur Sache. Sonst war das ein ganz normaler Tag.

UNION BIER
Getränke-Shop
Bild
R6 R6 R6
Alles klar, Gold Dollar

SPURENSICHERUNG AM TATORT

PATRONENHÜLSE AM TATORT

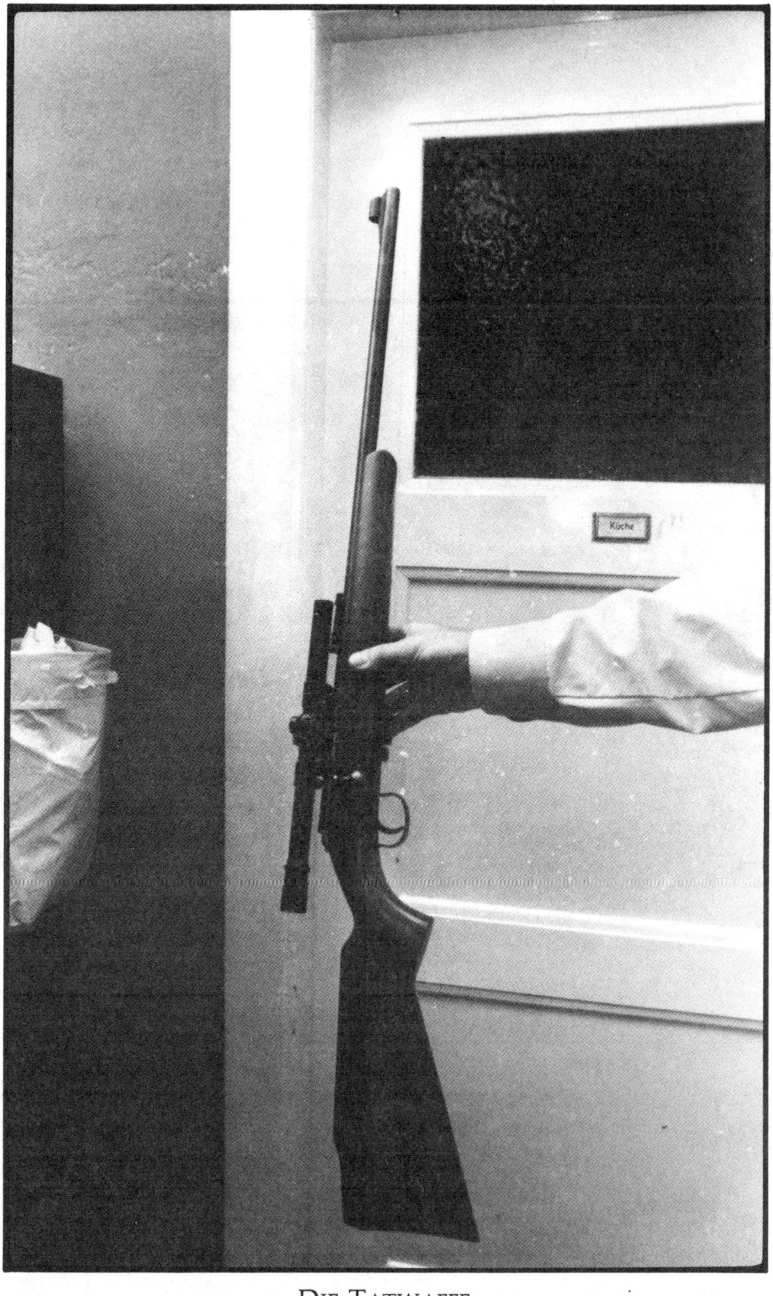

DIE TATWAFFE

Jens, Pierre und Holger auf der Polizeiwache

HERR H. MIT SCHÄFERHUND

Andis Beerdigung

FRANK, JENS, PIERRE, HOLGER AUF ANDIS BEERDIGUNG

PATRICIA, FREUNDINNEN NACH DER BEERDIGUNG IM PARK

Die Clique nach Andis Beerdigung im Park

Anja und Opa

Andis Bett bei Opa

31

Mit Opa ist mir dann ein merkwürdiges Ding passiert. Ich bin ja total abgefahren auf das Lied von Peter Maffay »So bist du«. Der Schluß von dem Lied, der ging mir den ganzen Tag im Kopf rum. Sobald ich in der Badewanne saß oder irgendwo sonst halbwegs allein war, mußte ich das singen: »Und wenn ich geh, dann geht nur ein Teil von mir. Und gehst du, bleibt deine Wärme hier. Und wenn ich sterb, dann stirbt nur ein Teil von mir. Und stirbst du, bleibt deine Liebe hier.«

Ich meine, daß ich auf das Lied so abgefahren bin, war nichts Besonderes, weil eigentlich alle, die ich kannte, auf den Maffay-Song standen. Es war auch noch normal, daß ich in einen Laden gegangen bin und die Scheibe gekauft habe. Ich habe gedacht, daß das der Song von Anja und mir ist, ich wollte die Platte wohl auch Anja schenken.

Und jetzt kommt das seltsame Ding. Ich bin zu Opa gegangen und habe ihm die Platte mit ein paar komischen Sprüchen gegeben. Opa wollte sie erst gar nicht annehmen. Aber er mochte sie auch sehr gern, und wir haben sie jeden Tag gespielt.

Opa wollte mich auch wieder adoptieren und so. Er hat immer gesagt, daß ich nie wieder ins Heim zurück muß. Und die haben uns komischerweise auch in Ruhe gelassen. Es sind keine Fürsorger und keine Bullen gekommen, um mich ins Heim zu bringen. Wahrscheinlich hatten sie die Schnauze voll von mir. Sie hätten mich ja auch sowieso nur in den Knast zurückbringen können.

Opa ist mit mir auch zum Arbeitsamt. Ich wollte Arbeit. Aber dann habe ich es schon nicht mehr geschafft, mich irgendwo vorzustellen. Ich meine, ich war schon einigermaßen schlapp und wurde immer schlapper. Es lief immer weniger. Ich bin nur noch durch Dulsberg gerannt.

Ich bin manchmal zum Spielplatz im Park gegangen, weil ich unbedingt meinen kleinen Bruder sehen wollte. Er durfte mich nicht sehen, weil er das garantiert meiner Mutter erzählt hätte. Ich hatte Angst, daß meine Alte wieder die Bullen schicken würde. Ich habe mich also irgendwo hinter den Büschen rumgedrückt. Dann dachte ich mal, daß ich ihn entdeckt habe. Und als ich dicht ran bin, habe ich gemerkt, daß es ein anderer Junge mit blondem Haar war.

Ich bin manchmal bis zu uns an die Ecke gegangen. So weit, daß ich unsere Wohnung sehen konnte. Wenn oben das Klappfenster von unserem Wohnzimmer aufstand, war meine Mutter da. Wenn es zu war, dann war meine Mutter weg. Sie hat immer das Klappfenster zugemacht, wenn sie wegging.

Ich war einigermaßen bankrott alles in allem. Ich meine, ich kriegte von Opa Geld, um mich zu besaufen. Das war auch so ungefähr alles, was ich hatte.

Dann habe ich aber nochmal irgendwie einen Rappel gekriegt. Ich muß gedacht haben, daß ich aus all der Scheiße noch rauskomme. Ich habe mit dem Chef von meinem Onkel telefoniert, und der hat gesagt, ich soll mal zu ihm kommen, er würde mich vielleicht wieder nehmen. Eine Stelle als Beifahrer konnte ich auch kriegen und was in der Kartonfabrik. Ich mußte nur überall hingehen. Opa wollte auch noch mal mit mir zum Arbeitsamt und sehen, ob wir nicht was finden, was mir echt Spaß gemacht hätte.

Anja habe ich gesagt, daß ich mich mit ihr verloben will, und sie hat auch nicht direkt nein gesagt. Über Kinder haben wir geredet.

Mit meiner Mutter wollte ich sprechen. Ich muß gedacht haben, daß ich zu meiner Alten zurück kann und daß ich dann Opa immer besuchen würde. Und wenn ich einiges Geld verdient hatte, wollte ich mir mit Anja eine Wohnung nehmen in Dulsberg und meine Mutter und Opa immer besuchen.

Mit Opa konnte ich nicht über alles reden. Das mit meiner Mutter hätte er zum Beispiel nie verstanden. Ich habe den Morgen mit Opas Wellensittichen darüber geredet, als ich den Käfig saubergemacht habe. Ich habe mit denen viel gequatscht. Die konnten kein einziges Wort Deutsch, weil sie zu zweit waren. Und wenn Wellensittiche zu zweit im Käfig sind, dann piepsen sie den ganzen Tag miteinander und müssen nicht den Menschen irgendwelche dummen Sprüche nachsabbeln. Ich meine, ich konnte den Vögeln also alles erzählen, und die konnten mir nicht antworten, was für ein Arschloch ich war.

Ich habe noch die Maffay-Scheibe aufgelegt, und dann bin ich auch bald los.

Opa W.

Um die Vögel hat er sich morgens gekümmert. Besonders um meine beiden Wellensittiche, die ich angeschafft habe, nachdem meine Frau gestorben ist. Den Kanarienvogel hatte ich von Leuten, bei denen der nicht singen wollte. Aber wenn Andi gesungen hat, dann sind erst die Wellensittiche in Gange gekommen und dann auch der Kanarienvogel.

»So bist du« hat er meistens gesungen. Ich kann nicht vergessen, daß er das gesagt hat: »Opa, wenn ich nicht mehr bin, hast du wenigstens noch die Platte.«

Er hatte die Sachen an, die ich ihm zum Geburtstag geschenkt habe. Zu seinem sechzehnten Geburtstag war er ja noch im Gefängnis. Aber ich habe alles aufbewahrt für ihn im Schrank. Eine Hose, Hemd und Unterwäsche und noch ein paar Kleinigkeiten. Und als er wieder rauskam, habe ich ihm alles nachträglich zum Geburtstag geschenkt. Er hat mich da noch umgefaßt und geweint und gesagt: »Opa, das tut doch nicht nötig.«

Aber er hat ja auch soviel für mich getan. Hier konnte irgend was kaputt sein, Andreas und die anderen haben das sofort repariert. Auch meine Nachbarn, alles ältere Leute, wenn die mal was hatten, Entrümpelung oder so, die wußten, Andreas und die Jungs machen das schon.

Meine Sessel, die hat mir alle Andreas reingeschleppt. Die hatten welche ein paar Ecken weiter zum Sperrmüll rausgestellt. Und eine Waschmaschine hat er da mit den anderen auch für mich ergattert. Er machte mir das Holz kaputt, ging in den Keller und holte Kohlen. Die haben im letzten Winter auch alle immer was Brennbares mitgebracht. Mal Eierbriketts und mal Holz.

Andreas war so unruhig an diesem Morgen. Er hat mir noch gesagt, daß er seinen Vater besuchen will. Er hat ja große Stücke auf seinen Vater gehalten. Ich sollte mitkommen zu seinem Vater, meinte er. Er wollte ihn mir mal vorstellen. Aber dann war er auch schon im Weggehen. Ich habe wohl noch gesagt: »Nun bleib doch, Junge. Ich setz dir ein paar Töpfe Wasser auf für die Badewanne. Wohin willst du denn nur so plötzlich?« Aber er war dann gleich weg.

FRANK L.

Ich habe Andi morgens noch gesehen. Da habe ich aus dem Fenster geguckt und ihn auf der Straße gesehen. Ich habe mich noch gewundert, weil er sich vor unserem Haus eigentlich nicht mehr sehen ließ, weil da ja auch seine Mutter wohnte. Ich habe ihn gerufen, und er hat gefragt, ob ich mit baden komme im Dulsberg-Bad.

Obwohl ich ja sozusagen Andis ältester Freund war, bin ich nicht mehr soviel mit ihm zusammen gewesen. Ich habe mich von der ganzen Clique ein bißchen ferngehalten, weil ich gemerkt habe, wo das sonst mit mir hingelaufen wäre. Das hatte auch damit zu tun, daß ich eine Freundin gefunden habe, die mir ziemlich Halt gab.

Ich war ja mal wie Andi. Reichlich Probleme mit der Familie, saufen und erst Scheiße machen und dann nachdenken. Ich habe dann versucht, erst nachzudenken und nicht meine Wut einfach rauszuschießen. Da hat mir eben auch meine Freundin geholfen.

Ich will den Realschulabschluß schaffen und später mal Sozialpädagoge oder Polizist werden. Ich kenne einen jungen Polizisten, mit dem kann man sehr gut reden. Der hilft Jugendlichen. Ich möchte auch helfen, weil ich das alles selbst miterlebt habe, weil ich die Probleme von den Jugendlichen echt kenne. Ich weiß, was in den Familien los ist. Und ich habe vor allem mitgekriegt, wie das mit Andi gelaufen ist.

Am Sonnabend vorher hatte ich ihn noch getroffen. Da habe ich ihm auch gesagt: »Was du jetzt machst, dabei kommt nichts raus.« Und er meinte: »Ich mache auch keinen Scheiß mehr. Ich will doch nicht mein Leben im Knast verbringen.« Er hat gesagt, daß er jetzt Arbeit kriegt und vor allem, daß er sich mit Anja verloben will. Er hat gesagt – ich weiß ja nicht, ob das stimmt –, er hat gesagt, daß er Schluß machen will, wenn das nicht klappt mit Anja.

Er ist an dem Tag dann wohl noch mal in unserer Straße, also beim Haus seiner Mutter gewesen. Gesehen habe ich ihn aber nicht mehr.

Carmen

Ich war nicht in Hamburg. Ich war verschickt nach St. Peter-Ording von der Fürsorge. Aber eine komische Sache ist passiert. Ich wurde am Vormittag im Heim zum Telefon gerufen. Mein Bruder Andi war dran. Der rief mich aus Hamburg an. Ich war froh, daß ich ihn hörte, weil ich immer gern mit ihm reden mochte und so. Aber er war so komisch am Telefon. Ich habe noch gesagt: »Hast du schlechte Laune oder was?« Wir haben da an und für sich gar nicht viel gesprochen am Telefon.

Vorher hatte er mich zu Hause noch besucht, als meine Mutter nicht da war. Er hat mich geküßt und ist gleich zur Bar gegangen. Da war noch etwas Wein drin, und den hat er getrunken. Er hat mir auch noch was geschenkt. Erst mal einen Ohrring von sich, weil ich ihm einen von mir im Gefängnis gegeben habe. Den soll er an dem Tag ja noch getragen haben. Und dann noch eine Ente. Die hatte er selber aus Stoff gebaut. Der Schnabel und alles ist gleich abgegangen. Das war nachher nur noch so ein Knäuel. Aber ich habe es behalten.

Nach dem Telefonieren habe ich mir wieder Sorgen gemacht. Ich hatte immer Angst um Andi, weil er nicht aufhören konnte mit dem Trinken und mit dem Rumbeulen. Wenn er so in der Stimmung war, also Wut hatte, wenn er jemandem eine reinhauen wollte, dann hat er sich irgendeinen vorgenommen. Das konnten Männer sein, zwei Köpfe größer als er. Aber ich war auch mal dabei, da hat er so einem kleinen Zeitungsjungen die Zeitungen weggerissen und rumgeschmissen und hat reingehauen, und dem Jungen ist nachher das Gesicht richtig aufgeplatzt.

Er konnte so brutal sein. Gleich eine Kopfnuß, Faust in den Magen, in die Geschlechtsteile treten, sonstwohin. Schlimm war das. Wenn einer nicht mehr wollte, dann legte Andi erst richtig los. Immer nachgetreten. Wenn ich dabei war, habe ich nur noch geweint und geschrien. Dann hat er auch aufgehört.

Jedenfalls habe ich am Telefon gemerkt, daß was mit ihm nicht in Ordnung war.

Opa W.

Nachmittags kam er dann ja noch mal. Anja war auch da und Frank H. und Jens, der kam manchmal. Er hat die Anja so gemocht. Die beiden waren ein Kopf und eine Seele. Die hielten zusammen wie Pech und Schwefel. Sie wollten sich ja verloben. Und ich habe ihnen gesagt: »Wenn ich nicht mehr bin, dann kriegt ihr meine Wohnung. Und wenn ihr dann heiratet, habt ihr gleich ein Dach über dem Kopf.«

Aber der Junge war so unruhig an dem Tag. Ich habe noch extra einen Kakao für ihn gemacht. Die anderen tranken Kaffee. Aber er mochte ja viel lieber Kakao.

Er hatte wohl auch schon Bier getrunken. Sonst kam er ja von Anja gar nicht weg. Aber an dem Nachmittag wollte er plötzlich wieder los, mit Frank und Jens. Anja war sauer, und Andreas hatte ihr versprochen, daß er spätestens um acht zurück ist, weil sie noch ins Kino wollten. Ich habe ihm aus dem Fenster nachgeguckt und habe gedacht: Was ist nur in den Jungen gefahren?

Holger

Ich wollte mit Pierre zum Dom. Wir waren am U-Bahnhof Alter Teichweg, da kam Andi die Straße runter mit Frank und Jens. Ich habe ihn gefragt, ob er mitkommt zum Dom. Aber er: »Ach, laß uns erst noch mal was trinken gehen.« Wir: »Ja, ist gut.«

Andi hatte reichlich Geld an dem Tag. Er war ja sonst eigentlich immer ziemlich knapp. Vielleicht hatte er Geld von Opa gekriegt oder einen Automaten aufgemacht oder was. Er hat mir noch was geliehen, und wir haben zusammengeschmissen.

Zuerst waren wir im »Eulenkrug«. Da haben wir so ungefähr fünf Halbe getrunken. Und zwischendurch immer Jägermeister. Ich wollte gar nicht, weil ich Jägermeister gar nicht mag. Aber Andi immer: »Eh, du trinkst jetzt mit.« Dann hat er daran gedacht, daß er sich noch mit Anja verabredet hatte. Aber irgendwie wollte er Anja an dem Abend gar nicht wiedersehen. Da ist er auf diese komische Idee gekommen. Er hat Jens gesagt, daß er bei Opa anrufen soll. Der sollte Anja erzählen, daß Andi ins Krankenhaus gekommen ist. Hat Jens auch gemacht. Und dann mußte Frank auch noch mal bei Opa anrufen und die gleiche Story erzählen, weil Andi Angst hatte, daß Anja das sonst nicht glauben würde.

Anja

Also erst klingelt das Telefon, und Jens ist dran. Ja, sie hätten eine Schlägerei gehabt im Imbiß. Und Andi hätte was abgekriegt und sei ins Krankenhaus gekommen. Jens hat voll rumgesponnen: »Ja, Andi ist gar nicht schlimm verletzt. Er hat überhaupt nicht weiter geblutet. Nur eine Rippe gebrochen und ein paar Prellungen.«

Eine Viertelstunde später klingelt das Telefon wieder. Frank ist dran. Erzählt dasselbe Märchen und meint noch: »Ja, eine Gehirnerschütterung hat Andi auch, deswegen kommt er nicht raus aus dem Krankenhaus.« Ich habe erst mal die Krankenhäuser in der Gegend angerufen, Eilbek und Barmbek. Die wußten von nichts. Also, ganz blöd bin ich ja auch nicht. Ich habe nämlich dann die Kneipen durchtelefoniert. Im »Eulenkrug« habe ich auch angerufen. Erst gefragt, ob da ein Andreas ist und dann nach Jens. Der Wirt: »Ist nicht da.« Ich habe auch noch nach Frank gefragt und plötzlich höre ich im Hintergrund das dicke Gelächter. Da wußte ich Bescheid. Bei Opa haben auch alle gelacht. Ich war allerdings ziemlich sauer. Weil Andi mich noch nie so verladen hatte.

Wir sind dann irgendwann losgegangen vom »Eulenkrug« zur U-Bahn. Er hat mit mir über Anja gesprochen. Das hat er ja öfter getan. Er hat darunter gelitten, daß er nie wußte, woran er mit Anja war. Er sagte: »Ich werde aus der Frau nicht mehr schlau. Mir kommt es so vor, als ob sie nicht glücklich ist mit mir.«

Wir sind also zur U-Bahn gegangen, weil wir ja eigentlich noch zum Dom wollten. Aber so genau wußten wir auch nicht mehr, wohin wir wollten. Jedenfalls fing Andi plötzlich an, er müßte noch nach Hause, bei seiner Mutter vorbei. Er hat mich auch gefragt, was ich meine. Ich habe so gesagt: »Andi, du kannst das ja noch mal versuchen, mit ihr zu sprechen. Deine Mutter ist doch bestimmt nicht schlecht. Ich meine, ich kenne sie ja auch nicht«, habe ich gesagt. »Aber du willst dich ja auch bessern, und dann nimmt sie dich vielleicht wieder.« Er meinte, daß er auch wegen seiner Geschwister zurück nach Hause will, weil er die so gern hat.

Dann war da dieser Blonde in der U-Bahn, mit den langen Haaren. Der hat uns so arrogant angeguckt. Ich habe vielleicht irgend was gesagt. Jedenfalls hat er einen dummen Spruch gemacht mit irgend so einem Fremdwort. Da habe ich ihm eine Nuß reingehauen und noch eine. Andi hat ihn weggerissen. Der Typ ist mit dem Kopf gegen die Tür gehauen. Andi hat ihn ganz runtergerissen und, glaube ich, eine Pieke reingehauen oder auch zwei. Dann war da noch ein Typ, ein älterer, der hat gesagt: »Was soll das? Laßt ihn in Ruhe.« Den hat sich Frank gegriffen. Ich habe nur die Füße von dem zwischen zwei Bänken gesehen.

Nächste Station, Alter Teichweg, sind wir raus. Treppe hoch. Ich dreh mich um. Andi ist weg. Der war der letzte gewesen, weil er so blau war. Ich also Treppe wieder runter und sehe, wie so ein Schaffner Andi festhält. Ich habe Andi losgerissen, und wir sind alle weg.

Andi fing sofort wieder an, daß er noch zu seiner Mutter müßte. Wir also zu seiner Straße. Dann wollte er aber erst noch einen trinken. Wir sind also ins »Pfaueneck«, das ist eine Kneipe ein paar Häuser weg von seiner Mutter. Mir war das, als wollte er sich regelrecht Mut antrinken, bevor er seine Mutter traf.

Wir sind dann zu Andi nach Hause. Er hat unten geklingelt. Sein kleiner Bruder guckte oben aus dem Fenster. Der hat gesagt, daß die Mutter nicht zu Hause ist. Andi meinte, sein Bruder sollte ihm aufschließen oder den Schlüssel runterschmeißen. Der Lütte hat wohl geweint und gesagt, daß die ihn eingeschlossen hat und daß sie in der »Schmiede« ist. Andi und der Lütte haben noch etwas geredet. Wir anderen sind schon weitergegangen. Irgendwie wollte keiner so direkt hören, was die noch zu bequatschen hatten, weil das ziemlich traurig war.

Andi hat dann zu uns gesagt, daß er in jedem Fall die Nacht mal wieder zu Hause schlafen will, daß er nicht zu Opa zurückgeht. Wir sind also zur »Schmiede«. Wir hatten keinen besonderen Bock auf die »Schmiede«, weil wir noch irgend was unternehmen wollten. Aber wir sind mitgekommen.

Seine Mutter hat ihn gar nicht weiter angeguckt. Wir haben uns alle ein Bier bestellt. Bis auf Pierre, der trank weiter Fanta, weil er ja nie Alkohol trinkt. Andi hat also seine Alte gefragt, und wir haben geflippert.

Die Mutter

Ich war mit meinem Verlobten in der »Alten Schmiede«, weil mein Verlobter da immer das Spargeld ausnehmen muß. Wir sind im Sparclub. Da ist es Pflicht, daß jeder in der Woche fünf Mark reinschmeißt. Wir saßen am Tresen und haben Brause-Korn getrunken. Da rief mein Jüngster plötzlich an: »Andreas war da und wollte rauf. Ich habe ihn nicht reingelassen. Ihr habt ja auch abgeschlossen. Aber ich habe gesagt, wo ihr seid, und er kommt gleich.«

Da war ich schon wieder nervös. Dann kamen die auch rein. Sie waren eigentlich ganz vernünftig. Andreas kam zu mir an den Tresen, und die anderen haben hinten geflippert. Bier haben sie auch bestellt. Andreas fragte gleich: »Bist du böse, Mutti, daß ich hier bin?« Ich sage: »Nö, böse bin ich nicht.« Er hatte eine Tätowierung am Arm, und einen Ohrring hatte er. Das fand ich nun auch nicht gerade schön. Und daß er schon wieder eine Fahne hatte und einen halben Liter in der Hand. »Und arbeiten tust du immer noch nicht«, habe ich noch gesagt. Sonst habe ich ihm nicht viel gesagt, weil es ja doch keinen Zweck hatte.

Na ja, und dann hat er mich in den Arm genommen und hat mir einen Kuß gegeben und noch einen und noch einen und noch einen und ist wieder raus.

Holger: Er hat draußen gesagt, daß er nicht bei seiner Mutter schlafen kann. Er war noch ein bißchen traurig. Dann hat er plötzlich gesagt: »Macht nichts. Wir können doch noch baden gehen im Stadtpark.« Ja, und dann: »Scheißegal, ich habe sowieso keine Mutter mehr.«

Pierre: Zu Mac Donald's nach Wandsbek zum Essen wollten wir dann eigentlich. Andi hatte ganz glasige Augen. Aber er schien sonst wieder okay gleich. Wir sind in diese kleine Straße da rein, weil irgendeiner meinte, das wäre der nächste Weg zu Mac Donald's. Die anderen waren ziemlich besoffen. Holger und Frank grölten rum, voll auf Randale. Ich habe auf Abstand gehalten von den anderen, weil ich ja nichts getrunken hatte und dieses Gegröle nicht abkonnte. Holger war so besoffen, daß er ein paarmal umkippte und die anderen ihn wieder hochziehen mußten. Dann wollte er pinkeln und knallte voll in ein Auto rein. Das dröhnte richtig, und damit fing vielleicht die ganze Scheiße an.

Frank: Mir war ganz schön schaukel-schaukel. Richtig habe ich nichts mehr mitgekriegt. Es kann sein, daß Holger gesagt hat, daß wir das Auto knacken wollten. Er hat manchmal so rumgesponnen, wenn er voll war. Und ich habe wohl was mit dem Auto gemacht. Ich habe wohl versucht, mit dem Fuß gegen die Scheibe zu springen oder was, wie mir die anderen später gesagt haben. Es ist aber nichts kaputtgegangen, und wir sind gleich weiter. Wir hatten vor allem einen tierischen Hunger.

Pierre: Ich habe nicht genau mitgekriegt, was die mit dem Auto gemacht haben, weil ich vorgegangen bin, weil mir die zu laut und zu besoffen waren. Die anderen sind dann nachgekommen, und da flog plötzlich ein Blumentopf von oben. Da war von dem Typ noch gar keine Rede. Wir wußten erst überhaupt nicht, von wo dieser Blumentopf kam.

Dann hat jemand den Typen im ersten Stock am Fenster entdeckt. Und es ging sofort los: »Du alte Sau, komm runter. Wir machen dich fertig.« Und so ähnlich. Ich habe noch gesagt: »Nun hört auf mit dem Scheiß und laßt uns mal zugehen.« Die hatten sich auch schon wieder einigermaßen beruhigt, da flog eine Flasche von oben, genau an Holgers Kopf vorbei. Nun wurden die echt wild. Holger, Frank und Andi sind total ausgerastet.

Holger: Die Flasche flog mir genau am Kopf vorbei. Ich habe losgebrüllt: »Ich hole dich da runter, du altes Schwein.« Da war so ein

Rohr an der Hauswand, und daran wollte ich dann hoch. Ich bin aber nicht mal einen Meter hochgekommen. Ich konnte ja kaum stehen. Und ich wäre da auch nüchtern nicht hochgekommen. Pierre hat auch gesagt, ich soll den Scheiß lassen. Der Mann am Fenster hat noch gelacht, als ich auf den Arsch gefallen bin. Und er hat gesagt: »Wartet mal ab.« Oder so was ähnliches.

Pierre: Einer hat noch versucht, mit einer Scherbe von der Flasche in das Fenster zu werfen. Aber die Scherbe ist gegen die Hauswand geflogen. Andi war eigentlich noch der Ruhigste von allen. Holger und Frank haben weiter gepöbelt.

Dann habe ich gesehen, wie das Fenster im ersten Stock ganz aufging, und daß noch eine Frau am Fenster stand. Ich habe die Stimme von der Frau gehört: »Laß das. Das kannst du nicht machen.« Oder so ähnlich. Dann hat die Frau so aufgeschrien. In dem Augenblick habe ich gesehen, wie der Mann ein Gewehr hochhob und in Anschlag brachte. Er hat es auf uns gerichtet. Ich habe losgebrüllt: »Der schießt! Geht in Deckung!« Es hat aber sofort zum ersten mal gekracht.

Holger: Ich stand unter dem Fenster auf dem Gehweg neben Frank. Pierre hat plötzlich geschrien: »Der schießt.« Da knallte es schon, und Frank hat aufgeschrien. Wir sind unter das Sims von dem Haus und haben uns an die Wand gedrückt. Nur Andi ist auf die andere Straßenseite gerannt und hat hinter einem Auto Dekkung gesucht.

Frank: Ich habe erst gar nichts gemerkt. Ich habe nicht mal den Knall gehört. Ich weiß auch gar nicht, daß ich aufgeschrien habe. Dann habe ich gefühlt, daß meine Hand tierisch blutete. Da habe ich wohl gerufen: »Der hat mich getroffen. Das Schwein hat mich getroffen.«

Holger: Andi ist dann plötzlich auf der anderen Straßenseite wieder hinter dem Auto vorgekommen. Er hatte was Rotes in der Hand. Das war ein Rückscheinwerfer, den er von einem Auto abgerissen hatte. Er wollte den wohl zum Fenster schmeißen, als er gehört hat, daß der Typ Frank getroffen hatte.

Pierre: Ich habe einen Moment rauf zum Fenster geguckt. Ich habe genau gesehen, wie der Typ auf Andi gezielt hat. Dann knallte es. Andi faßte sich so mit einer Hand unter den Arm. Er hat sich so komisch gedreht und ist noch zwei Schritte zurück auf den Fußweg gegangen und zusammengesackt.

Wir sind alle zu ihm hingelaufen. Er hatte etwas Blut am Hemd. Jens hat ihm das Hemd aufgeknöpft. Unter dem linken Arm von

Andi war ein ganz kleines Loch. Es hat kaum geblutet. Frank hat sein Hemd ausgezogen und wollte die Wunde damit verbinden. Franks Hand blutete ziemlich. Jens ist zur Kneipe gelaufen, um einen Krankenwagen anzurufen.

Das Fenster oben war plötzlich zu und der Typ verschwunden. Holger ist hin zum Haus und wollte da wieder hochklettern und hat versucht, die Eingangstür mit einem Fahrrad einzuschmeißen.

Holger: Ich bin wieder zurück zu Andi. Ich habe meinen Pullover unter Andis Kopf gelegt. Das Loch von dem Schuß war so klein. Wir haben noch gedacht, das ist von einem Luftgewehr. Ich habe gesagt: »Andi, Andi.« Aber er hat mich nicht mehr gehört. Er hat nur gestöhnt, ganz schnell hintereinander. Dann kam Schaum aus seinem Mund.

Aus dem Obduktionsbericht

Protokoll über die Öffnung der Leiche des Andreas Z.

Durch Vergleichen der Leichennummer 1935/79 des Instituts mit der an der Leiche befestigten Identitätskarte wurde festgestellt, daß die Nummer die obenbezeichnete Leiche ausweist.

Gutachten.

Wie den Obduzenten bekanntgegeben wurde, wurde Andreas Z. am 15. 8. 79 gegen 21.30 Uhr auf dem Bürgersteig der Straße T. durch einen Schuß aus einem Kleinkalibergewehr niedergestreckt. Dieser Schuß wurde von dem Beschuldigten H. aus dem ersten Stock seiner Wohnung heraus abgegeben. Es wurde sofort ein Notarzt alarmiert, dessen Wiederbelebungsmaßnahmen jedoch vergeblich blieben. Z. hatte sich zuvor in einer Gruppe angetrunkener junger Leute befunden, die randaliert und geparkte Kraftfahrzeuge beschädigt haben sollen.

Todesursache ist innere Blutung aus einem Zweihöhlenschuß. Der Einschuß befand sich links an der Brust, der Schußkanal verlief durch den linken Lungenlappen, durch Magen, Bauchschlagader, Leber, Zwerchfell und rechte zehnte Rippe. Der Schußkanal endete in dieser Höhe in den Weichteilen der rechten Brustseite. Das wenig beschädigte .22er Bleiprojektil wurde den Herren Kriminalbeamten übergeben.

Äußere Besichtigung.

Leichnam eines sechzehn Jahre alten, 1,68 m langen und 59,4 kg schweren, kräftigen jungen Mannes, in bestem Ernährungszustand. Ohren äußerlich unauffällig, flüssiges Blut in den Nasenlöchern, Rinnspuren von hier und vom rechten Mundwinkel in horizontaler Richtung in die rechte Gesichtshälfte. Gering spaltförmig geöffnete Augenlider. Unterhalb vom linken Augenunterlid drei tätowierte Punkte. Symmetrischer Brustkorb. Links am Brustkorb, innerhalb der hinteren Achsellinie, ein blutiges, etwa linsgroßes, ovales Loch in der Haut. Tätowierungen an beiden Unterarmen.

Innere Besichtigung.

Dicke der Schädelknochen 2–6 mm. Das Gehirn wiegt 1525 g, es ist erheblich im Volumen vermehrt. Die Windungen sind abgeplattet, die Furchen verstrichen. Weiche Hirnhäute zart. Zarte Hirngrundschlagadern, welche kein Blut enthalten. Die harte Hirnhaut ist weiß und glänzend, in den Blutleitern flüssiges, dunkelrotes, aromatisch riechendes Blut in geringer Menge.

Muskulatur kräftig. In der Bauchhöhle ca. 1 1/4 l flüssigen und lockergeronnenen stark aromatisch riechenden Blutes. 500 ml flüssigen dunkelroten Blutes in der linken Brusthöhle, 200 ml Blut auch in der rechten Brusthöhle. Rippen- und Lungenfell blank.

Das Herz enthält kaum noch Blut. Es handelt sich um ein kräftiges Herz, dessen beide Kammern mäßig erweitert sind. Vorhöfe regelrecht, ovales Fenster geschlossen. Herzinnenhaut und Klappenapparat zart. Die Herzkranzschlagadern entspringen und verlaufen normal, sie sind vollkommen zart.

Zunge, Zungenbein und Kehlkopfskelett in Ordnung. Fast walnußgroße, etwas zerklüftete Gaumenmandeln. Schleimig-blutiger Inhalt in allen Luftwegen.

Die Milz wieg 120 g. Sie ist etwas schlaff, Schnittfläche gleichmäßig dunkel graurot. Blutungen in Umgebung der linken Nebenniere. Grobe Blutungen beiderseits im Nierenlager. Querer Durchschuß der Bauchschlagader, 1 cm lang, fetzig.

Nierengewicht zusammen: 290 g. Nierenbecken und Harnleiter zart, in der Harnblase etwa 5 ml klaren Urins. Innsere Geschlechtsorgane regelrecht männlich. Im Magen wenig Speisereste, daneben ein pflaumengroßer Blutklumpen. Nahe dem Mageneingang zwei 1 cm weite, ovale, etwas fetzige Löcher, Blutungen in der Umgebung.

In der Gallenblase reichlich goldgelbe Galle.

Die Autoren

Heiko Gebhardt
geb. 1942, ist Autor beim *Stern.* Er schrieb für *Stern, Die Zeit* und *Geo* vor allem gesellschaftspolitische Reportagen und Serien (Die lieben, lästigen Alten. In einem fremden Land. Die Leiden des jungen K. Der Mann, der Benno Ohnesorg erschoß.) Buchveröffentlichung: Du armer Hund (1978), *Stern*-Buch, 1978.

Kai Hermann
geb. 1938, ist freier Autor. Er war Redakteur von *Die Zeit, Spiegel* und *Stern.* Buchveröffentlichungen u.a.: Die Revolte der Studenten (1968). Christiane F. – Wir Kinder vom Bahnhof Zoo (zus. mit Horst Rieck), *Stern*-Buch, 1978. Auszeichnungen: Theodor-Wolff-Preis, Carl-v.-Ossietzky-Medaille.

Weitere Fotos: Axel Carp / Stern S. 22/23, 264/265; Thomas Grimm S. 21/22, 258/259; Tom Jacobi / Stern S. 260, 261, 262, 269; Hartwig Valdmanis S. 268 und Privatfotos

Weitere Neuerscheinungen:

Reinhart Wolf

New York

Fotos von New York, wie sie bisher noch niemand gemacht hat. Es existiert bislang kein New York-Buch, das mit so dichten, kraftvollen und symbolhaften Bildern die Idee und Essenz dieser Stadt beschreibt. Mit einem Vorwort von Edward Albee, einem Interview von Andy Warhol mit dem Autor, einem Beitrag von Sabina Lietzmann sowie Texten von Louise Nevelson, Truman Capote, Le Corbusier, Philip Johnson, David Rockefeller, Gloria Vanderbilt, Tom Wolfe, Lotte Lenya, Woody Allen, Arthur Schlesinger jun. u. a.
80 Seiten mit 30 mehrfarbigen Fotos im Format 30 x 42 und 60 x 42 cm. Großformat 30 x 42 cm.

Wolf Perdelwitz

Wollen die Russen Krieg?

– Ein Portrait der Roten Armee –
Mit ihren mehr als drei Millionen Soldaten verbreitet die Rote Armee Furcht und Schrecken. Afghanistan ist der jüngste Beweis, daß allein ihre militärische Stärke der Sowjetunion globale Mitbestimmung sichert. Aber die Rote Armee hat noch eine wichtigere, eine innenpolitische Aufgabe. Dieses Buch zeigt die Schwächen der Roten Armee und die Gefahren, die von ihr ausgehen.
280 Seiten mit zahlreichen Fotos, Paperback, Format 14 x 21 cm.

Ingrid Kolb

Das Kreuz mit der Liebe

– Der Mythos von der sexuellen Befreiung –
Hat die sexuelle Befreiung nicht stattgefunden? Trotz der Flut von Veröffentlichungen zum Thema Sex sind die sexuellen Probleme der Bundesbürger nicht kleiner geworden, sondern größer.
272 Seiten, Paperback, Format 14 x 21 cm.

Peter Neugebauer

Neugebauers Neurosen

Peter Neugebauer, Vater von Zeus Weinstein, Schöpfer des »Lexikons der Erotik«, Autor und Illustrator zahlreicher Bücher, gewährt mit diesem Band einen tiefen Einblick in die verwirrte Seele eines Karikaturisten.
180 Seiten mit mehr als 200 Zeichnungen, flexibel gebunden, Format 20,5 x 28 cm.

Leo Sievers

Deutsche und Russen

– Tausend Jahre gemeinsame Geschichte –
Leo Sievers schildert eine weithin unbekannte Seite der deutschrussischen Beziehungen. Seine fesselnde Rückschau ist weniger die Geschichte kriegerischer Auseinandersetzungen als die eines jahrhundertelangen fruchtbaren Zusammenlebens. Denn: den kurzen blutigen Episoden und zwei mörderischen Weltkriegen stehen tausend Jahre friedlicher Gemeinsamkeit gegenüber, in denen nicht nur Handelswaren und Kulturgüter ausgetauscht wurden, sondern auch Verständnis und Sympathie. Ein Blick in die Vergangenheit, der dazu beitragen wird, die Gegenwart besser zu verstehen.
320 Seiten mit zahlreichen, zum Teil mehrfarbigen Abbildungen, gebunden, Format 17 x 24 cm.

Erich Follath

Das Auge Davids

– Die geheimen Kommandounternehmen der Israelis –
Amerikas CIA ist größer, Rußlands KGB routinierter – doch kein Geheimdienst der Welt wird so sehr gefürchtet wie Israels Mossad. Der Autor sprach mit Mossad-Agenten und sah geheime Dokumente ein. Er beschreibt authentisch die sensationellen Kommandounternehmen der israelischen Agenten.
280 Seiten mit zahlreichen Fotos, Paperback, Format 14 x 21 cm.